2021年浙江省第一批省级课程思政教学研究项目
"'五爱'融入'五力'的公共管理课程思政改革模式探索"
资 助 出 版

普通高等学校"十四五"规划公共管理类专业精品教材

公共管理实践教学课程思政案例精选

主　编：祝建华

副主编：苗　阳　梁美赟

内 容 提 要

本书以公共管理专业的实践教学为切入点,通过经典的实践教学案例,系统阐述了在公共管理专业实践教学中如何有效融入爱党、爱国、爱社会主义、爱集体和爱人民的"五爱"精神,融入家国情怀、科学精神与社会责任等课程思政核心元素。将这些课程思政元素同公共管理的"五力"即专业理解能力、社会调研能力、业务动手能力、管理实践能力、系统整合能力有效结合起来,促进价值和知识的联动,促进理论与实践的协同,促进素质与能力的整合。从社会实践问题入手,不断地将优秀的课程思政理论成果内化于心,既有利于人才培养目标的实现,也有利于把握人才培养的客观规律,实现"三全育人"的目标,充分发挥公共管理专业的特色与优势,在实践中有机融入课程思政教学,探索实践教学中的课程思政新模式。

图书在版编目(CIP)数据

公共管理实践教学课程思政案例精选/祝建华主编. —武汉:华中科技大学出版社,2023.1
ISBN 978-7-5680-8996-8

Ⅰ.①公… Ⅱ.①祝… Ⅲ.①思想政治教育-教案(教育) 高等学校 Ⅳ.①G641

中国版本图书馆 CIP 数据核字(2022)第 248151 号

公共管理实践教学课程思政案例精选　　　　　　　　　　　　　　祝建华　主编
Gonggong Guanli Shijian Jiaoxue Kecheng Sizheng Anli Jingxuan

策划编辑:钱　坤　张馨芳
责任编辑:苏克超
封面设计:孙雅丽
责任校对:张汇娟
责任监印:周治超

出版发行:华中科技大学出版社(中国·武汉)　　电话:(027)81321913
　　　　　武汉市东湖新技术开发区华工科技园　　邮编:430223
录　　排:华中科技大学出版社美编室
印　　刷:武汉科源印刷设计有限公司
开　　本:787mm×1092mm　1/16
印　　张:21　插页:2
字　　数:436 千字
版　　次:2023 年 1 月第 1 版第 1 次印刷
定　　价:78.00 元

本书若有印装质量问题,请向出版社营销中心调换
全国免费服务热线:400-6679-118　竭诚为您服务
版权所有　侵权必究

前言 PREFACE

公共管理作为现代管理科学四大分支之一,是未来世界和当代中国最有发展潜力和广阔前景的学科。随着国际国内形势新变化、经济社会发展新实践和科技革命新进展,公共管理的作用越来越为社会所重视,公共管理已经成为中国社会科学研究的较大生长点。2022年,党的二十大召开。党的二十大报告指出,要完善社会治理体系,健全共建共治共享的社会治理制度,提升社会治理效能,建设人人有责、人人尽责、人人享有的社会治理共同体。这为我国公共管理学科发展和教育创新带来了历史性的新契机。

公共管理学科服务国家治理体系和治理能力现代化战略需求是一项久久为功的系统工程,在新时代和新征程下,应注重理念创新和实践探索,努力突破公共管理学科发展和教育创新的瓶颈。本书是对以上新要求和新形势的回应,也是公共管理学门类开展课程思政实践教学建设的一个积极探索。本书主要是针对行政管理、公共事业管理两个专业在社会实践与实习教学环节进行课程思政教学的系统性总结。

浙江工业大学是东部沿海地区第一所省部共建高校、首批国家"高等学校创新能力提升计划"(2011计划)协同创新中心牵头高校和浙江省首批重点建设高校。学校坚持社会主义办学方向,全面贯彻党的教育方针,秉承"厚德健行"的校训,弘扬"艰苦创业、开拓创新、争创一流"的精神传承、"敬业奉献"的教风和"取精用弘"的学风。学校在2017年11月出台"课程思政"教育教学体系建设实施意见,系统开展课程思政教学改革,全面推进课程思政、专业思政以及教师思政建设。2019年12月,学校成立课程思政教学研究中心。2020年11月,发起成立浙江省高校课程思政教学改革联盟。2021年7月,获批浙江省首批课程思政示范校。一直以来,学校不断强化课程思政、专业思政、教师思政三位一体的有效融合,发挥其在"三全育人"综合改革中的引领作用,取得了较好的育人效果。

浙江工业大学公共管理学院前身政治与公共管理学院成立于2003年,现拥有公共管理一级学科硕士点和公共管理专业硕士学位点,设有公共事业管理和行政管理2个本科专业。2020年,行政管理专业成功入选"国家级一流本科专业建设点",成为首批入选"双万计划"的专业。学院全面贯彻课程思政教学改革,全面落实"课程思政""四进"机制，完善课程、专业、学科"三位一体"思政教学体系，积极探索课程思政的实践模式，与下城区（拱墅区）政府、西湖区民政局、浙江省红十字会、浙江省科协、西湖风景名胜区行政服务中心等单位建立了一批"课程思政校外教学实践基地"。在这一过程中，不断积累了丰富的课程思政教学案例，取得了较为丰硕的成果。

学院秉持"以政厚德，为公健行"的院训，以"和谐大气，博学鼎新"为学院精神，旨在培养"理想高远、理论扎实、创新唯实、致真为公"的高素质公共管理拔尖人才。基于以上办学定位和人才培养目标，本书遴选的60个课程思政实践案例均依托以上两个本科专业建设点的核心课程，归集的案例均深入挖掘本院学生实践过程中所蕴含的思政元素，努力探索课程思政与实践教学两方面的有机融合。每个案例均按照案例概述、相关思政元素、实践目标、实践过程、实践案例与分析、实践的成效和特色、案例反思等结构组成。每个案例根据评审专家的反馈进行了多轮修改与完善。

学院课程思政的推进离不开社会各界给予的支持。新的开始，新的征程，学院将继续按照"新文科"建设的要求，回应学科和专业交叉发展的趋势，以多元化实践基地和数字化管理为核心载体，强化课程思政的引领作用，扎实推进课程思政、专业思政与教师思政建设，力图做到思政教育的"全覆盖"，落实立德树人根本任务。

目录 CONTENTS

总论 ·· 001

社会实践篇

概述 ·· 006

传承红色基因,创新绿色发展
　　——探究浙江生态优势的社会实践 ·· 007

弘扬光荣传统,赓续红色血脉
　　——探究浙江人文优势的社会实践 ·· 016

激扬青春力量,赋能乡村振兴
　　——探究浙江城乡协调发展优势的社会实践 ·· 026

以建设"一带一路"重要枢纽为统领,构建对外开放新格局
　　——探究浙江区位优势的社会实践 ·· 034

深入实施创新驱动发展战略,全面推进数字产业化
　　——探究浙江环境优势的社会实践 ·· 044

加快先进制造业基地建设,走新型工业化道路
　　——探究浙江块状特色产业优势的社会实践 ·· 053

推动山海协作,助力乡村振兴
　　——探究浙江山海资源优势的社会实践 ·· 061

推进社会救助综合改革,实现社会救助高质量发展
　　——以宁波市海曙区创新试点为例的社会实践 ···································· 070

实验教学篇

概述	084
公共部门人才素质测评	085
公共部门人力资源综合实验	093
公共管理研究方法	100
公共危机管理	108
社会调查方法	118
数字化决策理论与方法	128
薪酬管理	135
员工招聘与筛选	143
大数据分析软件应用与设计	150
文献检索与论文写作	159
应用统计学	168

专业实习篇

概述	180
有温度更有态度	
——信访局实习的课程思政案例	181
团结引领科技工作者，促进科技繁荣发展	
——浙江省科协实习的课程思政案例	187
人道、博爱、奉献精神引领红十字事业	
——浙江省红十字会实习的课程思政案例	194
统揽全局，精益求精	
——"两办"实习的课程思政案例	200
将政策宣传到位，把工作做细做实	
——发改局实习的课程思政案例	207
融数智，谋未来	
——经信局实习的课程思政案例	213
经济要发展，教育要先行	
——教育局实习的课程思政案例	219
立警为公，执法为民	
——公安局实习的课程思政案例	225

务实重行,服务为民

  ——民政局实习的课程思政案例 ·········· 231

合理规划预算,用活财政资金

  ——财政局实习的课程思政案例 ·········· 238

围绕大目标,实现大团结

  ——统战部实习的课程思政案例 ·········· 244

坚持讲好中国故事,传播好中国声音

  ——宣传部实习的课程思政案例 ·········· 250

学习创新,服务为民

  ——组织部实习的课程思政案例 ·········· 257

平凡岗位铸就和谐

  ——人力资源和社会保障局实习的课程思政案例 ·········· 265

改造一座城市,构建一个未来

  ——住建局实习的课程思政案例 ·········· 271

以文塑旅、以旅彰文

  ——文广旅体局实习的课程思政案例 ·········· 278

全民携手健康生活,聚力共铸幸福中国

  ——卫健局实习的课程思政案例 ·········· 286

有效应对突发事件,维护社会和谐稳定

  ——应急管理部门实习的课程思政案例 ·········· 292

强市场促循环,强质量促发展

  ——市场监督管理局实习的课程思政案例 ·········· 298

经济发展的"催化剂"

  ——金融办实习的课程思政案例 ·········· 304

坚持男女平等基本国策,保障妇女儿童权益

  ——妇联实习的课程思政案例 ·········· 310

构建和谐劳动关系,推动共建共治共享社会治理

  ——总工会实习的课程思政案例 ·········· 316

学党史、知团情、坚信仰、强信念

  ——团区委实习的课程思政案例 ·········· 322

后记 ·········· 329

总论 Zonglun

在习近平新时代中国特色社会主义思想的指引下，教育工作者需要回答培养什么样的人、如何培养人以及为谁培养人这三个教育的根本问题，立德树人是学校工作的主旋律。在这个背景下，浙江工业大学公共管理学院全面贯彻课程思政教学改革，全面落实"课程思政""四进"机制，完善课程、专业、学科"三位一体"思政教学体系，积极探索课程思政的实践模式，将思想政治教育融入暑期实习过程中，结合学院与政府部门长期的合作优势，建立了一批"课程思政校外教学实践基地"，大力推进实践、实习教学过程中的课程思政，实现各类课程的协同育人，创新地以场景式、任务式和体验式等方式将课程思政元素"沉浸"在实践教学活动中，推进实习中的移动课程思政。

一、多元化融合布局，创新解决课程思政教育与实习管理中的立体化空间问题

2002年5月，浙江工业大学原政治与公共管理学院（现公共管理学院）与下城区委组织部签订了实习基地合作共建协议，为公共管理专业实践教学工作提供了坚实的制度和组织保障。每年学院选派100名大三学生到职能部门实习。在近20年的基地实践中，学院先后派约1100名学生到下城区（拱墅区）数十个公共部门实习。在此过程中，学院还不断地进行基地建设和扩展，与西湖区民政局、浙江省红十字会、浙江省科协、杭州市审管办、西湖风景名胜区行政服务中心、浙江省如家社工中心等建立了校外实践基地，在实习中融入课程思政教育。近20年的坚持与创新，契合公共管理的"公共性"，不断实践，不断总结，不断创新，有机融入。

二、共生式全过程指导，创新解决课程思政教育与实习管理中的工作机制问题

实践基地建设的核心理念就是双方基于各自的资源优势，通过共建、共管创造更多的成果，并能"共生与共享"。学院进行了完善的规范和制度建设。根据人才培养和实践管理的要求，发布了实习实践规范，通过校友邦平台全过程管理。实行校地联动双向导师制："校内＋校外"结合组建教学团队，创新"走出去＋请进来"的教学模式。系统化反馈与思政元素融入。导师每周批阅周志，指导实习论文的撰写。学院与实习部门进行阶段性工作总结。结合思政教育，将爱国精神、集体奉献以及工作责任的元素融入到实习中，定期进行公众号推送。每年筛选优秀的实习论文，装订成优秀实习论文集《管见》。

三、长效化"沉浸式"教学,创新解决课程思政教育与实习管理中的有效性问题

创新性地以场景式、任务式和体验式等方式将课程思政元素"沉浸"在实践教学中。在长达 20 年的集中统一的暑期实习中,由学院统筹设计和安排,专业指导老师全程带领学生"如盐入味"地将思政元素融入到点滴的实践活动中。学生在不同的岗位上通过"全过程参与""全流程跟进",全面深入地体验了政府部门和各类社会组织的日常工作,将公共精神、家国情怀深深融入到工作生活中,爱党、爱国、爱人民、爱集体、爱社会主义的"五爱"精神深入人心。校外实践的课程思政,就是让学生通过自我实践、自我感知、自我融入、自我习得,通过实践教学的校外课堂,用心感知,用心体会,真正实现"三全育人"的目标。同时壮大课程思政师资队伍,创新课程思政模式,聚力推进政校合作的移动课程思政建设。

具体而言,其主要效能体现在以下几个方面。

(1) 以"公共性"为核心提升了人才培养效能。实习中,学生亲身感知民生情怀,深入体验基层治理,切实强化责任担当。学生实现了四个"这样"的转化:从一开始仅在课本上的"原来是这样"的理论政府,到熟悉实践后的"真的是这样"的现实政府,再到了解到各种问题处理方式以及运行模式后的"原来就这样"的实践政府,最后到和百姓接触之后,包括在业务科室或者窗口实习后的"真的得这样"的为民政府。据浙江省教育评估研究院数据,用人单位反映学院毕业生专业基础扎实,实践能力强。满意度在全省同类专业排名第一。近 3 年就业率均近 100%。80%进入公共部门及大型国企,契合本专业培养目标。

(2) 以移动的课程思政探索了育人新路径。改变传统课程思政教学方式,走出校园,走进社会,在不断变换的场景中推行移动的课程思政。学生扎根基层,奉行"服务至上"的理念,秉持公共情怀,不断研修业务、精进本领。学生深刻感受到了基层工作的"重苦杂难",深切体悟到公务人员为人民服务的崇高信念,深度理解到关切人民群众的声音和诉求的重要性,在潜移默化中取得非常好的育人效果,做到公共精神、家国情怀与具体实践的有机统一,践行了"有理想、有道德、有文化、有纪律"的四有情怀和担负时代使命的责任。如公共事业管理 1802 班杜佳楠,通过实习感知,成为人体器官捐献志愿者。

(3) 聚力政校合作创新了课程思政新模式。通过持续的建设完善,学院已经建成了综合性、开放型、可扩展式的实践教学平台,涵盖政府部门、社会组织等,有力推进了人才培养。学生们将专业知识与政府行政管理岗位的思政元素、德育价值、全心全意为人民服务宗旨等结合起来,对政府、公益部门工作、志愿服务工作等有了更深入的体验,加深了对政府部门运行过程的了解,现场感受了政府治理的新理念、

新模式，强化了公共精神、家国情怀、为民服务的意识与素养，实现了知识传授、能力培养、价值引领的有机融合。

概括而言，其主要特征和核心要义可以概括为以下两点。

（1）课程思政教育要创新性地拓展立体化空间和丰富教学资源。要从校内到校外，从课堂到政府机关，到社会组织，实现教学空间的立体化拓展；要将学科资源、学术资源、政府资源转化成育人资源，打造课程思政教学的共同体。要实现政校合作，"三界"（政界、学术界、企业界）融合，实现教学空间拓展，丰富课程思政资源。

（2）学生有所得是核心。学生能够自觉地将思政元素内化于心。学生通过自我实践、自我感知、自我融入、自我习得，通过实践教学的校外课堂，用心感知、用心体会，学生有获得感才是课程思政的根本所在。

社会实践篇 | Shehui Shijianpian

概述

习近平同志在浙江工作期间谋划、实施的"八八战略",是长期引领浙江改革发展的总战略,引领浙江在中国特色社会主义建设各个领域取得辉煌成就,创造出一系列令人瞩目的"浙江现象"。2020年3月29日至4月1日,在统筹推进新冠肺炎(于2022年12月26日更名为"新型冠状病毒感染")疫情防控和经济社会发展的特殊时刻,习近平总书记到浙江考察调研并发表重要讲话,明确要求浙江"努力成为新时代全面展示中国特色社会主义制度优越性的重要窗口",赋予浙江面向全国、面向世界、面向未来更重的角色定位和更大的使命担当,极大地增强了浙江干部群众学懂弄通做实习近平新时代中国特色社会主义思想的责任感和使命感,深刻彰显了党的理论创新成果指导工作、推动实践的重要作用。

理论来自实践。"八八战略"是立足时代、高瞻远瞩的战略决断。2015年5月,习近平总书记在浙江视察时指出,他在浙江工作时,省委就提出了"八八战略",这不是拍脑瓜的产物,而是经过大量调查研究提出来的发展战略,聚焦如何发挥优势、如何补齐短板这两个关键问题。"八个优势"是对浙江改革发展的生动具体实践的高度凝练,"八项举措"是引领浙江改革发展向更高更新目标迈进的战略指向。

本章就是公共管理学院学子响应国家号召,以"八八战略"为前进蓝图,在浙江大地上寻觅"红色密码"的代表性历程。

传承红色基因,创新绿色发展
——探究浙江生态优势的社会实践

要践行"绿水青山就是金山银山"发展理念,推进浙江生态文明建设迈上新台阶,把绿水青山建得更美,把金山银山做得更大,让绿色成为浙江发展最动人的色彩。

——习近平 2020 年 3 月 29 日至 4 月 1 日在浙江考察时的讲话

案例概述:本实践案例来自浙江工业大学公共管理专业大二学生暑期社会实践活动,实践地为浙江安吉,以"探寻安吉:传承红色基因,创新绿色发展"为主题,响应"双百双进"的号召,通过对浙江省湖州市安吉县天荒坪镇余村、鲁家村等各代表村的走访与调查,围绕"探究浙江生态优势"开展社会实践活动。通过本次活动,充分发挥学生自身的知识和特长,进一步加强大学生社会实践能力和奉献思想,体验社情民情,锻炼意志品质。从安吉"绿水青山就是金山银山"的理论中探寻生态经济的重要性,通过实地走访,认识安吉县各村的生态文明发展的各项成果,结合各村实际拥有的资源,开展相关调研,形成相应的报告提交给当地政府,为当地的未来发展提供建议,也为调研小组的后续研究提供一手数据资料,加深学生对"八八战略"中浙江生态优势的理解。

相关思政元素:"绿水青山就是金山银山"、生态文明、保护自然

一、实践目标

（一）社会实践目标

（1）了解实践目的地生态建设的发展历程。

（2）了解"两山理论"在安吉是如何发展与完善的。

（3）了解"两山银行"项目在安吉的发展经验。

（4）结合课程知识提出如何让"绿水青山"更好地转化为"金山银山"。

（二）课程思政目标

1. 思政元素融入实践环节

元素1："绿水青山就是金山银山"

"绿水青山就是金山银山"，是习近平总书记统筹经济发展与生态环境保护作出的重要论断，为我们在新时代营造绿水青山、建设美丽中国、转变经济发展方式、建设社会主义现代化强国提供了有力思想指引。更好地满足人民日益增长的美好生活需要，推动中国特色社会主义事业行稳致远，需要准确把握"绿水青山就是金山银山"理念蕴含的丰富内涵与深远意义。通过到"两山理论"发源地安吉进行社会实践活动，让学生切实感受"两山理论"中蕴藏的深意，树立正确的生态观。

元素2：生态文明

生态文明，是以人与自然、人与人、人与社会和谐共生、良性循环、全面发展、持续繁荣为基本宗旨的社会形态。生态文明，是人类文明发展的一个新的阶段，即工业文明之后的文明形态；生态文明是人类遵循人、自然、社会和谐发展这一客观规律而取得的物质与精神成果的总和。通过实地走访，体验人与自然和谐共生的生态文明之路。

元素3：保护自然

生态环境是人类赖以生存与发展的前提和基础。我们每天呼吸的空气、饮用的水、吃的食物，都得益于大自然的馈赠，都是生物多样性带来的福祉。因此，保护自然就是保护人类自己。没有良好的生态环境，人类的生存与发展就无从谈起。通过对安吉相关区域的调研，感受当地政府与群众对保护自然环境的重视程度。

2. 思政育人目标

（1）引导青年学生了解浙江省"两山理论"发展理念，感受浙江省"八八战略"

中的生态优势相关思想。

（2）提升青年学生的社会责任感和使命感，对参与环保一线工作产生兴趣。

（3）发挥公共管理学院大学生政府管理方面的知识储备，为"两山银行"的发展提供建议。

（4）全面提升学生的自然观，在心里打下保护自然的烙印。

3. 思政育人主题

"绿水青山就是金山银山"、和谐共生、保护自然。

二、实践具体过程

2021年，8月5日上午8点，我们小组前往安吉县孝丰镇潴口溪村村委会，邀请当地村委会的S副书记进行访谈，访谈结束后，副书记热情地带我们去村里的文化礼堂、鸭蛋餐厅、湿地公园、引龙峡水上飞艇项目等"两山银行"试点参观。同日下午，我们小组来到位于孝丰镇的南门老街，参观了老街上的历史建筑，以及里面展示的美丽城镇建设蓝图。

8月6日，我们小组前往孝丰镇溪南村，参观了安吉五谷丰登实业有限公司，了解了安吉"两山银行"生态资源转化项目。

8月7日，我们小组拜访了余村村委会，参观了余村的文化礼堂、特色产品展示馆、胡氏山庄等，实地了解了余村的生态产品与生态资源转化项目试点。

8月8日，我们小组一同前往鲁家村村委会，与当地相关部门的负责人进行了访谈与对话，并仔细地了解了万竹农场。同日下午，小组成员来到了报福镇景溪村，首先与当地村委会进行了详细而具体的访谈，随后来到了"两山绿币银行"试点，村委会给我们耐心地解释了银行卡积分垃圾分类回收平台的运作方式。

8月9日上午，我们前往安吉县的"两山银行"展示馆。在观看并拍摄展馆的资料后，我们与"两山银行"展馆的负责人进行访谈。主任告诉我们许多关于"两山银行"目前发展现状的信息。当天下午，小组成员去天子湖镇的高禹村，与高禹村村委会取得联系，并参观了村委会的基层党建展示馆。

8月上旬，我们小组四位成员在安吉县集合，在5天时间内，一共前往7个地点，参观了"两山银行"具体试点项目，也与当地的村委会负责人进行访谈，获取更多有用的资源，有助于推进对"两山银行"发展模式的研究。

三、实践成果

（一）实践案例收获

自安吉遵循"两山理论"，开展"两山银行"试点实践以来，诞生了许多创新发展模式。这些创新发展模式，在一定程度上既保护了生态环境，又发展了生态经济，充分发挥了市场配置生态资源的决定性作用。此次社会实践小组利用5天时间走访了4种发展模式的所在地，并对其进行了深入的考察。

案例1 鲁家村"村集体＋公司＋农场"模式

鲁家村万竹农场

鲁家村位于浙江省湖州市安吉县递铺街道安吉经济开发区东部，距离杭州市30公里，约1小时车程，辖13个自然村、面积16.7平方公里。鲁家村的功能定位是"美丽乡村田园综合体"，在"两山理论"的指引下，鲁家村实现了从落后村到乡村振兴示范村的转变。

鲁家村将村庄规划、产业规划、旅游规划"三规合一"，积极将美丽乡村转化为美丽经济，首创家庭农场聚集区模式，打造"田园鲁家"田园综合体，以农村一、二、三产业融合发展为导向，在美丽乡村建设的基础上，在"田园鲁家"项目的引领下探索发展出了"村集体＋公司＋农场"模式，带动乡村产业的可持续健康发展，是典型的田园农业旅游发展型乡村。

案例2 景溪村"公司＋村民"联营模式

报福镇景溪村位于中国第一竹乡安吉县南端，距县城28公里，交通便利，通信设施完善。全村共有农户382户，辖5个自然村，8个村民小组，现有1245人，党员44人。村庄区域面积2.78平方公里，土地总面积17617亩；山林面积16090亩，绿色覆盖率达92%以上。2014年村集体收入 88.7 万元，人均纯收入 26530 余元。近年来在全村广大干部群众的共同努力下，景溪村的各项事业呈现出蒸蒸日上的发展态势。景溪村先后被授予中国美丽乡村精品村、生态村、湖州市四星级"民主法治"村、省级文明村、平安村、无毒村、信用村、县农村基层组织建设先锋工程——五好村党支部、湖州市第二届游客喜爱的十大品牌乡村旅游企业、美丽家庭部落等一系列荣誉称号。

自 2011 年起，景溪村就以支部牵头、群众参与的方式，与众多公司进行了各种合作。2017 年，景溪村和安吉农商银行与浙江灵溪环保科技有限公司开展了合作，创造性地成立了两山绿币银行；同年又成立了安吉绿岑文化创意有限公司，通过开发文化产品获得收益。景溪村主要在收集闲置房屋、开发文创产品、垃圾分类积分三方面进行创新，充分调动了公司和村民的积极性，完善了生态文明全民参与机制，让更多群众可以享受生态建设的红利。

山民文化街

垃圾分类回收平台

案例 3　孝丰镇"五村联创"模式

过去，孝丰镇的潴口溪村等南部村庄，虽各有资源，但都十分有限，处于有山没田、有林没湖的情况，靠单打独斗的各个村落一直没发展起来。一场"头脑风暴"后，孝丰镇的发展思路豁然开朗，打算让五村联合，把资源整合到一起，打造一个有山、有湖、有林、有溪、有田、有塘的综合体。2018 年初，孝丰镇启动"五村联创"工程，根据横柏村与溪南村南部多山林，潴口溪村南部、溪南村北部与下汤村南部 5000 多亩良田连片，老石坎村与下汤村水资源丰富等特点，共同规划田园综合体，打造乡村大景区，发展农业休闲观光、运动养生健康、农村电子商务、精品特色民宿四大产业。

花园驿站项目

鸭蛋餐厅项目

案例4 天子湖镇高禹村"飞地抱团"模式

  天子湖镇作为一个"三农"特征尤为明显的农业乡镇，整镇推进是发展大势所趋、农业发展所求、三产融合所向。"飞地抱团"模式为天子湖镇的未来发展提出了一个良好思路。"飞地抱团"发展模式是在县、镇统筹的前提下各村的村办企业的一种新的发展形式，它可以将各村"低小散"企业获得的土地指标和资金整合起来，并选择规划符合产业发展导向的强村项目，既解决了偏远薄弱村"造血难"问题，也解决了区位优势镇土地指标紧张问题。党的十九大提出"乡村振兴"战略后，天子湖镇在全镇范围内通盘考虑，由镇里20个村自愿自发成立了乡村振兴联合公司，整合资源储备了一批优质项目，计划实施农产品品牌设计、小微产业园、职工公寓、大物业等项目。东西两部不仅可以通过一方带动另一方发展，还可以优势互补，同时也能在原来的基础上引进更加优质的项目，正如一位项目负责人所说的："组团的最大优势就是资源整合、经营捆绑，还能赢得工商资本的青睐，进而壮大村集体经济，助力百姓增收。"

（二）存在问题与原因分析

经过调研与考察，社会实践小分队发现当地在治理过程中存在以下几方面问题：一是协调难以实现，治理出现"碎片"；二是主体参与被动，诉求无法满足；三是技术不够成熟，运行呈碎片化；四是资源难以统一，运营模式僵化。究其原因主要有顶层设计不足、参与意识淡薄、参与能力不足、技术手段滞后、执行能力不够等。

（三）对策建议

1. 完善顶层设计，推进公私合作

碎片化是整体性治理理论的指向和力图解决的问题之一，针对安吉县"两山银行"发展模式存在的协调难以实现、治理出现"碎片"等现实困境，应从健全支持政策、统一整体规划、宣传协作文化、做好充分准备等四个角度来破解相应难题的方法。

2. 提高参与意识，增强参与能力

对于政府来说，在相关政策方针制定的过程中，应积极主动地寻求企业与村民的建议，在后续的发展过程中，也要及时解决企业和村民提出来的问题。对于企业来说，需要尽快转变落后观念，明确自身在生态环境保护、生态经济发展上的重要责任。对于村民来说，需要提升自身的参与意识。在政府、企业和村民三者之间应构建一个多元管理合作网络以加强合作，政府、企业和村民的协同治理可以使项目运行更趋向于一个整体。

3. 实现技术整合，拓宽技术覆盖

"两山银行"平台的技术手段表现出一定的碎片化现象，可以通过在信息技术手段方面完善全面服务机制、提高部门协作程度、拓展技术应用范围等方式解决。

4. 疏通机制堵点，加强制度建设

"两山银行"治理失范问题是一个综合性问题，只有参与各方建立共同的思想观念，合作不能流于形式，才能通过整体性治理，从建立健全法律体系、完善利益补偿机制与强化全面监督机制等方面入手，实现生态经济化。

四、实践的成效和特色

学生实现了四个"这样"的转化。

"原来是这样":对于浙江生态优势与两山理论的基本知识的了解,对浙江省相关政策文件进行梳理,认真学习习近平生态文明思想及对于"两山理论"的重要论述。

"真的是这样":对于安吉"两山理论"发源地有了感性上的认识,把安吉落实"两山精神"的具体做法进行归纳与整理,与已有知识进行呼应。

"原来就这样":"两山理论"的落地也存在从理论到实践的过程,在具体操作环节,也存在计划、组织、领导、控制等各环节上的问题,它仍处于发展过程中,需要不断优化与完善。

"真的得这样":大学课本中学到的知识能够对安吉"两山银行"发展现有的困境起到补充与引领作用,有些步骤与规范性真的得按照书本上的知识进行操作才能让管理更有效率。学生根据相关的论文与经验为政府部门提出政策建议。

五、案例反思

相对于课堂教学,社会实践的思政教育自主性更强,在本次社会实践中,指导老师只是在前期为学生小队拟定了实践的方向,从策划到执行再到最后的总结、归纳,均由学生小队自主完成。在实践过程中,由于学生小队的行程较为丰富,与指导老师沟通的频次不高,反而给学生提供了更多独立思考与集体讨论的机会。因为会碰到很多不同的人,也会看到不同的情景,每个学生心中的感悟和获得也自然不同。思政教育更像是一个挖掘宝藏的过程,每个学生都能够得到各自特有的理解与收获。

不足之处也比较明显。首先,由于时间关系,在实践地点选择上,选取地点较多,时间安排较为紧凑,学生们更多的是走马观花般走完了全程,对实践内容的了解趋于表层,缺乏深入的挖掘与思考。其次,在实践过程中,指导老师没有全程陪同,一方面,确实给学生提供了锻炼自主能力的机会;另一方面,学生在了解实践对象时缺乏方向性和目的性,无法对繁杂的信息进行准确的筛选与提炼,在后期实践报告的撰写中,容易出现选题不明确、报告内容过于浅显、信息不全等问题。最后,由于当时天气较为炎热,实践小队中有部分身体较弱的同学,出现了中暑等身体不适的状况。

在日后的实践中，需要在实践小队出发之前制订更为周密的计划，把可能在实践过程中出现的思政元素预设进实践方案中，如"绿水青山就是金山银山"、生态文明等，让学生更有目的地去寻找相关元素。此外，要明确实践队员的任务，保证各位同学都能够有充分的参与感，都能获得足够的思政教育机会。另外，在出行前还要做好防暑准备。以上对实践指导老师提出了更高的要求。

弘扬光荣传统，赓续红色血脉
——探究浙江人文优势的社会实践

> 党的历史是最生动、最有说服力的教科书。我们党的一百年，是矢志践行初心使命的一百年，是筚路蓝缕奠基立业的一百年，是创造辉煌开辟未来的一百年。
>
> ——习近平 2021 年 6 月 18 日在参观"'不忘初心、牢记使命'中国共产党历史展览"时的讲话

案例概述：本实践案例来自浙江工业大学公共管理专业大二学生暑期社会实践活动，实践目的地为浙江省杭州市。走访杭州市部分红色教育基地，旨在从历史的各个时期学习党史、把握不同历史时期的特殊性与普遍性，进而传承红色基因。同时，又与红色教育基地的有关负责人深入交流，发现在红色教育基地建设中存在的问题，了解红色基因传承的现状。此外，团队也通过采访、调查问卷等形式和青年大学生以及不同年龄、不同职业的社会人士进行沟通、交流，了解其对当前红色教育的看法，让他们从不同的视角对红色教育的开展出谋划策。通过两方面经验的碰撞与结合，对红色基因传承的路径选择提出自己的见解，为红色教育基地建设出谋划策，激发人民群众学习党史的自觉性，让党史学习真正地深入到人民群众中，形成相应的报告提交给相关部门，也为调研小组的后续研究提供一手数据资料，加深学生对"八八战略"中浙江人文优势及红色基因的理解。

相关思政元素：爱国主义、向史而新、红色基因、薪火相传

一、实践目标

（一）社会实践目标

（1）了解杭州各地的红色教育基地。
（2）了解青少年的党史学习情况。
（3）采访老党员，了解其爱国爱党背后的故事。
（4）结合课程知识，就红色基因如何在人民群众中更加深入传承提出建议。

（二）课程思政目标

1. 思政元素融入实践环节

元素1：爱国主义

习近平总书记指出：弘扬爱国主义精神，必须把爱国主义教育作为永恒主题。爱国主义是中华民族精神的核心，对新时代中国的青少年来说，热爱祖国是立身之本、成才之基。

作为教育工作人员，我们要坚持引导学生坚定政治信仰、筑牢思想阵地、培养奋斗拼搏的精神，他们才能把人生理想融入国家和民族的事业中，把爱国情怀转化为奋斗激情，把"小我"的光和热，转化为奉献祖国的实干与担当，才能成就壮丽人生。通过这次社会实践，树立学生正确的价值观、人生观。

元素2：向史而新

述往思来，向史而新。新时代领路人指出：广大党员、干部和人民群众要很好学习了解党史、新中国史，守住党领导人民创立的社会主义伟大事业，世世代代传承下去。每一次向历史深处的回眸，都是一次精神的洗礼、一次思想的升华、一次行动的感召。让学生聆听百年党史的回声，牢记万千党员的英雄事迹，体悟英雄党员的爱国情怀，铭记党的历史经验教训，从百年党史中汲取智慧和力量，用忠诚和实干庆祝党的百年华诞，创造更加美好的未来。

元素3：红色基因

红色文化资源是中国共产党领导全国各族人民在浴血奋战的革命斗争、艰苦卓绝的建设时期所进行的实践活动的历史遗存，是一种物质上和精神上的资源，是青少年塑造正确世界观、人生观和价值观优质的教育资源。青少年作为思想政治教育的主要对象，是未来社会主义事业的接班人，在社会主义建设中起着重要作用。

元素 4：薪火相传

亿万人民创革命，百年党史著风云。站在"两个一百年"的历史交汇点上，确保"十四五"开好局、起好步，就必然要践行党史学习教育。"忘记历史就意味着背叛。"众所周知，中国的历史道阻且长，但没有哪一次巨大的灾难不是以历史进步为补偿的，因此作为革命后继者的青年人必须深刻铭记党史，感悟精神，汲取力量，才能行则将至。"历史是最好的老师。"中国共产党的历史是最生动、最有说服力的教科书，拥有"红色基因"的中国青年更要在党史学习中积极践行，学史明理、学史增信、学史崇德、学史力行，使革命薪火代代传承。

2. 思政育人目标

（1）引导青年学生了解浙江省红色基因的内涵，感受浙江省"八八战略"中的红船精神等软文化相关思想。

（2）发挥公共管理学院大学生政府管理方面的知识储备，为红色基地发展提供建议。

（3）让学生了解历史事实、理清历史脉络，把握历史规律、爱党兴国才能相统一，永远跟党走，奋进新时代。

3. 思政育人主题

百年奋斗、红色基因、薪火相传、爱国主义。

二、实践成果

（一）实践案例收获

红色文化资源作为中国革命传统精神的象征，在不断实践的过程中能够呈现出其先进文化的特性，具有独特的魅力和生命力。青少年在新时代应当传承红色基因，主动学习红色文化，提升红色文化自信。在未来，青少年定将在红色光辉照耀下努力拼搏，砥砺前行，成为实现中华民族伟大复兴道路中的坚实力量，推动中国站在世界巅峰。此次社会实践小组利用实地走访、问卷调查等方式对红色文化资源进行了深入的考察。

案例 1　走访代表性红色教育基地

在这次调研活动中，我们按照时间线走完了洋务运动时期的胡雪岩故居、中国共产党成立初期的小营巷、抗日战争时期的浙江受降纪念馆、新中国成立初期的中国第一个居民委员会和北山街84号大院，以及新时代发展阶段的小河直街这五个特定的时期中具有历史代表性的红色基地。

虽然在不同的时代背景下，红色精神拥有不同的具体内容，但其内涵是不尽相同的。从洋务运动到如今社会主义新时代，中华民族前赴后继，一代人接着一代人干在实处，体现了红色基因的一脉相承。

团队成员参观受降纪念馆

团队成员参观五四宪法纪念馆

团队成员参观胡雪岩故居

团队成员参观上羊市街

小营巷

案例 2　针对青少年展开问卷调查

课题组围绕调研主题设计了调研问卷，问卷主要围绕青少年对当前红色教育展开情况的看法，内容涉及青少年对红色教育开展现状的态度，个人意识以及优化措施等方面，以网络问卷的方式向随机抽取的青少年发放。了解其入党动机、贡献以及对于现代社会、年轻人、大学生红色教育的看法等，以及认为自己对于祖国的建设能够作出哪些贡献，加入共产党对自己的事业、生活、思想有什么改变。

案例 3　针对代表性党员进行访谈

中央组织部最新党内统计数据显示，截至 2021 年 6 月 5 日，中国共产党党员总数为 9514.8 万名，党的基层组织总数为 486.4 万个。历经百年风雨，中国共产党从小到大、由弱到强，从建党时 50 多名党员，发展成为今天已经拥有 9500 多万名党员、在约 14 亿人口的大国长期执政的党。2021 年是中国共产党成立一百周年，本团队成员为追寻红色历史与记忆，从身边出发，寻找到九名党员并分别对其展开采访。为了使采访更具多元化，本次接受采访的这九名党员职业各异，年龄也从二十岁到八十岁不等，这也使得采访结果具有更加普遍的意义。此次对九名党员的采访不仅为我们社会实践中对于红色教育现状的分析提供了新的思路，而且让我们在交谈中领略了老党员的风貌，增强了自己对于党员的认识，同时也以老党员为模范，以更高的标准要求自己，亲身体验到了红色基因的血脉传承，意义重大。

案例 4　组织党团史学习宣讲活动

为贯彻落实习近平总书记在党史学习教育动员大会上的讲话精神，积极响应"全党同志要做到学史明理、学史增信、学史崇德、学史力行，学党史、悟思想、办实事、开新局，进而凝聚起迈进新征程、奋进新时代、创造新辉煌的磅礴力量"的号召，团队借此契机将自己的社会实践经历及在实践中的感悟同党支部成员一同分享。

本次宣讲活动主要围绕着"中共杭州小组成立""抗日战争中的浙江故事""五四宪法背后的故事""全国第一个居委会的诞生""新时代与历史遗产"五个模块展开，团队成员相继分享了自己在走访红色教育基地之后的感悟及深入挖掘之后的收获，将大众所熟悉的红色事迹从不一样的角度切入，进而让大家获得新的知识，产生新的收获。纸上得来终觉浅，绝知此事要躬行，为了让支部成员更好地接触到红色知识、近距离地感受历史画面，团队还向支部成员介绍了杭州市内的红色教育基地，鼓励支部成员自主前往学习。

宣讲会现场（一）

宣讲会现场（二）

（二）存在问题与原因分析

经过调研与考察，社会实践小分队发现在党史学习调研过程中存在以下几方面问题。

1. 街巷红色文化知名度有待提升

课题组成员通过实地观察法、问卷调查法和访谈法发现，这些隐藏在大街小巷中的红色教育基地通常人流量不大，节假日的观光量在 300 人次/天左右，工作日的观光量少之又少；大多数被调查者表示自己参观红色教育基地是为了形式主义地完成任务，只有 20% 左右的受访者表示自己会自发地了解街巷红色文化背后的故事和深刻意义。

通过采访发现，杭州街巷红色文化知名度较低的原因主要有以下几点。首先，部分红色教育基地地理位置较为偏僻，导致当地交通不便、人流量少等问题，阻碍了其自身知名度的提高。其次，红色基地所在社区针对当地的红色文化宣传不到位。一些社区拥有大量的红色资源，但是并没有被很好地加以利用，导致即使是本地的居民也不了解当地的红色文化。最后，一些红色文化的呈现方式枯燥乏味，使很多人缺乏兴趣去了解其深刻内涵，所以单一刻板的呈现形式也在一定程度上阻碍了红色文化的传播。

2. 红色主题相关教育形式主义偏重

课题组遍访杭州各大红色教育基地，在实地调研过程中对来自不同单位、不同年龄段的团体和个人进行了采访，发现红色教育存在较为明显的形式主义现象。通过采访以及问卷调查，课题组认为，造成形式主义的原因主要有以下几点。第一，学习内容单调。前往红色教育基地学习时，参访者往往都以讲解员的讲解为学习内容，一味地采用灌输式教学，既不生动也缺乏互动性，很难激发学员主动学习的兴趣。特别是对于年龄较小的小学生来说，大量同质性的展馆会使其丧失学习知识甚至继续参观的欲望。第二，工作留痕助推形式主义。单位组织的学习活动，时间通常较为紧张，还要各种拍照留痕，在时间上只能走马观花看一遍，真正记住的内容不多。同时，工作留痕的要求本身就是形式主义的一种载体，硬性的留痕标准反而为形式主义提供了方便。第三，个人认知存在偏差。组织者和学习者认识上都存在偏差，以为反正是去看看，参观参观就行了，导致学习者"身入"但未"心入"，甚至完全是为了完成考核任务而去。

3. 青年群体红色教育意识有待提升。

课题组围绕调研主题设计了调研问卷，问卷主要围绕青少年对当前红色教育展开情况的看法，内容涉及青少年对红色教育开展现状的态度、个人意识以及优化措施等方面，得出青少年对红色教育的意识依旧有待提升，同时，学习的途径也需要进一步多元化。

当前青少年对红色教育的意识依旧较为薄弱，而大部分青少年阅历不深，正处于世界观、人生观和价值观的形成时期，是了解中国共产党领导人民求解放、求发展的历史和中国革命胜利史的关键期。因此，相关主体亟须提高重视程度，鼓励青少年进行红色教育。

（三）对策建议

1. 社区加大支持力度

在实地走访的过程中，课题组发现部分社区本身存在着较为丰富的红色资源。因此，在红色教育的宣传过程中，社区应当进一步落实到位，谋篇布局打造红色教育培训基地。针对存在红色资源的社区，应当深入挖掘与开发红色资源，将其打造成为社区的特色品牌。而缺乏红色资源的社区，也可以通过党史的学习、交流与培训，通过课堂、讲座、电影等形式进行二次宣传。与此同时，在红色教育开展的过程中，人是必不可少的因素，社区在红色教育基地建设的同时，应当重视对相关人员的培训与引进，讲好党史，讲好中国故事，才能让历史深入人心，才能让人民群众有更多的感悟。在不断深入开展的过程中，社区应当打造自己的红色品牌，形成属于自己的红色名片，开展面向社会的红色教育，并为红色教育的开展提供一定的资金支持。社区应当创新传承发展方式，实现红色文化创造性转化、创新性发展。社区应当合理利用红色资源，创新方式，充分利用QQ、微博、公众号、社区宣传栏等资源，将红色文化以直观、生动、立体的形象展示出来，从而加强人民群众对红色历史事件的理解，提升红色文化的影响力。

2. 红色基地主动完善

红色教育应当以人为本。既要通过多样化的传播途径、真实动人的故事内容，提高红色教育的普及度和接受度，也要通过潜移默化的教育引导、关联产业的发展带动，赢得百姓之心。以红色教育基地建设为纽带，保护革命文化资产的同时带动地区发展、切实促进民生福祉，才能最大限度地利用好这些红色资源。在选址方面，基于对历史的尊重以及一些文物的保护，选址位于原址无可厚非，但应当注意周围配套设施的同步提升。以浙江受降抗战纪念馆为例，虽然馆内建设完备，但展馆四周都在施工且入口没有明显指引、较难寻找，距离最近的地铁口也有近二十分钟的步行路程。公共交通、停车场以及指引牌方面的缺失很容易给展馆造成负面影响，对游客后续参观选地上也会有很大影响。在呈现方式方面，应以打造"视、听、感、忆、行"五位一体的沉浸式红色教育体验为目标，采用多样化、交互性的方式精心打造红色教育场馆。在大部分运用多媒体投影、壁画、和视频展播动画、有声读物、二维码解说等常见呈现方式的基础上，利用好VR、裸眼3D等现代化的科技，沉浸式地呈现或增加互动游戏，以增强参观者的体验和互动。总之，红色教育基地建设不仅需要与地区发展、民生福祉联动，还应当重视参观者多样化的需求，完善各方面设施，从细节上为参观者带来更好的体验，从而让红色教育更加令人喜闻乐见。

3. 学校营造红色氛围

对于青少年而言，在学校的时间占据了其大部分个人时间，所以学校浓厚的红色氛围有利于潜移默化地影响青少年的思想，塑造青少年的价值观，推进红色教育的深入发展，产生深远持久的作用。通过问卷调查和访谈的结果可以发现，目前学校中大多数的红色教育都是通过课堂学习开展的。应当根据青少年的认知特点和教育规律，分层次、有区别地对青少年开展红色教育，营造浓厚的红色氛围。

4. 个人提高自身意识

提高个人对于红色教育的认同意识是将"被动接受"转变为"主动接受"的基本途径。因此，个人应当注重提升自身意识，主要包括以下几点。首先，明确动机，端正态度。当代青少年应当正确认识红色教育对于国家、社会与个人的作用，一方面认识到红色文化是由中国共产党、先进分子和人民群众共同创造并具有中国特色的先进文化，蕴含着丰富的革命精神和历史文化内涵；另一方面认识到红色教育有助于文化传承，有助于政治教育，有助于引导个人价值实现的意识，更要摒弃历史虚无主义，视学习与传承红色文化为己任，更加主动地参与到学习中去。其次，主动阅读，拓展认知。阅读红色书籍，能够让读者进一步体会红色文化产生的历史与时代背景，开阔认知。只有了解得更多，才会脱离微观视角的藩篱，有深度地进行思考并提出疑问，从而在相同的外部条件下得到更深刻的个人体会。最后，关注时事，参与社会。身在校园、心系天下，是青年学生的高尚情怀。追溯淬炼出这些红色精神的先辈，他们无不是将自己的前途与国家的命运紧紧联系在一起的。当代青少年也要培养起自己的社会责任感与参与感，将学习中感受到的精神也映射到自己的生活中，让两者相互促进。总之，个人应当提高自己的政治觉悟和认知水平，主动拥抱社会，肩负起历史和时代赋予青年人的使命和担当。

三、实践的成效和特色

学生实现了四个"这样"的转化。

"原来是这样"：对于浙江红色基因的基本知识与了解，对浙江省党史进行梳理，认真学习习近平总书记关于党的红色基因的重要论述及思想。

"真的是这样"：对于浙江红色基因发源地有了感性上的认识，把杭州各地有关红色基因的历史进行归纳与整理，与已有知识进行呼应。

"原来就这样"："红色基因"存在于浙江的每一个地方，并不是一种理论，而是在浙江的大街小巷里，从"中共杭州小组成立"的小营巷到"全国第一个居委会的诞生"的上羊市街、"五四宪法背后的故事"的北山街84号大院、"新时代与历史遗产"的小河直街，红色基因已经深深地融入浙江。

"真的得这样"：大学课本中学到的知识能够对浙江红色基因宣传与深入群众现有的困境起到补充与引领作用，有些实际宣传发展的不足之处可以利用书本上的理论知识进行破局，学生们根据相关的论文与经验为政府部门的党史学习深入群众提出对应建议。

四、案例反思

通过本次红色之旅，学生们深入了解红色基因传承的现状，纷纷对红色基因传承路径的选择提出自己的见解，让党史学习真正做到深入人心、落到实处，让革命薪火代代相传。

相对于课堂教学，社会实践的思政教育更具有自主性，在实践过程中有许多不可控因素。例如本次社会实践，遇到了原本计划早点开展，但是由于疫情被迫延迟等情况；在盛夏时节出行，由于杭州炎热的天气，部分同学出现了中暑等身体不适的状况；在走访过程中，因为各自出发的时间不一致，在会合时花费了较长的时间，造成了不必要的时间资源的浪费等。

在接下来的实践环节，需要教师和学生一起制订更为周密的计划。在项目规划阶段，教师根据实际需求制定项目主题和开展形式，形成完整的计划书；以学情为基础，根据思政课程内容制定党史教育社会实践的教学目标；综合考虑内容特征、时间、资源条件，确定具体的开展形式；设置管理支持系统，形成系统的项目计划，要明确实践队员的任务，保证各位学生都能够有充足的参与感，都能获得足够的党史思政教育机会。以上内容对于实践指导教师提出了更高的要求。

激扬青春力量，赋能乡村振兴
——探究浙江城乡协调发展优势的社会实践

> 民族要复兴，乡村必振兴。进入实现第二个百年奋斗目标新征程，"三农"工作重心已历史性转向全面推进乡村振兴。各级党委和政府要贯彻党中央关于"三农"工作的大政方针和决策部署，坚持农业农村优先发展，加快农业农村现代化，让广大农民生活芝麻开花节节高。
>
> ——习近平 2021 年 9 月 22 日在第四个"中国农民丰收节"到来之际强调

案例概述： 本实践案例来自浙江工业大学公共管理专业大三学生暑期社会实践活动，实践目的地为浙江三门县，以"协助品牌打造，提升乡村竞争力"与"开展综合培训，优化乡村发展"这两个支撑性特色业务为抓手，通过对浙江省杭州市花开岭公益基地，浙江省台州市三门县，包括横渡镇、珠岙镇、沙柳街道三个乡镇街道的走访与调查，围绕"浙江城乡协调发展优势"开展社会实践活动。通过本次活动，充分发挥学生自身的知识和特长，组织活动，开展调查，进一步加强大学生社会实践能力和奉献思想，体验城乡发展，锻炼意志品质。通过实地走访，认识浙江省台州市三门县的乡村发展的各项成果，结合各乡镇街道实际拥有的资源，开展相关调研，形成相应的报告提交给当地政府，为当地的乡镇未来发展提供建议，也为调研小组的后续研究提供一手数据资料，加深学生对"八八战略"中浙江城乡协调发展优势的理解。

相关思政元素： 乡村振兴、因地制宜、乡村文旅融合、爱国情怀

一、实践目标

（一）社会实践目标

（1）了解实践目的地各乡镇的特色产业。
（2）了解三门县如何发挥浙江城乡协调发展优势。
（3）了解三门县各乡镇的特色产业目前存在的问题。
（4）在乡村振兴的大背景下，结合课程知识提出如何解决各乡镇存在的问题。

（二）课程思政目标

1. 思政元素融入实践环节

元素1：乡村振兴

《中华人民共和国国民经济和社会发展第十四个五年规划和 2035 年远景目标纲要》明确指出：坚持农业农村优先发展，全面推进乡村振兴。把乡村建设摆在重要位置，优化生产生活生态空间，持续改善村容村貌和人居环境，建设美丽宜居乡村。在乡村振兴的大背景下，本课程将乡村振兴与思政结合进行实践教学，为乡村振兴赋能。

元素2：因地制宜

实施乡村振兴战略，不能千篇一律，要严格功能区定位，因地制宜推进产业振兴，充分发挥当地资源优势，坚持"宜农则农、宜商则商、宜工则工、宜游则游"的产业结构，积极培育新型农业经营主体，发展壮大特色产业。

元素3：乡村文旅融合

在乡村旅游的建设发展过程中，以旅游为手段，文化为灵魂，通过发展乡村旅游业助力在乡村社会中优秀中华文明的挖掘和传承，提高国民素质，提升国家软实力。在此基础上，旅游项目策划的一个基本原则就是融合，多个产业、多个部门的融合。这不仅解释了旅游业何以成为众多产业青睐的对象，也拓展了学生策划的视野，同时也使学生深入地理解了国家在农业农村领域产业结构优化的方向。理解乡村振兴中旅游项目策划与我国社会经济高质量发展的内在逻辑的统一性，通过智力投入，满足人民不断变化的精神生活需求，这是旅游项目策划的终极目的，不仅仅为了实现企业层面的经济效益，同时也实现了更高层面的社会效益、文化效益和环境效益。

元素 4：爱国情怀

帮助学生深入读好乡村振兴战略，运用课程中的专业知识，将三门县乡镇特色产业和乡村旅游建设案例与乡村振兴政策相互印证讲解，并到乡村进行入户调查，构建起大学生与乡村的直接联系，实现大学生亲身接触乡村、客观了解乡村，学生们得以在掌握理论的同时，用眼、用耳、用心去直观了解"三农"。通过实践活动让学生充分了解乡村振兴战略，认识到乡村未来发展的光明前景。了解乡村振兴的缘由、意义及目标。深入解读乡村振兴战略的意义和前景，让他们发自内心地接受，成为乡村振兴战略计划坚定的认同者、拥护者、倡导者和支持者。

2. 思政育人目标

（1）引导青年学生了解浙江省乡村发展现状，感受"八八战略"中的浙江城乡协调发展优势相关思想。

（2）提升青年学生的社会责任感和使命感，对乡村振兴工作产生兴趣。

（3）发挥公共管理学院大学生政府管理方面的知识储备，为三门县各乡镇的发展提供建议。

二、实践过程

2021 年 6 月 6 日—7 日，我们小组前往一个知名旅游景点——潘家小镇，邀请当地的横渡镇负责人进行访谈，介绍当地的特色产业及景点。

7 月 20 日，我们前往三门县沙柳街道的浙江省 AAA 级景区村庄——曼岙村，参观了曼岙村旅游景点，了解其主要农业产品——笔架山白枇杷的生产、经营方式，询问其需求。

8 月 12 日上午，我们拜访了沙柳街道的船帮里村，对船帮里枇杷种植以及销售的问题进行了更为深入的调查；下午我们走访了三门县知名旅游景点——栖心谷，了解其旅游资源优势及特色。

8 月 13 日，我们与珠岙镇相关负责人召开了座谈会，深入了解当地的产业结构和未来规划，并在珠岙镇人民政府的支持下，针对珠岙镇多宝讲寺的环境布局、服务业务、问题挑战开展了一次全面的调研。

8 月 20 日，我们前往杭州市花开岭公益基地，深入学习了花开岭公益基地的运作模式，对负责人进行采访，提炼并汲取优秀的组织运作经验。我们团队通过学习花开岭公益基地的内部运作模式与外部业务模式，搭建起自身的组织框架，并与花开岭公益基地进行了长期的合作联系，制定了我们在资源连接各阶段的业务开展计划，为台州市三门县乡村的战略振兴汇聚了各界力量。

三、实践案例与分析

（一）实践成果

浙江省台州市三门县是一个农林渔资源丰富的海滨城市，具备综合发展一、二、三产业的资源、位置优势，可成为乡村振兴试点的窗口。本次调研聚焦各个乡镇的特色产业，以沙柳街道的农产品和珠岙镇的产业结构和文旅产业为调查切口，通过深入访谈和实地调研等方式全面了解三门县乡村振兴的现状与难题，为三门县各乡镇振兴方案的设计提供依据。

案例1 潘家小镇"村集体+政府+农家乐"模式

潘家小镇位于湫水山腹地，是三门县乡村休闲旅游核心一环，生态养生、乡村风情、农家美食是潘家小镇乡村旅游的"吉祥三宝"。发挥浙江城乡协调发展优势，潘家小镇采用集体经济带领村民共同富裕的方式，打响了乡村振兴的一炮；依靠政府承担风险，开启了第一个吃"螃蟹"模式，后续村里不少人都吃上了"螃蟹"；利用地势气候因地制宜打造了多项旅游项目，例如玻璃栈道、峡谷漂流、水上乐园等，吸引了不少游客；利用民风民俗打造环境吸引力；对农家乐实行柔性管理等方式，给予农家乐户主在政府管理下充分的权利，帮助农家乐进行宣传，共同打造一个淳朴的民风环境。

案例2 沙柳街道——白枇杷产业+栖心谷文旅产业

沙柳街道位于三门县最北边，是三门县的北大门，东濒三门湾，位于三门湾次经济圈；南邻海游街道，距县城中心区仅五公里。沙柳街道发挥地理资源优势，其境内笔架山上具有独特沙壤土质，培育出的白沙枇杷，具有秋萌、冬花、春实、夏熟四时之气，果大、含糖高、酸甜适口、风味浓郁。

沙柳街道"西北环山、东南靠海"的特殊地理环境造就了该地丰富的旅游资源，从而交织出独特的旅游亮点。栖心谷的初心是打造一个休闲康养度假的景区，这些年来，栖心谷一直致力于环境的整治和配套设施的完善。打造栖心山水间度假景区，离不开如诗如画的自然环境——山水美景、瓜果蔬菜等都是大自然天赐的礼物；打造特色旅游景点则是符合当前旅游经济发展趋势的必由之路——子弹头玻璃房、情人谷玻璃栈道、水上小沙发等诸多游客网红打卡点正在陆续打造和完善中。在乡村振兴的号召下，景区负责人通过租赁村民土地，发展特色旅游景区，既解决了当地的供水供电等基础设施落后问题，又带动当地经济发展，帮助其摆脱了贫困村的头衔。

案例3　珠岙镇——茶叶产业+多宝讲寺文旅产业

珠岙镇位于三门县西部，距县城12公里，北接宁波市宁海县，西北与天台县交界，西南邻临海市，交通便捷、信息灵通、民资丰厚，橡胶加工业历史悠久，农业资源丰富。珠岙镇具有生态化发展的工业产业，并着力建设品牌茶产业，努力打造完善的文旅项目，向多元化、可持续化发展。珠岙镇当地茶叶种植面积达八千亩，几乎是三门县种植面积最大的乡镇。当地的茶叶品种为香山早1号，发芽特早，产量较高，制绿茶品质优，比其他茶叶要早10多天采摘，具有较高经济效益，并且在国家和省茶叶博览会、农业博览会上多次被评为金奖，通过了国家有机食品认证。但由于加工状态原始，没有统一的品牌和包装，产品附加值低，现有销路过窄、品牌知名度低、影响范围小，缺乏市场营销经验，茶户的收入微薄。三门县珠岙镇多宝讲寺和毗奈耶寺凭借其在三门县本地人中的知名度，发展成为珠岙镇文旅产业的重要一环。

珠岙镇将从多宝讲寺和毗奈耶寺引流，借助多宝讲寺和毗奈耶寺的居士带动宣传，赋予品牌文化价值，提高产品附加值。此外，珠岙镇也在规划成立一个珠岙茶叶产业农合联，组织茶企、茶农，牵头建立合作社或者联盟，出台品牌标准。个体经营可达到标准后加盟品牌，高标准统销，提高茶叶品质，提高消费者对龙翔谷佛茶的忠诚度和喜爱度，通过高档次的包装和品牌形象来提高茶叶的价值，提高品牌的竞争力。

（二）存在问题与原因分析

通过实地调研发现，三门县政府积极响应乡村振兴战略，在加强乡村机制保障的同时努力打造数字乡村，利用大数据进行创新，构建现代化数字化农业农村。在乡村振兴的过程中，虽然三门县政府给予了大力支持，但乡村自身的能力有待提升，较短的农产品产业链、较低的产品附加值、不畅的销售之路等都不利于乡村进一步振兴。同时，乡村农业技术推广人员的减少给乡村农产品的销售带来了巨大的挑战。

城乡之间的资源差异更是乡村振兴发展程度不够深、发展水平不够高的重要因素之一。三门县拥有发展农林牧渔业较好的条件，却没有将自身的优势充分利用起来，农产品质量上乘却没有稳定销路，缺乏品牌优势造成产品附加值低，农业专业知识匮乏、农产品产业链短等问题都阻碍了居民收益增长和乡村振兴。

（三）对策建议

1. 产业振兴：为农产品提供包装策划

通过帮助农产品进行品牌打造，以资源连接实现农产品的精准售卖，引入高校资源，为农户对接专家学者以及先进科学技术，提高村民科技教育水平，挖掘品牌的价值属性，提升产品内涵的深度与广度，提升产品竞争力。

2. 人才振兴：为相关人员提供培训

"连接＋培训"业务将具备专业理论知识与丰富实践经验的专家同县域社会组织和乡镇农户连接，精准分析当地乡村振兴过程中的难点和痛点，让专业知识拥有多样的渠道，为实现更深度的乡村振兴赋能。

3. 文旅振兴：助力当地旅游业壮大

因地制宜开发自然资源，将资源禀赋转变为经济价值。休闲农业提供康养服务，发展休闲农业是实现乡村振兴产业兴旺目标的重要途径。以休闲农业为带动，以休闲农业为亮点，实现乡村产业的多元化发展目标。产业转型实现多元发展，要坚持以旅游产业为核心，实现传统农业、手工业、农产品加工业以及现代服务业等多产业门类的融合发展。

四、实践的成效和特色

学生实现了四个"这样"的转化。

"原来是这样"：对于浙江城乡协调发展优势的基本知识进行了解，对浙江省城乡发展相关政策文件进行梳理，认真学习习近平总书记关于乡村振兴的重要论述。

"真的是这样"：对于浙江乡村振兴有了感性上的认识，把三门县各乡镇落实"浙江城乡协调发展优势"的做法进行归纳与整理，与已有知识进行呼应。

"原来就这样"：在发挥浙江城乡协调发展优势的具体操作环节，也存在计划、组织、领导、控制等问题，它仍处于发展过程中，需要不断进化与完善。

"真的得这样"：大学课本中学到的知识能够对三门县发挥浙江城乡协调发展优势过程中的问题，起到补充与引领作用，利用专业知识，根据相关的论文与经验，让同学们尝试为政府部门提出政策建议。

五、案例反思

充分开展乡村振兴实践活动，对学生的价值观念和行为选择具有直接的影响，可以帮助学生建立献身乡村振兴的使命感和责任感，激励青年肩负时代赋予的重任，投身到乡村振兴的生动实践中，挖掘自身及所学专业对乡村振兴的重要价值。同时也能培养学生对农村的亲近感、信任感和认同感，树立干一番事业的信心，积极响应国家号召，真正愿意投身到乡村建设之中，为乡村发展奉献青春和热情。本次对浙江城乡协调发展优势开展社会实践工作是一个相对困难的任务，在理论上需要针对国家大政方针进行深入研究，在实践上更需要深入浙江乡镇调研。本次社会实践选取了三门县这个点进行社会实践，对于学生来说也是一个挑战。实践过程中，实践小队在三门县进行了深入而丰富的实践活动，深入了解各乡镇农民的生活状态，去亲身体验民情，在实践中思考、理解党的路线、方针、政策，深刻认识到社会进步、农村发展的根源，领悟先进生产力的发展内涵，履行对社会的职责，逐步走出校门、融入到社会大家庭当中，进一步明确当代青年人肩上所负的使命与责任，为实现中华民族伟大复兴的中国梦献策献力。

每个学生对新时代乡村振兴战略的学习和认识不同，心中的感悟和收获自然不同，从后续的交流中也能够明显感受到这点。一些学生能够快速融入实践活动，找到自身角色定位，在实践活动中的进步相对更大一些，也更能说出心得体会，思政教育的效果也相对较好。而部分学生由于缺乏理论知识，收获就相对少一些。在后续的实践活动中，需要教师在实践活动指导工作中把教学理论与实际进行全面融合，并始终坚持教学理论与实际相结合的原则，引导学生在充分了解理论的背景下进行实践工作，从而让学生在分析问题、解决问题的过程中增强自身实践水平，以便从根本上增强社会实践活动的有效性，促进社会实践与政策理论的密切融合。

思政内容丰富，与专业技能间差距较大，课堂教学和社会实践中育人的结合点和切入点的选择有一定的难度，需要教师进一步学习党的十九大精神、国家关于思想政治课建设的相关文件精神、浙江"八八战略"等。加强完善教师考核体系，如将指导社会实践作为评选优质课程和优秀教师的依据，核定工作量并采取各类奖励措施，以提高专业教师指导社会实践的积极性。要增强教师的责任感、使命感，发动教师积极投入到学生实践能力培养的指导中来，让专业教师认识到社会实践也会促进自己的教学科研工作。加强高水平教师队伍建设的系统规划，把德育意识培养纳入教师日常培训体系，努力提高教师的自身素质，切实提升教师的德育意识和价值教育能力，增强教师的人格影响力，促使教师担好学生健康成长指导者和引路人的责任。

以建设"一带一路"重要枢纽为统领，构建对外开放新格局
——探究浙江区位优势的社会实践

中国将继续通过进博会等开放平台，支持各国企业拓展中国商机。中国将挖掘外贸增长潜力，为推动国际贸易增长、世界经济发展作出积极贡献。中国将推动跨境电商等新业态新模式加快发展，培育外贸新动能。

——习近平 2020 年 11 月 4 日在第三届中国国际进口博览会开幕式上的讲话

案例概述：本实践案例来自浙江工业大学公共管理专业大三学生暑期社会实践活动，实践目的地为杭州市下城区跨贸小镇管委会（2021 年杭州市行政区划调整后并入拱墅区），通过对跨贸小镇内企业与管理委员会等相关部门的走访与调查，围绕"探究浙江区位优势"开展社会实践活动。通过本次活动，让学生感知浙江省发挥区位优势，不断提高对内对外开放水平的全过程。从"发展都市工业领导小组办公室"到"跨贸小镇管理委员会"，再到"数字经济产业园区管理委员会"，跨贸小镇是如何一步一步发展到现在的规模，探寻浙江区位优势在其发展中展现的重要性。通过实地走访，发掘跨贸小镇中各主体在对外开放过程中展现的成果，结合各主体的沿革历史，开展相关调研，形成相应的报告提交给相关部门，也为调研小组的后续研究提供一手数据资料，加深学生对"八八战略"中浙江区位优势的理解。

相关思政元素：对外开放、"一带一路"、国内国际双循环、长三角一体化

一、实践目标

（一）社会实践目标

（1）了解实践目的地的历史沿革及其在对外开放中的角色。

（2）了解浙江省区位优势如何体现在跨境电商的发展中。

（3）对浙江省区位优势与"一带一路"、国内国际双循环、长三角一体化等概念的逻辑进行匹配。

（4）结合课程知识提出如何让浙江省的区位优势更好地融入"人类命运共同体"框架。

（二）课程思政目标

1. 思政元素融入实践环节

元素1：对外开放

对外开放一方面是指国家积极主动地扩大对外经济交往；另一方面是指放宽政策，放开或者取消各种限制，不再采取封锁国内市场和国内投资场所的保护政策，发展开放型经济，对外开放是中国的一项基本国策。开放是中国经济腾飞的一个秘诀，也是中国全面建成小康社会的一件法宝。"十三五"规划建议指出：开放是国家繁荣发展的必由之路。必须顺应我国经济深度融入世界经济的趋势，奉行互利共赢的开放战略。习近平指出："中国开放的大门永远不会关上。"通过到跨贸小镇进行社会实践活动，让学生切实感受对外开放对浙江省的发展起到的重要作用，让学生认识到对外开放不是资本外流，而是为了更好地发展。

元素2："一带一路"

"一带一路"是"丝绸之路经济带"和"21世纪海上丝绸之路"的简称，2013年9月和10月由中国国家主席习近平分别提出建设"新丝绸之路经济带"和"21世纪海上丝绸之路"的合作倡议。依靠中国与有关国家既有的双多边机制，借助既有的、行之有效的区域合作平台，"一带一路"旨在借用古代丝绸之路的历史符号，高举和平发展的旗帜，积极发展与沿线国家的经济合作伙伴关系，共同打造政治互信、经济融合、文化包容的利益共同体、命运共同体和责任共同体。让学生通过对跨贸小镇的调研，了解浙江省如何利用区位优势融入"一带一路"体系框架内，并从"一带一路"中获得巨大的发展机会。

元素3：国内国际双循环

习近平总书记强调，要"逐步形成以国内大循环为主体、国内国际双循环相互促进的新发展格局"。中共十九届五中全会通过《中共中央关于制定国民经济和社会发展第十四个五年规划和二〇三五年远景目标的建议》，将"加快构建以国内大循环为主体、国内国际双循环相互促进的新发展格局"纳入其中。构建基于"双循环"的新发展格局是党中央在国内外环境发生显著变化大背景下，推动我国开放型经济向更高层次发展的重大战略部署。通过对跨贸小镇的调研，感受小镇如何在国内国际双循环中发挥重要的作用。

元素 4：长三角一体化

长江三角洲地区包括上海市、江苏省、浙江省、安徽省，共 41 个城市。该地区区位条件优越，自然禀赋优良，经济基础雄厚，体制比较完善，城镇体系完整，科教文化发达，已成为全国发展基础最好、体制环境最优、整体竞争力最强的地区之一，在中国社会主义现代化建设全局中具有十分重要的战略地位。当前，长江三角洲地区面临着提高自主创新能力、缓解资源环境约束、着力推进改革攻坚等方面的繁重任务，正处于转型升级的关键时期。长三角一体化的实施有利于这一地区进一步消除国际金融危机的影响，加快转变发展方式，不断提升发展水平，带动长江流域乃至全国经济又好又快发展。通过对跨贸小镇相关区域的调研，明晰浙江省在长三角一体化中的重要作用。

2. 思政育人目标

（1）引导青年学生了解浙江省与"一带一路"、国内国际双循环、长三角一体化等大政策的对接，感受浙江省"八八战略"中的区位优势相关思想。

（2）提升青年学生的思想站位，"跳出浙江看浙江"，感受领导人提出相关开放思想的智慧和胸襟。

（3）发挥公共管理学院大学生政府管理方面的知识储备，为跨贸小镇的发展提供建议。

（4）让学生通过浙江区位优势的定位深刻理解习近平总书记提出的"一带一路"和"人类命运共同体"中体现的胸怀及事关全局和长远的战略性考量。

3. 思政育人主题

对外开放、"一带一路"、国内国际双循环、长三角一体化。

二、实践具体过程

2021 年 7 月 4 日，社会实践小队负责人提前和杭州市下城区跨贸小镇管委会取得联系，告知调研目的，寻求跨贸小镇管委会的协助，并确认调研时间和人数等相关信息，为第二天的调研做好准备。

7月5日，社会实践小队全部成员前往杭州市下城区跨贸小镇进行参观调研，跨贸小镇工作人员向队员们讲述小镇的发展历史，使队员们充分感受到改革开放政策给跨贸小镇带来的翻天覆地的变化，增强了队员们对我国对外开放政策的认同感。

杭州市下城区跨贸小镇

参观结束，实践小队和跨贸小镇工作人员进行深度访谈，了解跨贸小镇在发展过程中遇到的痛点和难点，为社会实践小队撰写实践报告和相关政策建议提供资料。

7月6日，社会实践小队参观跨贸小镇园区部分企业，了解其发展现状和遇到的难题，为实践小队撰写报告提供方向。

跨贸小镇

参观园区企业

7月15日，实践小队部分成员旁听跨贸小镇签约落户启动仪式，详细了解园区相关配套政策的情况。

三、实践成果

（一）实践案例收获

为了适应新时代跨境贸易的急速发展，政府积极出台利好政策，吸引了一大批新兴企业的入驻和传统企业的转型。目前，跨贸小镇的发展欣欣向荣，主要包括以下几个层面。

实践小队旁听跨贸小镇签约落户启动仪式

1. 完善组织架构,适应发展需要

跨贸小镇从自身出发,积极融入到新时代新环境中,建立了适应跨贸小镇发展的"131"组织架构,即 1 个跨贸小镇管理委员会,3 个事业单位(产业研究中心、产业发展中心、产业招商中心),1 个国有企业(浙江跨贸小镇建设投资发展有限公司)。跨贸小镇管理委员会主要负责园区的整体规划和专项规划、发展计划和相关政策;负责园区规划和开发建设中有关重大问题的牵头协调,负责园区基础设施和公共配套设施的建设;负责统筹协调园区内的招商引资工作,负责园区对上联络、对下协调和对外宣传工作。三个事业单位主要是组织开展调查研究和政策研究等工作;负责园区空间规划和产业发展的具体工作,负责特色小镇创建与考核等具体事务性工作;负责园区招商引资的具体工作,负责园区会展活动、创新创业等比赛的具体事务性工作。浙江跨贸小镇建设投资发展有限公司负责产业引进、资产经营、资本运作、会展服务、物业管理等工作。

2. 招商平台实力增强,扩大了产业集聚

2021 年 1—7 月,园区共引进企业 574 家,注册资金达 39.59 亿元,到位外资 1100 万美元。其中,引进跨贸产业链企业 204 家。此前,产业园区已吸引金拱门、中冶等世界 500 强、云集、浮云科技等企业及汉鼎宇佑、香飘飘、杭玻等集团总部落户,显著提升了园区产业能级。下一步,下城区将利用近两年城中村改造成果,在园区内拿出 1500 多亩土地用于重点拓展招商引资互联网应用、软件技术、云计算、大数据、数字内容出版等相关企业,尤其是全国 500 强乃至世界 500 强企业中具有示范性、引领性的数字经济优质合作项目。

3. 营商环境优化，双创生态良好

为了营造一流的营商环境，协同相关部门扎实推进新天地地块整体环境的提升，筹建新天地综合服务中心，制定新天地区块精细化管理方案，新天地活力PARK文化艺术公园、太阳马戏亚洲现有唯一驻场秀《X奇幻之境》相继启幕，进一步提升了园区的人气。希望把园区打造成杭州集吃喝玩乐住行全方位的网红打卡点，以此来吸引更多人流，优化环境，促进企业的入驻和集聚。此外，还成功举办了"创客天下·2019杭州市海外高层次人才创新创业大赛"来华留学生专场暨浙江省外国留学生创新创业大赛，共吸引来自清华大学、浙江大学、东华大学等25所省内外高校，80多个国家和地区的来华留学生携163个项目参赛。营造了浓厚的创新创业氛围，为小镇的发展注入了新的血液，使小镇的发展保持年轻和活力，同时也能够起到吸引人才集聚的功能。小镇还组织企业参与税法、电商等各类政策培训、分享会、博览会30余场次，从政策、业务、平台等多维度为企业提供全方位精准服务。

4. 筹办购物盛宴，品牌知名度提升

由于2018届"武林洋淘"的成功举办，2019年浙江国际进口博览会已明确作为浙江省参加第二届中国国际进口博览会非现场活动的省级重点配套活动，由浙江省商务厅、杭州市人民政府主办，下城区人民政府、杭州市商务委、杭州市跨境电商综试办、杭州日报报业集团承办，由管委会、天水街道和都市快报执行。2021年9月12日至15日举办展会，拟设"一馆一区，一城一盟"打造一个立体博物馆，引进各个国家的进口零售商。并于11月举办高端行业论坛。这场"世界盛宴"是集购物、行业研讨、招商引资于一体的购物嘉年华，无疑将跨贸小镇的知名度提上了新的高度，也将招商工作推向了新的浪潮。

5. 打造完整产业链，丰富园区业态结构

目前跨贸小镇已经入驻5000余家企业，跨境电商产业链非常丰富；跨贸小镇具有复合型业态结构的发展基础，院内聚集了"单一窗口"平台的建设单位——浙江电子口岸以及多家跨境电商产业链上的功能性平台，包括跨境电商孵化平台、外贸综合服务平台、跨境物流服务商等单位；目前，跨贸小镇产业园已经基本构成集创业孵化、监管通关、外贸综合服务、智能物流和大数据平台等于一体的跨境电商服务生态链。

（二）存在问题与原因分析

1. 利好政策单一老旧，宏观而缺乏个性化

就目前来看，小镇虽然提出了"一企一策"的新理念，但在落实方面还没有明确的思路，对于企业的补贴仍然停留在房租补贴政策、专项资金政策上，或者适应范围泛泛，缺乏个性化定制，比较单一，因而对企业的吸引力不强，扶持力度也不够大。而且专项资金和住房补贴政策也不具有持续性和接续性，有到期和枯竭的时候，那个时候就会加大企业的运营成本，不利于企业的招商引资工作和服务工作。

2. 跨境物流基础设施不完善，物流模式需创新

跨境物流成本高、速度慢、难以追踪、风险大。而杭州跨贸小镇就跨境贸易而言有另外一个瓶颈，即杭州不像宁波、上海、广州等城市有繁华的港口，也不像重庆、郑州有发达的铁路系统，杭州的区位产生了物流短板，阻碍了智能物流系统的搭建。

3. 招商平台影响力不足，缺乏龙头企业的带动作用

目前跨贸小镇电商平台，为企业提供海外推广、交易支持、纠纷处理、在线支付、信用体系、售后服务等各种服务的水平还不是特别高。好的跨境电商平台，不仅可以为当地创造可观的经济产值和就业机会，而且能全方位地推动经济转型和商业运作体系的巨大改变，引发批发、零售等产业的崛起，这需要企业、政府的悉心培育。跨贸小镇现共有 5000 余家企业，但中等规模以上的企业并不多，总体呈现低、小、散的特点，产业集聚度不够，缺乏龙头企业的品牌知名度和带动作用。

4. 招商资源紧缺，整体环境水平有待提高

跨贸小镇目前自有或自主可控的招商资源和空间已经日益紧缺，可用于后续招商的场地余量不多。招商资源的紧缺导致跨贸小镇在招商择商时的自主性大大削弱。周边的整体环境有待提高，周边还有大量的老市场、旧园区、汽修汽配、五金加工等传统产业形态，与小镇中新兴的产业形态感官冲突较大。环境的不足也会影响招商工作，高新企业，对办公环境的要求较高，对企业周边环境的品质的考量也会相应增多。因此，招商资源和整体环境水平也是影响小镇发展的因素。

5. 高技能人才缺乏，引进和培育机制不足

跨贸小镇的工作具有较高的国际化水平，需要各种复合型人才。国际贸易、电子商务、商业谈判等方面的工作都需要大量的外语人才、商业谈判人才、国际商务人才等。但现状是跨贸小镇工作人员虽然整体较为年轻化，但高水平复合型或专业性较强的人才十分稀缺，不利于业务的开展和平台的做大做强。

（三）对策建议

1. 提升政策制定水平，量体裁衣显个性

跨贸小镇完善体制建设，提供健全的公共服务。"一企一策"不能变成一句空话，而要掷地有声。为企业制定个性化的政策，可以让个人和企业参与到政策制定中来，倾听其诉求，同时小镇自身要加快研究制定更为科学有效、吸引力强且富有下城区特色的产业引导和扶持政策，共同做好政策制定工作。

2. 推动物流产业发展，优化仓储功能

大部分企业没有自建物流体系的实力，因此可以采用合作机制，即与国际物流公司签订长期合作协议以降低运输费用。小镇也可优化跨境电商的运输环节，提高消费者的满意度。另外，可以加强海外仓建设，为外贸企业提供海外仓储及配送服务。

3. 做强跨境电商平台，加快产业集聚

培育做强跨境电商公共服务平台，通过政企合作，与第三方服务平台企业共同为跨境电商企业提供服务。除了平台一般具有的海外推广、交易支持、在线物流、售后服务等功能，政府可以打通平台与银行的合作，开通金融服务功能，打通海关商检，开通报关报检的功能，打通税务以及外汇管理机构，开通缴税以及汇兑等功能。打造方便、快捷、经济的跨境电商平台，能集聚更多的人气和更多的企业。同时，可以主动对接阿里、网易等领军企业，引进产业链延伸项目，拉动小镇的快速发展，形成"引进一个、带来一批、发展一片"的连锁效应，推动小镇特色化、集群化发展。采用主动招商、联合招商、土地招商、平台招商、信息招商、服务招商、人才招商等各种行之有效的招商模式，提升小镇的产业集聚度和充实度。

4. 整合优质资源，优化营商环境

小镇本身资源紧缺，可以充分调动企业、个体、经合社各方的物业经营主体的主观能动性，以清晰明确的产业导向为指引，配套设立产业激励政策，推动形成政府与各主体利益与风险共担的新模式，整合社会资源，发展壮大平台能级，为龙头企业的落地和产业项目的集聚留足发展空间。同时，围绕打造一流营商环境，持续

推进周边环境的整体提升，进一步推进"产城融合"深度发展，为各类企业和人才营造一流的投资、创业、生活环境。

5. 向外吸引专业人才，向内培育复合型人才

目前有关跨境电商的人才不足，但是可以招聘外语、国际贸易、商务等方面的专业人才。企业是人才的孵化机器，工作是对人才最好的锻炼。既然市场上缺乏跨境电商的专业人才，且高校中的课程设置不是一蹴而就的，而是慢慢转型的，对于企业来说等待的成本太高，不如自己加强专业人才的培养力度，在工作中锻炼复合型人才。同时各高校也要紧跟社会潮流，加快改革课程设置和专业设置，培养跨境电商人才。跨贸小镇也可为入驻的企业集体引进或开办培训机构，开设跨境电商的相关培训。

四、实践的成效和特色

学生实现了四个"这样"的转化。

"原来是这样"：对浙江区位优势与对外开放的基本知识进行了解，对浙江省相关政策文件进行梳理，认真学习习近平总书记对外开放相关思想及重要论述。

"真的是这样"：对于浙江区位优势以及国内国外双循环、"一带一路"、长三角一体化等相关知识点进行具体化复现，与实际相关工作进行匹配与呼应。

"原来就这样"：对外开放政策、"一带一路"倡议的落地是一个从理论到实践的过程，在具体操作环节，需要根据我国经济发展情况以及世界经济发展趋势不断地进行优化调整。

"真的得这样"：我国其他沿海城市对外开放的成功经验以及课本中学到的知识，能够对杭州跨贸小镇发展起到补充与引领作用。此外，同学们还可以通过撰写相关政策报告，为政府部门提出政策建议。

五、案例反思

就浙江的区位优势开展社会实践工作是一个相对困难的任务，需要针对国家大政方针进行深入研究，更需要跳出浙江看浙江。本次社会实践选取了跨贸小镇这个点进行社会实践，对于学生来说是一个挑战。在实践过程中也出现了一些问题。例如：跨贸小镇相关访谈工作人员临时出差，调研小队跑空；调研时间相对紧凑，对一些细节未能深入了解。

实践过程中，实践小队在跨贸小镇进行了深入而丰富的实践活动。在指导教师的引导下，实践小队对国内国外双循环、"一带一路"、长三角一体化等相关知识点进行了学习，对于浙江省的区位优势有了全面的了解。由于本次社会实践的思政元素与实践知识点的联系非常紧密，实践小队在实践过程中均有很好的思政学习成果。在接下来的实践环节，在面对这样较为宏大的实践任务时，需要实践小队在不同的方向上开展实践活动，让实践活动覆盖得更加全面。同时，需要在实践小队出发之前制订更为周密的计划，把在实践过程中可能出现的思政元素预设进实践方案中，让学生更有目标地去寻找此类元素，对于实践指导教师提出了更高的要求。

深入实施创新驱动发展战略，全面推进数字产业化
——探究浙江环境优势的社会实践

> 硬环境是基础、是载体。要不断增强我省的综合实力和国际竞争力，就必须继续坚定不移地加强硬环境建设，努力构建适度超前、适应经济持续快速增长的新平台。
>
> ——习近平2020年3月29日至4月1日在浙江考察时的讲话

案例概述：本实践案例来自浙江工业大学公共管理专业大三学生暑期社会实践活动，实践地为浙江杭州，随着互联网的普及与大数据的发展与应用，将数字技术融入公共行政，已经成为提升国家治理和政府治理能力的一个重要手段，信息技术的发展使现代社会逐渐进入以数字技术为基础的数字时代。深刻认识互联网在国家管理和社会治理中的作用，加快用网络信息技术推进社会治理，通过对浙江省杭州市多个停车场（点）的走访与调查，围绕"探究浙江环境优势"开展社会实践活动。通过本次活动，充分发挥学生自身的知识和特长，组织活动，开展调查，进一步加强大学生社会实践能力和奉献思想，体验社情民情，锻炼意志品质。从杭州"数字化智慧停车"的理论中探寻环境建设的重要性，通过实地走访，认识杭州市数字化停车场（点）建设发展的各项成果。结合各地实际拥有的资源，开展相关调研，形成相应的报告提交给当地政府，为当地的未来发展提供建议，也为调研小组的后续研究提供一手数据资料，加深学生对"八八战略"中浙江环境优势的理解。

相关思政元素：智慧停车、数字化改革、环境建设

一、实践目标

（一）社会实践目标

（1）了解实践目的地环境建设的发展历程。
（2）了解、探寻智慧停车的实现路径。
（3）解构智慧停车的行为困境。
（4）结合课程知识提出如何发挥"智慧大脑"助推"便民生活"。

（二）课程思政目标

1. 思政元素融入实践环节

元素1：智慧停车

随着城市社会经济的发展及人们生活水平的提高，中国机动车保有量快速增长，"停车难"已经成为城市社会经济发展的制约难题。各级政府、企业、社团组织积极尝试破解城市"停车难"，参与者越来越多元化，解决问题的方法和措施越来越多样化。随后，城市停车行业进入了新的发展阶段，停车行业的智能化、信息化、法制化、规范化也得到了快速发展和大量应用，停车行业呈现出百花齐放、百家争鸣的景象。通过对杭州"智慧停车"进行的社会实践活动，让学生切实感受数字化以及智慧大脑存在的意义，树立正确的环境观。

元素2：数字化改革

数字化改革是围绕建设数字浙江目标，统筹运用数字化技术、数字化思维、数字化认知，把数字化、一体化、现代化贯穿到党的领导和经济、政治、文化、社会、生态文明建设全过程各方面，对省域治理的体制机制、组织架构、方式流程、手段工具进行全方位、系统性重塑的过程。数字化改革从整体上推动省域经济社会发展和治理能力的质量变革、效率变革、动力变革，在根本上实现全省域整体智治、高效协同，努力成为"重要窗口"的重大标志性成果。让学生通过实地调研，了解浙江省如何利用数字化改革融入环境优势，并从中获得巨大的发展机会。

元素3：环境建设

"八八战略"中高度重视加强软环境建设，提出建设平安浙江、法治浙江，总结提炼"红船精神"和与时俱进的"浙江精神"，切实增强文化软实力。通过对杭州相关区域的调研，感受"智慧大脑"对当地政府与群众的重要性。

2. 思政育人目标

（1）引导青年学生了解浙江省"智慧大脑"发展理念，感受浙江省"八八战略"中的环境优势相关思想。

（2）提升青年学生的社会责任感和使命感，使其对参与数字化改革工作产生兴趣。

（3）发挥公共管理专业大学生政府管理方面的知识储备，为"智慧大脑"的发展提供建议。

（4）全面提升学生的环境建设观，使其在心里打下保护自然的烙印。

3. 思政育人主题

智慧停车、数字化改革、环境建设。

二、实践具体过程

2021年8月13日，实践队走访了杭州市城市大脑停车系统运营股份有限公司。该公司位于浙江省杭州市下城区延安路，作为杭州城市大脑的日常运营公司，其掌握城市大脑的科技，正为杭州的城市大脑建设注入活力。作为国企，其与政府部门积极对接，回应政府部门与市民的诉求，为了将杭州建设为更为智慧的城市助力。

8月16日，实践队与杭州上城区城市管理局相关部门负责人进行访谈，了解"智慧停车"在上城区的实施情况。作为市级与街道的桥梁，区城管局更多是以指导

对接、技术媒介、政策解读的身份出现，帮助推进街道任务的落实。团队了解到，目前区城管局高度重视"智慧停车"项目建设，在重点推进"先离场后付费"服务的同时与各大商业综合体、医院等进行停车系统衔接，提高智慧停车协同能力，大力推进停车领域数字化改革，让市民共享数字治理成果。

同日，实践团队分组实地调研杭州市各停车场库。实践队走访杭州市华辰国际饭店，其作为较早接入智慧停车系统的停车场库经营主体，具有典型的代表性，也是本次团队调研的重要一站。该饭店的向主管向团队成员介绍了其停车场与智慧停车系统的接入状况，同时向团队成员表示智慧停车在给企业和市民带来便利的情况下，可以扩大宣传，进一步提高系统的使用率，让更多市民感受到数字化改革带来的便利。同时，向主管表示希望未来智慧停车系统还应更加深入商户，做到信息交流无障碍，精简操作，提高运营主体的工作效率。

9月30日，实践队向杭州市轨道交通运行与公用事业保障中心业务科的金科长做了访谈，了解到杭州市轨道交通运行和公用事业保障中心承担全市轨道交通运营期保护区及城市地下综合管廊监管的具体辅助性、技术性、事务性工作。城市大脑停车系统数字化建设，是由城管部门把泊位、停车等数据收集上来，同时融合一些交警的数据、违停的数据、卡口数据，以及高德停车轨迹等，基于这些基础数据再做一个大数据分析。

实践结束之后，实践队总结访谈与调研过程中所学的各类知识和所见的各类现象，得出初步的实践总结报告。寻找实践过程中的各种不足，对存在的问题进行探讨、交流和总结，并为其他实践活动形成参考；修改实践报告并最终定稿，以及制作实践活动相关的图集、回忆录等。

三、实践成果

(一)实践案例收获

"深入实施创新驱动发展战略,抢抓国家自主创新示范区和跨境电商综合试验区战略平台建设机遇,充分发挥信息经济先发优势,重点补齐创新创业资源整合不充分、科技研发有效投入不足、科技成果转化成效不明显、国际经济合作参与不深等短板,提升创新活力之城的综合实力和全球影响力。"目前,杭州基于"智慧停车"的发展越来越好,主要包括以下几个层面。

1. 城市大脑解拥堵,应用场景再拓展

2016年,杭州从"数字治堵"入手,先行试点城市大脑,希望打通信息资源,以数字化手段驱动城市治理。2017年,城市大脑1.0发布,实现交通决策精确到毫秒,"治堵"大显身手。随后,城市大脑2.0继续向"数字治城"延伸,其创新成果相继应用于城市街区治理、文化旅游、卫生健康等民生领域。面对新冠疫情,城市大脑3.0转向"数字战疫",全国首创三色健康码,政商"亲清在线"平台等,以数字化赋能疫情防控和复工复产。城市大脑的首战便是在交通领域,治堵成了其第一张名片。通过交通摄像头这一城市的"眼睛"收集数据,感知交通态势。城市大脑利用大数据、云计算、人工智能等技术,对在线监控视频流进行结构化处理,配套数据资源的海量数据、交通体系仿真模型,实时分析交通情况,输出全新配时算法模型,最终反馈于信号灯这"一双手"上,优化配时,使得信号灯越来越"聪明"。曾被高德

评为全国最拥堵、高峰时间时速最低的一条快速路——中河—上塘高架,经过城市大脑半年的实践,平均延误降低了15.3%,出行时间节省了4.6分钟。同时,杭州拥堵排名下降至2017年的48位,拥堵缓解趋势为全国第一。

2. 数据整合助决策,车位供需得舒缓

2019年7月,杭州城市大脑与其停车系统同步上线。该系统的上线,是实现杭州打造全国数字经济第一城,全面推进数字产业化、产业数字化和城市数字化"三化融合"的城市发展战略需要,对提升城市治理水平、规范停车场经营管理有着重要作用。智慧停车系统以"便民、利民、惠民"为宗旨,通过资源整合、手段创新、功能拓展等措施,围绕管理、服务、缴费、决策、运营"五位一体"的核心功能,构建了一套全市统一的停车场管理系统,建立了一套静态交通生态文明体系,为缓解城市停车难问题提供新思路。浙大一院和浙大二院,是杭州老城区规模较大,日门诊量较高的三甲综合医院,直线距离不超过200米,给周边地区的停车带来很大压力,两家医院拥有的300余个停车位在日均停车需求10887辆面前显得"微不足道"。其所在的辖区小营街道,积极尝试运用城市大脑解决停车难题,打出一套"组合拳"。深度挖掘周边2公里以内的居民小区、公共道路等泊位资源,化整为零,摸排出近3000个泊位;浙江省卫健委、高德地图、浙一挂号预约系统以及移动4家平台嵌入相关功能,在患者挂号成功后按路况、距离和费用三项指标,智能推送最优停车方案,实现车辆前置分流,减少主要道路的滞留车流;推进现场诱导系统建设,实现空位导航,在周边道路设置导视牌,实时推送附近停车场库的泊位信息,"抬头见泊位";撤销医院周边硬质隔离护栏,取消排队入院通道,设置2分钟临时停靠泊位,加强车辆流动性。这一套"组合拳"打下来,浙一浙二合围区延误指数较此前峰值下降0.73,平均下降0.42,日均导流停车393辆,已消除高峰时段400余辆排队长龙,所有时段实现"即停即走"。

3. 先离场后再付费,智慧停车出新招

截至2021年8月,杭州城市大脑停车系统平台已接入4800个停车场库(点)、136万个泊位,汇聚59亿条涵盖停车生态各要素的数据,"先离场后付费"已涵盖全市3500余个停车场(点)、76万个泊位,基本实现对外开放收费停车场(点)全覆盖。全市的停车数据由此被打通为一体,再经由城市大脑停车系统将全市划分为8967个停车网格,通过海量停车数据和交警卡口、违停、行车轨迹等OD(交通出行量)数据的融合分析,计算出每个网格的停车需求、停车缺口、停车难易系数,以停车热力图的形式量化分析出杭州停车哪里难、有多难、为何难,增强了停车管理服务的前瞻性和主动性,也为规划、建设、发改等其他部门在制定破解停车难问题相关决策时提供依据,从而根本上解决停车难问题,这就是"全市一个停车场"的作用。

（二）存在问题与原因分析

商家用户接抱怨，项目落地遇困难。

智慧停车系统的支付服务与许多停车场原有的收费系统兼容性较差。"先离场后付费"功能作为政府部门提供的停车场收费管理服务，可能与不同商家对停车场的收费、管理需求产生冲突。车主开通"先离场后付费"功能后可能无法使用商家提供的停车优惠券，而停车优惠券广泛应用于各大商场、酒店等商业停车场。这直接导致商家与消费者对"先离场后付费"功能的满意度下降，甚至有部分车主放弃使用该系统。

同时，城市大脑智慧停车系统进行的优惠、推广活动直接增加了停车服务商的成本。据杭州某酒店停车场管理人员透露，车主签署"先离场后付费"后第一次停车将获得大额优惠，该部分优惠产生的成本完全由停车场管理者而非智慧停车系统的运营者承担。直接的成本压力使得不少停车场管理者感到不满。此外，由于设置"先离场后付费"功能的操作不够简便，车主设置该功能时反而可能造成停车场拥堵。

（三）对策建议

1. 整合数字资源，破除碎片服务

在经济社会全方位数字化转型之时，不断提升省域治理体系和治理能力现代化程度，需要我们重新思考数字化的本质是什么，数字治理的核心是什么，怎样避免数字化成为"数字形式主义"，怎样彰显数字治理特有的优势。在智慧停车之中，我们能够看到，数字治理的核心即为数据，这也是数字治理被称为数据治理的原因之一。

在数字化改革之中，需要将数字资源的整合摆在首位，通过对数字资源的深度加工，提高对用户的信息供给能力，才能够进一步实现电子政务的去碎片化，为人民群众提供更加优质、集成的政务服务。

2. 重视市民需求，实现流程优化

数字化本身并不是一种创新，数字化带来的创新体现在社会资源重新分配作用上。重视市民需求，提高公民参与，是提高治理能力的重要途径，而实现流程优化能够有效提高居民的获得感和幸福感。流程优化、流程再造本身也是实现无缝隙政府及政府再造的手段。

3. 加强政企合作，驱动协商共治

数字化项目的推进，需要多元主体的协商共治，而随着政府数字化改革的外向

拓展，政企合作越来越受到重视。提高政府和经营主体的合作能够提高治理的精细化水平与能力。但是在这个过程中需要排除利益干扰，建立政企合作的共赢机制，只有如此才能将合作治理的瓶颈转化为机遇，形成长效的治理机制。

4. 立足整体利益，形成社会共识

新时代要求在治理实践中能够促进社会整体利益的最大化，形成社会治理的共同体。智慧停车在实践之中不断探索自身的发展，无论是得还是失，都不断深化着对于以人民利益为中心的治理目标的深化，都需要不断提高合作治理水平，提高治理共同体意识。这要求在社会治理实践中建立更加稳固、更加科学合理的社会交往关系，提升个体对共同体的归属感，促进社会治理共同体整体利益的形成，为我国社会治理的健康发展寻求正确路径，推动社会善治局面的形成。

四、实践的成效和特色

学生实现了四个"这样"的转化。

"原来是这样"：对于浙江环境优势与智慧大脑的基本知识进行了解，对浙江省相关政策文件进行梳理，认真学习习近平总书记环境建设思想及对于"数字化改革"的重要举措。

"真的是这样"：对于杭州"智慧停车"有了感性上的认识，把杭州落实"数字化改革"的具体做法进行归纳与整理，与已有知识进行呼应。

"原来就这样"："数字化改革"的落地也存在从理论到实践的过程，在具体操作环节，也存在计划、组织、领导、控制等问题，它仍处于发展过程中，需要不断进化与完善。

"真的得这样"：大学课本中学到的知识能够对浙江省"数字化改革"发展现有的困境起到补充与引领作用，有些步骤与规范真的得按照书本上的知识进行操作才能让管理更有效率。同学们根据相关的论文与经验为政府部门提出政策建议。

五、案例反思

就浙江的环境优势开展社会实践工作是一个相对烦琐的任务，需要针对大数据进行深入研究，更需要跳出浙江看浙江。实践团队通过向职能部门、企业单位和广大人民群众深入调研，在实践过程中受教育、长才干、做奉献，并丰富当代大学生的实践创新能力。也引导学生通过向群众宣传智慧停车，将当代青年作为职能部门与

广大民众的桥梁，形成双向互动，增进广大民众对于智慧停车的认识。

在实践过程中，也存在可以进一步改进的不足之处。首先，对于社会实践需要调研的政府部门和社会组织，多为指导老师联系安排，学生在一定程度上缺少社会实践的自主性和创新性。其次，实践团队更多地将时间放在对于政府部门等的访谈中，对于民众层面的问卷收集相比前者而言所花时间较少。鼓励学生更加广泛地深入到群众中去，也是社会实践的重要意义之一。最后，在实践过程结束之后发现，作为主导的同学，在实践活动中的进步相对更大一些，也更能说出心得体会，思政教育的效果也相对较好，而部分同学的收获相对少一些。

在接下来的实践环节，指导老师应在指导过程中，尽可能地保证各位同学都有充足的参与感，在实践过程当中切身体悟思政教育的意义。学生在社会实践过程中也需要端正态度，明确每个人的分工职责，积极探索、深挖项目的社会意义，将思政元素与计划方案更加紧密地结合。

加快先进制造业基地建设，走新型工业化道路
——探究浙江块状特色产业优势的社会实践

> 地方特色产业发展潜力巨大，要善于挖掘和利用本地优势资源，加强地方优质品种保护，推进产学研有机结合，统筹做好产业、科技、文化这篇大文章。
>
> ——习近平 2021 年 5 月 12 日至 13 日在河南南阳考察时的讲话

案例概述：本实践案例来自浙江工业大学公共管理专业大三学生暑期社会实践活动，实践地为杭州市余杭区各镇、街道，通过实地调研得出相关结论，运用与企业发展相关的 PEST 分析方法分析当地政治法律环境、经济环境、社会文化环境、技术环境，具体研究余杭区从"一镇一品"政策执行到"特色小镇"的建设对于我国当前处于乡村振兴战略阶段的可利用价值。镇域经济是县域经济的基础，在中国现代化建设和城镇化进程中，小城镇发挥着非常重要的作用。余杭区"一镇一品"政策和"特色小镇"政策在区委的统一指挥下赋予各镇、街道依据自身优势项目制定特色的工作任务，在一定程度上促进了各镇、街道产业转型升级，同时推进了整个余杭区的经济高质量高速发展。通过实地走访，发掘小镇中各主体发展的成果，开展相关调研，形成相应的报告提交给相关部门，也为调研小组的后续研究提供一手数据资料，加深学生对"八八战略"中浙江特色产业优势的理解。

相关思政元素：镇域经济、一镇一品、特色小镇

一、实践目标

（一）社会实践目标

（1）了解实践目的地镇域发展的历程。

（2）了解浙江省特色产业优势是如何体现在特色小镇发展中的。

（3）参观特色小镇的产业情况，通过当地政府网站等渠道收集资料，了解该镇域的产业产值分布。

（4）探究企业如何在发展过程中实现经济高质量发展，如何达到浙江省提出的建设特色小镇要求。

（二）课程思政目标

1. 思政元素融入实践环节

元素 1：镇域经济

镇域经济是扩大县域经济总量、提升区域综合实力的关键，是浙江省推动高质量发展的"三大抓手"之一。做大做强镇域经济，事关经济社会发展大局，事关美丽浙江建设全局。要聚焦做大做强镇域经济攻坚突破，全力以赴推动县域、镇域经济"双轮驱动"协同发展。此次实践活动，通过走访各个县域，让学生了解坚定不移实施"赋能强镇兴村"战略，全力创建镇域经济，引领乡村振兴示范高地。

元素 2："一镇一品"

时任浙江省省长李强在 2015 年浙江省政府工作报告中明确提出，要"加快规划建设一批特色小镇"。"一镇一品"作为乡镇经济自发形成的经济形态，经过 30 多年来的发展，随着土地、劳动力等要素成本的不断上升，已经很难适应当前经济的发展需求，也难以形成持续、有效的投资，到了发展乏力、面临转型的关键时期。通过本次实践活动，学生对"一镇一品"有了更加深刻的概念。

元素 3：特色小镇

发展新型特色小镇，就是在原有"一镇一品"的基础上进一步推进产业集聚、产业创新和产业升级。特色小镇挖掘当地特色资源，贯彻执行"绿水青山就是金山银山"的绿色发展理念，真正切实让老百姓感受到发展红利。通过对各个小镇的调研，感受镇域经济如何发展"特色小镇"。

2. 思政育人目标

（1）引导青年学生了解浙江省特色小镇发展理念，感受浙江省"八八战略"中的特色产业优势相关思想。

（2）提升青年学生的社会责任感和使命感，对参与经济高质量发展一线工作产生兴趣。

（3）发挥公共管理学院大学生政府管理方面的知识储备，为特色小镇的建设提供建议。

（4）全面提升学生的价值观。

3. 思政育人主题

镇域经济、"一镇一品"、特色小镇

二、实践成果

（一）实践案例收获

"一镇一品"政策应运而生，浙江省的城镇按照自身发展优势建立起第一批产业特色镇，例如诸暨大唐袜业、海宁皮革城、东阳木雕城。余杭区位于杭州市西、北、东三个方向，地域狭长，承接着杭州市发展外溢的资源、产业、人口，区政府对全区的带动作用不强，长期以来没有对各个乡、镇、街道进行清晰的规划。全区各乡、镇、街道均设有工业区，忽视当地的特色产业。早期的粗放式发展造成了严重的环境危机，以河流水质为例，2011年6月5日杭州市余杭区自来水厂水源遭到上游工业园区排放的有机物污染，苕溪原水中出现了10种左右挥发性的苯烯类有机物质。余杭区政府由此改变原有粗放发展模式，转向各镇街依据自身特色打造新型产业，区政府按地域划分全区为四部分，实行不同的发展模式。"东部崛起、中部兴盛、城西腾飞、西部富美"的政策方针创造性地在"一镇一品"的基础上打破被乡镇行政区划所束缚的生产力，打造乡镇组团发展。东部以杭州副城临平为中心，依托政治和交通的优势打造杭州与上海市交流的"桥头堡"；中部以良渚勾庄工业区和仁和钱江高新技术开发区为工业基础发挥工业优势；城西以余杭组团为基础，所辖五个街道承接杭州市产业溢出；西部保留当地原生态环境，开发旅游业和特色农业。2020年，余杭区GDP总量高达3051.61亿元，位居浙江省第一。

发展新型特色小镇，就是在原有"一镇一品"的基础上进一步推进产业集聚、产业创新和产业升级。杭州市政府在成功打造滨江高新技术开发区和钱江新城一期后，从西湖区经过余杭区南部一直到临安区建立城西科创大走廊，在走廊中心建立杭州未来科技城。2014年9月，余杭区仓前街道借助大走廊政策的确立和阿里巴巴公司的入驻，建立起浙江省第一个特色小镇——梦想小镇，以为年轻人到此圆梦为目标，

实际上是借助了政策带来的红利和企业对人才缺口的需要而建立特色小镇。此后，各乡镇、街道为从"一镇一品"转型至特色小镇而充分发挥各自特色。临平新城依托交通优势，发挥物流中心作用，建立艺尚小镇，以服装设计为主要研究方向，以与就近的海宁市海宁皮革城产业联动；良渚新城建立梦栖小镇，吸收附近高校优等人才，开发良渚古城旅游资源。特色小镇挖掘当地特色资源，贯彻执行"绿水青山就是金山银山"的绿色发展理念，真正切实让老百姓感受到发展红利。

（二）存在问题与原因分析

经过调研与考察，社会实践小分队发现在特色小镇发展过程中存在以下几方面问题。一是定位同质化现象严重，缺乏创意。小镇风貌无特色，人文风情不诱人，承载能力差。二是产业联动不够，难以实现持续发展。三是没有实现产品开发与文化创意的结合，资源没有得到充分的利用。然而特色小镇的核心在于特和小，不仅如此，更重要的是如何在"小而精"的基础上，把"特"做得更丰满、更完善。特色小镇作为一种文化形态的标志，它的诞生与发展，也是一种文化形成与发展，未来更具吸引力。

（三）对策建议

1. 因地制宜，推进特色小镇发展

要尊重三个规律，即经济社会发展规律、城镇化发展规律和市场经济规律，适应城乡社会发展的需要，正确认识特色小镇发展的意义和作用。既不能拔苗助长，又不能光开花不结果。既要定目标下指标，又不能唯目标唯指标，要充分发挥市场作用，发挥企业家精神作用。在结合各地发展实践的基础上，因地制宜，分类引导，通过政策引导发挥基层实践的积极性。对于发达地区、特大城市和中西部省会城市周边，以特色小镇为载体；对于欠发达地区、偏远地区，以特色小镇建设为载体。发挥二者在功能定位、产业主导、居住群体、吸纳人口、投资规模、消费层次等方面各有侧重的特点，形成互为点缀、互为补充的城乡一体化新形态。及时总结各地特色小镇建设做法，形成可复制、可推广、可操作的经验。

2. 控制规模，集约打造

规模的大小服从于三个原则：经济原则、需求原则、集约原则。特色小镇的打造，不但要动用大量的人力、物力、财力，还要占用大量的土地资源，耗费极大，因此必须根据实际需要控制规模，避免资源浪费。此外，由于小镇的打造还是新生事物，市场认同需要一个过程，加上其他不可测因素，不宜盲目追求规模。经济型特色小镇不但资源利用充分，而且便于管理和调整产业策略，符合集约化原则，实现效益的最大化。

3. 政策护航，创新机制

特色小镇建设投入大、周期长，要确保特色小镇建设的高效、有序开展，必须有政策护航，并实现机制创新。

4. 设立机构，制定政策

特色小镇建设，涉及经济、文化、政治、民生等大问题，必须由政府设立专门机构实施，并实行政策倾斜。人员配置、资金投入、土地征用、安全保障等，都需要由专门机构去统筹、协调。此外，还要研究可能遇到的各类问题，制定相关政策和标准，为小镇建设扫除障碍和隐患。

5. 深化投融资体制改革，建立建设资金保障机制

特色小镇建设投资巨大，政府必须广辟资金渠道，改革现有投融资体制。建议在政府参与的基础上，谋求战略性合作，鼓励国内各类企业、个人及外商，以多种方式参与特色小镇的基础设施建设、房地产建设、配套工程建设，形成特色小镇建设合力和资金的有效保障机制。创新小镇后期业态招商机制，确保顺利"筑巢引凤"。政府须着力创新特色小镇的商业、服务业、文化事业及符合小镇特色发展的其他产业的招商机制和运作机制，确保筑巢后"特色"的快速形成和小镇的繁荣。

6. 创新小镇居民招入机制

除采取宅基地置换和商品房运作方式，以吸引本地村镇居民和其他区域部分富裕群体入"巢"之外，还可采取动员原有小镇居民"等面积"整体置换等方式，快速聚集人气。此外，在首先满足本地居民迁入前提下，适当考虑放宽户籍限制，接纳外地和外籍人员迁入。将部分房源打造成"特色度假屋"出租，以吸引"临时居民"。作为一种新举措，特色小镇打造的价值，需要人们用长远的眼光去认识，功在今朝，利在长远。如能做到高起点规划，高品质建设，在不久的将来，特色小镇一定会变成最为诱人的地方，迎来特色小镇的高质量发展。

三、实践的成效和特色

学生实现了四个"这样"的转化。

"原来是这样"：对于浙江特色产业优势与镇域经济带动经济高质量发展的基本知识进行了解，对浙江省相关政策文件进行梳理，认真学习习近平总书记特色小镇建设相关思想及重要论述。

"真的是这样"：对于浙江"镇域经济"发源地有了感性上的认识，把浙江落实"特色产业"的具体做法进行归纳与整理，与已有知识进行呼应。

"原来就这样"："特色小镇"的落地也存在从理论到实践的过程，在具体操作环节，也存在计划、组织、领导、控制等各环节上的问题，它仍处于发展过程中，需要不断进化与完善。

"真的得这样"：大学课本中学到的知识能够对浙江"特色产业"发展现有的困境起到补充与引领作用，有些步骤与规范性得按照书本上的知识进行操作才能让管理更有效率。同学们可根据相关的论文与经验为政府部门提出的政策建议。

四、案例反思

本次社会实践，在整个团队的努力下，深入研究余杭区从"一镇一品"政策执行到"特色小镇"的建设对于我国当前处于乡村振兴战略阶段的可利用价值。学生们非常热情、积极地参与了整个社会实践活动，但在这个过程中，依然存在着一些不足之处。其一，虽然所有的活动都会提前做好计划和安排，但在实践中，不可避免地会遇到计划赶不上变化的状况。在走访各镇、各街道的过程中，出现负责人临时有事或者不在等情况。其二，问卷作为调研数据的重要来源，在社会实践中扮演着重要的角色。发放问卷、问卷数据的处理都是非常重要的环节，在最后的数据处理阶段，暴露了许多前期准备工作不足的问题，比如问卷设计过于浅显、对既有情况预设不足、有效问卷数量不足等。其三，整场实践活动证明，起主导作用的学生在团队中会承担更多的压力，相应地也会收获更多的经验。在实践活动结束后的师生交流中，能够非常明显地感受到这一点。其四，这个问题应该属于大部分社会实践都会面临的通病：学生在实践结束后依然找不到论文适合的切入口、思路不明晰、选题范围过大，这是因为走马观花式的走访，使得学生们没有深入挖掘现象背后的深层问题，只是拘泥于表面。

在今后的社会实践中，为避免以上问题的出现，需要指导老师引导学生做好资料收集工作，在对实践对象有一定了解的基础上，设计问卷、合理安排实践时间、准备备选方案。在整个活动结束后，开展师生交流会，让学生在整理中深入思考，在总结中反思不足。此外，要让每个学生都参与到实践活动中来，都能获得足够的思政教育机会。

推动山海协作，助力乡村振兴
——探究浙江山海资源优势的社会实践

要推进城乡区域协调发展，全面实施乡村振兴战略，实现巩固拓展脱贫攻坚成果同乡村振兴有效衔接，改善城乡居民生产生活条件，加强农村人居环境整治，培育文明乡风，建设美丽宜人、业兴人和的社会主义新乡村。

——2021年3月7日，习近平参加十三届全国人大四次会议青海代表团审议时强调

案例概述：本实践案例来自浙江工业大学公共管理专业大二学生暑期社会实践活动，实践地为丽水缙云，以"推动山海协作，助力乡村振兴"为主题开展社会实践活动。通过实地考察浙江省丽水市缙云县具有代表性的项目基地，走访群众了解民意、收集相关资料等方式，深入了解"山海协作"工程在缙云的实施情况，以当代大学生的目光发掘"山海协作"工程实施的特色、优势和不足之处，提炼出"山海协作"工程整体发展特征与趋势，为打造升级版"山海协作"工程提供可行建议和创新方案，提高政府对于"山海协作"工程的统筹领导和组织协调水平。同时也为调研小组的后续研究提供一手资料，有助于学生进一步发掘山海协作理论概念及引申含义，为缙云县乃至浙江省的乡村振兴计划提供新思路和新方案。

相关思政元素：山海协作、因地制宜、乡村振兴、区域协调发展

一、实践目标

（一）社会实践目标

（1）初步理解"山海协作"工程。

（2）了解"山海协作"工程在缙云县的发展现状。

（3）探讨"山海协作"工程的实际效果、优势以及当前存在的问题。

（4）根据所收集信息和资料为推动"山海协作"工程提供新思路。

（二）课程思政目标

1. 思政元素融入实践环节

元素1：山海协作

"山海协作"工程是浙江省于2001年提出的，旨在推动省内海岛和山区等欠发达地区协调发展，解决区域发展不平衡问题的一项战略举措。通过山海协作，加强沿海发达地区与浙西南山区、海岛等欠发达地区在产业开发、新农村建设、劳务培训就业、社会事业发展等方面的项目合作，努力推进欠发达地区加快发展和发达地区产业结构优化升级，推动两地资源、人才、技术等要素的流动、整合，最终实现优势互补、合作共赢，促进全省区域协调发展、同步实现现代化。缙云县在以山海协作促进县域经济发展方面起到带头示范作用，通过在缙云县的实践，有助于学生进一步了解"山海协作"工程的特点，切实感受"两山理论"。

元素2：因地制宜

因地制宜发展乡村特色产业，是变资源优势为经济优势的有效手段，是变扶贫产业为富民产业的重要抓手，是乡村经济迈上新台阶的突破口。要切实贯彻因地制宜的原则，准确把握地域特色、民俗风情、文化传承和历史脉络，科学把握乡村的差异性和发展走势分化特征，找准自身特色与优势，制定与地方特色相适应的振兴规划。让学生深入了解缙云县的优势所在，探索其产业合作的模式，学习如何处理好统一规划、统一推进的总体部署和因地制宜、彰显特色这两者之间的关系。

元素3：乡村振兴

实施乡村振兴战略是党的十九大作出的重大决策部署。乡村振兴战略，关系到农业农村现代化的实现，关系到社会主义现代化的全面实现，关系到第二个百年奋斗目标的实现。因此，包括产业振兴、人才振兴、文化振兴、生态振兴、组织振兴在内的乡村全面振兴，对于全面建设社会主义现代化国家具有全局性和历史性意义。

学生通过对缙云县山海协作项目的调研，了解山海协作机制是如何加快推进两地实施乡村振兴战略的步伐，实现合作共赢的。

元素 4：区域协调发展

实施区域协调发展战略是在中国特色社会主义进入新时代，以习近平同志为核心的党中央紧扣我国社会主要矛盾变化，按照高质量发展的要求提出的重要战略举措，对于促进我国经济社会持续健康发展具有重要而深远的意义。协调发展强调发展的整体性，要求着力解决区域发展的不平衡性问题，减少发展过程中的"木桶"效应。通过本次实践活动，进一步发掘乡村特色产业优势，推动"山"与"海"携手互助，加快构建陆海统筹、山海互济的发展新格局，实现优势互补，共奔小康。有助于解决发展不平衡不充分问题，促进全省的"两个高水平"建设，推动全省经济加快实现高质量发展。

2. 思政育人目标

（1）引导青年学生了解"山海协作"工程的相关政策、工程整体的发展历程和工程在缙云的实施开展情况，体会工程的基本构想。

（2）通过实地考察，了解浙江在实现乡村振兴的路上实实在在的作为。

（3）引导学生从公共管理视角，为打造升级版"山海协作"工程提供可行建议和创新方案。

（4）激发青年学生对家乡的文化与价值认同，增强青年学生乡村振兴的使命感。

3. 育人主题

山海协作、因地制宜、乡村振兴、区域协调发展

二、实践具体过程

2021年7月9日前，实践团队通过浙江省发展和改革委员会官网、浙江省人民政府官网、缙云发布微信公众号等渠道，对"山海协作"工程概况，"山海协作"工程在缙云的开展情况等内容有了初步的了解，并选择了几个具有代表性的项目作为本次社会实践的对象。在确定实践对象之后，实践队对路线、时间等行程进行了初步规划，并与相关工作人员取得了联系。

7月9日，实践团队于中午抵达缙云县并入住旅馆，稍事休整后进行了一次会议，讨论拟定了对缙云县发改委科长的采访提纲。下午前往缙云县政府发改委办公室采访科长樊红女士。通过和樊红女士的交谈，我们了解到"山海协作"工程于2002年在缙云展开，2018年浙江省提出打造山海协作升级版，有力推动了缙云"山海协作"工程的发展。目前，缙云主要与富阳、德清、奉化等地进行定点结对，通过

资金支持、人才引进、共建平台、拓宽市场、产业推进等方式，带动缙云县乡村振兴、生态工业、乡愁富民产业、劳动就业和社会事业等高质量发展。

7月10日，实践队前往缙云县东渡镇兆岸村，走访当地特色产业，了解山海协作项目的落地成效。

7月11日，实践队前往缙云县石笕村，"山海协作"工程的落实与推进助力石笕村注册自有油茶品牌，拓宽油茶销售渠道，提升知名度，从而大幅提高村集体收入。

7月12日，实践队前往缙云县周村。2019年，富阳区援助该村300万元资金，与周村共建了山海协作乡村振兴示范点，推动婆媳岩游步道、旅游接待中心等八个项目落地建成。此外，"山海协作"工程还资助周村完成了多项惠民工程项目。

7月13日，团队在对手头已有的照片、视频、采访录音等资料进行整合后，返程回到杭州。

7月13日后，实践团队对已整合的资料进行归纳总结，为当地的文化宣传制定切实可行的规划，并对当地的发展提出具有借鉴意义的建议。

三、实践成果

（一）实践案例收获

"山海协作"工程于2002年在缙云展开，2018年浙江省提出打造山海协作升级版，有力推动了缙云"山海协作"工程的发展。目前，缙云主要与富阳、德清、奉化等地进行定点结对,通过资金支持、人才引进、共建平台、拓宽市场、产业推进等方式,带动缙云县乡村振兴、生态工业、乡愁富民产业、劳动就业和社会事业等高质量发展。在初步了解缙云县的情况后,实践小组选择了以下几个具有代表性的项目作为本次调研对象。

案例 1　兆岸村云台山景区

缙云县东渡镇兆岸村,山清水秀,历史文化底蕴丰厚,但经济发展较为落后。2020年,富阳区与兆岸村山海协作援建项目启动,引入"海动力",注入资金,助力发展,得益于此,兆岸村村庄基础设施得以完善。为更好地建设乡村,兆岸村领导干部曾带领团队前往富阳等地考察,学习乡村旅游基地发展的成功经验,并结合本村特点,因地制宜制定振兴发展规划,积极探索"资源+资本"的乡村振兴新路径。依托生态资源优势,筹集乡贤资金,规划建设旅游综合体,以期形成草莓、葡萄、猕猴桃生产基地。目前,兆岸村二期工程正如火如荼进行,围绕"产业兴旺、生态宜居、乡风文明、治理有效、生活富裕"的乡村振兴总目标,坚持以"山水田园文化、养生休闲文化、人文民居文化、传统民俗文化、传统农耕文化"为支撑,让村民和游客感受青山绿水环抱的世外桃源气息,体验古时悠然自得的耕读养身生活,使古村绽放出更加绚丽的色彩。

案例 2　石笕村油茶基地

油茶是缙云县石笕村的传统主导产业,油茶林是全村最大的经济林,面积1.5万余亩,约占山林面积的21%,人均拥有油茶林面积近2亩,素有"油茶之乡""浙南小油库"的美称。石笕村油茶基地作为富阳-缙云山海协作产业发展项目之一,是缙云乡愁富民产业的代表,自2020年建成以来,发挥了较强的地方经济带动作用,是具有地方特色的主打产业。油茶基地的改造升级为村集体创造了更多收益,村集体收益又用于村庄建设,最终依然落脚于惠及人民这一点上。"山海协作"工程的落实与推进助力石笕村注册自有油茶品牌,拓宽油茶销售渠道,提升知名度,从而大幅提高村集体收入。另外,富阳还为石笕村提供了一笔定向帮扶资金用于建设环村公路,旨在增加村民出行的便利度,促进石笕村与周边村庄往来,推动乡村振兴事业蓬勃发展。

案例3 缙富生态旅游产业园

缙云县周村条件得天独厚，村后是5A级景区仙都十大景观之一婆媳岩，村前有仙都最大的岛屿松柳洲，村北是仙都景区西入口，村南有规划中的仙都皇帝温泉谷。42省道穿村而过，同时也是金丽温高速缙云出口到仙都景区的必经之地。2019年，富阳区援助300万元资金，与周村共建了山海协作乡村振兴示范点，推动婆媳岩游步道、旅游接待中心等八个项目落地建成。周村旅游接待中心集咖啡吧、农家书屋、便民中心为一体，设施齐全，环境典雅，是村民娱乐、游客休憩的好去处。此外，"山海协作"工程还资助周村完成了幼儿园的迁建，老粮仓和养老服务中心的改建，惠及各个年龄段的村民，给予村民更多幸福感。近年来，周村以"慈孝文化"为主题，在打造美丽乡村品牌、改善村容村貌、发展乡村旅游、村民致富的道路上阔步迈进。

（二）存在问题与原因分析

经过调研与考察，实践小组发现了以下几个层面的问题：一是政府层面，政策扶持力度不足、考核机制单一、宣传受众有限；二是村镇层面，没有全面的规划、政务公开没有落实到位、品牌效应不显著；三是群众层面，群众缺乏集体归属感。

（三）对策建议

1. 政府层面

拓宽协作领域，推动多领域打包融合发展。促进山海两地多层面全方位的合作，突破经济层面的产业帮扶、消费帮扶形式，关注医疗、教育、科技等民生领域，着力下沉优质医疗教育资源，除了传统的人才支援、研讨交流活动，积极利用互联网资源打造"互联网＋医疗""互联网＋教育"，推动双方可持续交流，加强合作黏性，让山区民众获取更便捷、高质量的公共服务。

进一步丰富帮扶形式，山区县加强主观积极性。以往的山海协作往往局限于单向的资金援助，"授人以鱼不如授人以渔"，双方应加强技术、人才等方面更深层次的交流，尽快达到技术独立、人才联动的新局面，进而增强缙云县自身的内生发展动力，减少对外部的发展依赖性，推动双方互利共赢。

完善工作交流和反馈机制。从省市级层面而言，发挥"山海协作"工程考核的"指挥棒"作用，探索将考核结果与干部考核相挂钩，提高干部积极性。同时完善考核标准，实行分类分档考核；破除传统单看产出、不考虑地区发展基础实际和项目推进难度的考核体系，拓宽考核标准，可以将生态环境的改善、项目带动的就业岗位以及人民幸福感的提升等适当纳入考核标准。结对双方还应积极进行交流，及时对项目中的难题进行沟通；建立紧密的合作机制，加强高层互访和干部互派交流，增强共同体意识。

2. 村镇层面

借助专家智慧，提高发展效率。"山海协作"工程中经常有干部被安排到乡镇挂职或者选派农业专家进行指导，村镇作为山海协作乡村振兴项目的被帮扶主体，应当充分提高积极性，乡镇干部应当主动与挂职干部、专家进行沟通交流，听取意见，及时落实。挂职干部能够运用在发达地区的工作经验，对乡村发展提出前瞻性的指导，而农业专家则能够帮助解决农业生产中的技术难题，提高农业生产效率。

找准自身定位，因地制宜创新发展。在制定乡村发展规划时，村镇集体及干部应当根据本地区实际情况找准自身发展定位。对于有传统旅游资源的村镇而言，可以在原来的基础上进一步挖掘旅游资源、人为赋予特色内涵、增强本地旅游资源的辨析度；对于具有传统产业基础的村镇而言，能够通过更新生产设备、生产工艺，利用互联网电商等方式扩大生产规模，拓宽销售渠道。而对于没有传统特色发展资源的乡村而言，可以借鉴相似条件乡村的成功发展经验，结合本村自然条件，发扬本村优势，因地制宜选择合适的发展方向。

增强政务公开，加强政策宣传解读。对于获得"山海协作"工程项目扶助的乡村而言，无论是基础设施建设资金帮扶还是产业发展项目帮扶，都应当将相关的政策和文件及时予以公示，并且村干部应当加强政策的宣传力度，尽量使用平实易懂的方式解释项目的开展缘由、具体的措施以及给乡镇集体和村民个人带来的效益，提高村民对村务工作的支持度和对村领导组织的信任度，同时对加强对"山海协作"工程的认可。

3. 群众层面

积极了解山海工程，把握政策红利。"山海协作"工程的最终目的是推动区域协调发展、促进共同富裕，落实到个体上，即是惠及民生。群众应当积极了解本地"山海协作"工程的具体项目实施及政策，对于个体户而言，可以加入集体合作社改良生产方式、提高产量，或者依托山海协作渠道增加农产品销量、提高销售利润；对于企业经营者而言，可以获取信贷优惠、帮扶资金或者入驻山海协作产业园、集聚产能、推动创新。无论对于个体户还是企业，处在山海协作政策红利的风口之下，都应当及时关注政策信息，把握时代机遇。

四、实践的成效和特色

学生实现了四个"这样"的转化。

"原来是这样":对于山海协作基本知识的了解,对浙江省相关政策进行梳理,进一步学习"八八战略""两山理论"科学论断。

"真的是这样":通过对缙云县山海协作项目的深入了解,提炼"山海协作"工程整体发展特征与趋势,与已有知识进行呼应。

"原来就这样":山海协作项目的落地也存在从理论到实践的过程,在具体操作环节,也存在计划、组织、领导、控制等各环节上的问题,它仍处于发展过程中,需要不断进化与完善。

"真的得这样":大学课本中学到的知识能够对缙云"山海协作"发展现有的困境起到补充与引领作用,有些步骤与规范得按照书本上的知识进行操作才能让管理更有效率。

五、案例反思

社会调研具有良好的辅助学习的作用,学生经过直接的参观、访问等活动,收集到大量材料,对社会客观事物产生感性认识,对获得的社会调查材料进行思考与分析,从而由对事物外部联系的认识提高到对事物内部联系的认识。此次社会实践,实践小组在缙云县山海协作项目点展开了丰富的调研活动,在指导教师的引导下,实践小组对山海协作政策、乡村振兴战略、浙江省乡村发展规划有了全面的了解。

在实践过程当中也存在一些问题,在实践过程中发现学生对于社会实践项目的思考容易受到选题的限制,对造血式扶贫道路的探索受到自身经历的限制,需要老师进一步地进行思维引导。社会调研不仅仅是一项收集资料的工作,它包括资料收集及资料的加工、分析研究等环节,学生参加社会调研活动,不应将自己的角色定位于老师的调查员,而应定位于研究者,只有这样,才能更好地实现社会调研对学生成长的促进作用。

在接下来的实践活动中,老师要注意引导学生认识社会现状,学会对现状进行分析,研究出解决问题的办法。同时指导老师在活动开始前要对学生进行教育,树立学生对社会调研的正确认识,并教会学生调查研究的科学方法。

推进社会救助综合改革,实现社会救助高质量发展
——以宁波市海曙区创新试点为例的社会实践

对困难群众,我们要格外关注、格外关爱、格外关心;社会政策要兜住兜牢民生底线;把农村社会救助纳入乡村振兴战略统筹谋划;深化社会救助制度改革,形成覆盖全面、分层分类、综合高效的社会救助格局。我们要切实把思想和行动统一到党中央决策部署上来,积极推进社会救助事业高质量发展。

——习近平在十九届中央政治局第二十八次集体学习上发表的讲话

案例概述:本实践案例来自浙江工业大学公共管理专业大二学生暑期社会实践活动,实践地点是宁波市海曙区。2020年底,宁波市海曙区入选全国社会救助改革创新试点单位。试点目标任务是探索开展服务类社会救助的有效路径和具体措施,明确服务类社会救助的供给主体、对象范围、服务内容、服务方式、运行机制等,推行"物质+服务"救助方式。宁波市海曙区不断推进社会救助综合改革,充分发挥"重要窗口"的引领作用,着力推动共同富裕,促进社会救助高质量发展,形成一批可复制、可推广的好经验好做法。通过在海曙区进行社会调研,结合现有研究,发掘其在社会救助领域的丰富成果,将理论与实践相结合,达到知识与能力共同提升。

相关思政元素:社会救助服务、整体性治理、高质量发展

一、实践目标

（一）社会实践目标

（1）了解社会救助服务相关理论知识，国内外发展状况。

（2）深入了解宁波市海曙区在"共同富裕示范区"背景下，所达成社会救助服务的实践成就。

（3）探究海曙区社会救助服务存在的问题和挑战，结合国内外现有研究，探索服务类社会救助发展经验。

（4）结合理论知识，为改善社会救助服务提供对策和建议。

（二）课程思政目标

1. 思政元素融入实践环节

元素 1：社会救助服务

社会救助服务是指基于受助者的发展型需求，对贫弱群体提供的非现金的、以专业社会服务为主要形式的、以专业社会工作者为主要服务者、以满足贫困者发展性需求为目的的非营利性的救助。它是政府主导、社会力量合作参与的积极福利理念下的一种综合救助。社会救助关乎困难群众的基本生活，是关系民生、连接民心、促进公平的重要方面，是实现共同富裕兜底性、基础性的内容。

元素 2：整体性治理

整体性治理主要聚焦于信息的互动提供、顾客和功能导向的组织重构、一站式服务、数据库、结果导向、高灵活性和回应性、可持续性等方面。强调政府的整合型运作，运用信息技术实现线上治理，提供网络式服务，注重结果导向，终极目的是解决人民生活需求。近年来长三角一体化程度稳步加深，宁波海曙区身处长三角城市集群，交通网络的完善、数据平台的架构、政府和民间组织合作的深化，成为社会救助服务发展的重要机遇；资源的灵活调拨、经验的远程分享、大数据的分析处理，多地域多主体的合作，为社会救助服务发展打开了前所未有的窗口。

元素 3：高质量发展

2017 年 10 月 18 日，党的十九大作出我国经济已由高速发展阶段转为高质量发展阶段的重大判断，中国的发展进入了新时代。"十四五"规划和 2035 年远景目标纲要提出，支持浙江高质量发展建设共同富裕示范区。社会救助关乎困难群众的基本生活，是关系民生、连接民心、促进公平的重要方面，是实现共同富裕兜底性、基础性的内容。浙江的社会救助工作始终走在全国前列，高质量发展建设共同富裕示范区的设立为浙江提供了新目标、新定位，对浙江省社会救助事业、"物质＋服务"的救助方式提出了新的挑战。

2. 思政育人目标

（1）引导学生了解基于计划经济体制研究发展而形成的综合救助与专项救助相结合的社会救助体系。

（2）让学生深入了解海曙区社会救助工作情况，分析其存在的缺陷。

（3）发挥公共管理学院大学生政府管理方面的知识储备，结合所学知识，为改善社会救助服务提供对策和建议。

（4）帮助学生深入了解十四五规划和2035年远景目标纲要，激励学生以新时代青年的标准要求自己，以更加积极饱满的热情面向未来。

3. 思政育人主题

社会救助服务、整体性治理、高质量发展

二、实践具体过程

2021年7月14日前，实践团队实地走访宁波市海曙区的残疾低保户、困难儿童、智力一级残疾困难户家庭和支出型贫困家庭，通过简单的家庭情况了解和访谈问答，加深对不同需要社会救助家庭受保障情况、生活状况、居住环境等方面的了解，进一步对宁波市海曙区社会救助服务有了实际性的认识和全面性的了解。

7月15日，实践团队拜访了南门街道快乐鸟助残中心，与助残中心的工作人员进行了交流和访问。了解助残中心的一些基本情况、服务群体的范围以及日常举办的活动等，发现助残中心与社区合作交流较为紧密，较少会有向81890平台求助的情况出现。

7月16日，实践团队参加海曙区民政局社会组织工作会议之后，前往海曙区民政局社会救助科，与救助科的韩科长、郑科长进行交流。围绕是否有政府购买社会组织服务这一项目，如何判断救助对象是否属于需要社会救助的范围，如何考虑与心理敏感的救助对象更有效地进行交流互动，是否服务的宣传主要还是靠社会组织等问题进行访谈。同日，实践队成员还走访了宁波市海曙区的81890社会救助中心，与社会救助中心的工作人员进行交流，了解81890平台运行的流程以及平台投入使用的成效等。

7月17日，团队在对手头已有的照片、视频、采访录音等资料进行整合后，返程回到杭州。7月18日后，实践团队对已整合的资料进行归纳总结，撰写相关研究结果，并提出具有借鉴意义的建议。

三、实践成果

（一）实践案例收获

如今数字治理在政府治理过程中普遍应用，整体性治理的理念逐步普及，社会救助服务供需矛盾问题的解决也在探索前进的路上，海曙区作为全国社会救助改革创新试点单位，有着其独特的发展优势，在解决社会救助服务供需矛盾问题中扮演重要作用，主要有以下几种形式。

1. 线下救助服务集市："善集"公益街

海曙区政府积极探索社会组织培育孵化、成长壮大、发挥作用的载体机制，实现社会组织从初期政府帮扶到独立运营的良好过渡流程，帮助培育了多个较为成熟的社会组织。在此基础上，海曙区大力打造了"善集"公益一条街，通过社会组织的入驻、社会各界的支持，使得海曙区社会救助事业呈现百花齐放的发展态势。海曙区民政局依托"善集"建立社区公共服务购买机制，鼓励公益组织承接助老助残、帮贫救困、区域自治等社区一线项目，开展系列公益活动，把公益产品和服务送到市民身边。通过公益服务长效机制，常态化、便捷化、高效化地促进了资源互补和服务提升。

"善集"公益一条街把较为成熟的社会组织集中到一起，可以有效地提高救助服务供给的全面性和准确性。资源的集中有利于救助对象咨询并匹配最为合适的救助服务，并且多家社会组织相邻的地理条件也有利于多家社会组织之间开展合作，对某一救助对象的复杂问题合力进行解决。

2. 线上网络集市：81890求助服务中心

宁波市81890通过整合和调度社会各类资源，将服务需求与供给进行有效精准的对接，将服务送进百姓的家里面去。81890利用综合信息资源和政府公信力的优势，无偿为市民、企业等各类求助者提供全方位信息服务。服务方式是通过电话、短信、网站等多种渠道为市民提供各类服务；服务模式是"政府搭台、市场运作、社会参与"三位一体的打包式服务。市民用户致电81890公共信息服务平台，平台根据需求类型启用不同流程进行处理，咨询类的可以答复的予以回答，不能回复的由平台询问相关单位或直接转接到有关单位。服务类的由平台联系相关加盟企业，价格和项目细节交由用户和企业自行商量确定。事务类的将启动研判，进入流转单部门，若不能办理，则确定主办单位；若还是不能办理，将上报区领导专题解决。其他类的将由平台系统解决用户问题。

81890平台实现了三大整合：一是实现了政府资源的整合，使得居民对于公共事务方面的疑问、建议等得到有效的解决；二是实现了市场资源的整合，可以快速查询并联系符合条件的企业、组织、店铺，及时满足居民日常生活中的服务需求；三是整合了社会资源，为一大批想要服务他人、奉献社会的志愿人士提供了便捷的通道。

3. "甬救爱"智慧救助服务平台

海曙区政府积极搭建"甬救爱"（谐音"永久爱"）智慧救助服务平台，着力打造线上线下有机结合的一站式救助服务平台。以浙里办、81890 App为数字端访问入口，整合各社会救助部门的数据信息，打造"甬救爱"智慧救助服务平台，以此完善海曙区困难群众基础数据库、大救助信息库、大救助政策库、救助资源库，实现各部门救助资源互通互享。

通过"甬救爱"智慧救助服务平台，海曙区将整合困难群众基础数据、救助信息、救助政策、救助服务资源四大基础数据库，实现全区各部门救助资源互通共享；结合困难群众自主发布和主动发现的救助需求，通过智能研判，实现救助政策、救助资源与救助对象的精准匹配；基于困难群众个人信息、救助信息、服务信息等内容，为困难群众精准画像，制定"物质+服务"大幸福清单，实现个性化帮扶。

4. 海曙区智慧救助服务联合体的实现

为完善困难群众"服务保障链"，确保优质服务资源直达困难群众，海曙区构建智慧救助服务联合体（以下简称"助联体"），连接整合近3000家生活服务类、公益慈善类、居民互助类社会组织，与区域内养老机构、卫生医疗机构等服务资源联动，帮助救助对象建立社会支持网络。助联体使得社会救助服务流程更加扁平化，拉近了需求和供给之间的距离，利用大数据人工智能技术优势，各部门数据流通比以往更加通畅的时代特点，进一步促进了需求与供给的精准对接，使救助服务更加高效、高质，切实提升了群众幸福感和满意度，方便了困难群众及其家属的生活。海曙区民政局不断强化探索大数据在社会救助服务方面的应用，通过浙江省大救助平台"救助比对"，筛查可能符合支出型贫困、重病重残单人户低保的救助对象，做到精准识贫。建立多维度贫困评估指标体系，由专业社工机构对困难家庭境况和救助需求进行科学调查和综合评估，为精准救助提供有力支撑。困难群众可以登录微信，经由"浙江民政—幸福码—智慧救助服务联合体"的流程，完成注册、登录即可提交服务需求。主要包括：为低保家庭、困难老人、残疾人、困境儿童等困难群体提供日常生活照料、清洁卫生等生活型服务，康复训练、送医陪护等照护型服务，以及心理疏导、资源连接、能力提升、社会融入等支持型服务。助联体平台也可以借助"服务清单"主动联系相对应的服务提供方，更加快捷便利地提供服务。

（二）存在问题与原因分析

1. 社会救助力量薄弱，专业覆盖面低下

截至 2021 年 7 月，宁波海曙区登记社会组织 872 家，社会团体 156 家，民办非企业 715 家，基金会 1 家。登记在册的社会组织中，社会服务行业的比重占 47.48%，多为养老日间照料中心、培训学校、社会组织服务中心，能够切实提供个性化服务，特别是在社会救助服务方面的社会组织十分稀少。另外，社会救助工作专业人士的缺乏是阻碍社会救助工作有序进行的问题之一。社会救助人才不足导致我国社会救助工作效率低下，难以构建起良好的社会救助体系。

2. 救助服务资源碎片化，连接有效性不足

一方面，社会组织由于资金、人员等的限制，在发展上都会专注于或者优先于某一领域的探索，这造就了社会组织功能的局限性。在对社会组织的调查走访中，我们发现求助者找到社会组织后，多是由一个社会组织针对其所涉及的领域对求助者进行帮助。马克思主义理论原理告诉我们，在看待、分析事物的时候要重视两点论和重点论的重要作用，要从多个方面看问题。困难一定不是单方面的，多角度、多方面的原因形成了求助者的困难。对于求助者的帮助也应该从多角度、多方面入手，单个社会组织功能往往难以做到这点。在民政局和社会组织的交流会上我们注意到，有些求助者的案例涉及的问题是多方面的，是可以通过多个社会组织合作予以帮助的。可是在一位社会救助大管家（海曙区特别设立的统管各自街道负责困难群众帮助的人员）提出有关设想的时候，一位社会组织负责人委婉地拒绝了有关合作的意愿。同时由于各个社会组织之间信息沟通不畅的问题，对于同一救助对象会存在重复询问、重复救助，造成资源浪费以及对被救助对象生活的干扰。

另一方面，政府之间的合作不够紧密。这一点我们在走访宁波市海曙区 81890 中心时可以察觉到。在平台设立社会救助板块时，由于数据还没互通，板块的建设仍旧停留在初期，服务内容难以拓展，服务质量难以提升，服务的便利性和准确性都很难保障。另外因病致贫的困难群众，对于药物的需求，民政局之类的政府部门难以调剂，这方面药监局等部门若能够与之相互配合，对问题的解决应能起到积极的作用。将多个部门的职能整合起来，更好地帮助困难群众。

3. 救助服务宣传方式单一、项目普及度不高

目前我国群众对社会救助认知不足极大影响着社会救助效率，而群众对社会救助认知不足一方面受群众认知能力影响，而其主要原因为政府及相关组织对社会救助服务宣传不到位。结合实地调研，我们发现多数贫困家庭或是不知道社会救助的

内容、类型有哪些，或是不知道获取社会救助服务的方式如何，或是对政府及相关组织抱有不信任的态度，等等。目前，我国社会救助主体和社会救助对象之间主要呈单向救助关系，而非双向互动关系。贫困群体有需而不知如何求，有需不知是否能求，有需但不求等问题显著，政府及相关组织应当重视对社会救助服务的宣传，提升公信力，提高救助效率。

4. 项目评估考核机制落后，群众反馈端缺失

根据走访入户以及与社会救助大管家的交流中，可以看出目前对于接受社会救助服务的家庭，虽然救助过程中保持不断追踪与访问，但是在结束后并没有对相关家庭持续跟进，无法得到相关家庭的后续生活情况反馈。同时，根据对于民政局相关人员的访问，在宁波市海曙区的社会救助服务中并没有建立起系统的、完善的群众反馈机制，考核方式也是通过满意度调查等粗浅的方式进行，群众的反馈环节并未完善。对于提供服务的公司和组织，政府方面也是通过第三方组织进行相关评估，缺乏可靠性。

5. 受助群众对救助理念的认知度不足

在入户走访过程中，通过和各个家庭的交流，我们了解到群众对于社会组织的态度多是不了解，对于社会救助服务更加是不清楚。基层群众在遇到困难时，第一时间联系的大都是社区人员以及对接的负责人，社区和街道承担了大部分社会救助的工作。我国社会组织的发展还没有深入人们的心里。街道和社区的社工多是居住于当地的居民，且原先在街道部门或者社区中工作，有良好的群众基础，加之原本就在社区中负责困难家庭的照顾，长期的上门和沟通使得社工和困难家庭间建立了牢固的感情。我国社会组织长期以来发展缓慢，理念也不够深入人性，尤其是对于年纪较大的居民，他们的认知中社会组织和企业尚难分辨，加之宣传的缺乏，不了解势必会带来不信任，不信任成为社会组织对困难家庭提供救助服务的最大障碍。

6. 受助群众经济需求高、服务需求低

在问及群众有关需求的时候，群众在表达了对政府提供帮助的感谢的同时，其提出的期望多为经济需求，希望能够缓解更多的经济压力。这方面在因病致贫致困家庭中表现尤为明显，在经济压力巨大的情况下，服务方面的救助效果显得微乎其微。对于服务方面，群众的需求呈现两个特点，一是服务需求低，二是局限性较大。局限性体现在群众对于救助服务的理解限于日常家政，不了解社会组织及有关团体，不知晓可以提供很多其他方面的服务。需求低体现在问起群众有关服务的需求时得到的答复多为"不需要""不用麻烦别人，麻烦政府了"。这与中国传统思想中的尽量

不给别人添麻烦的想法有关,可见对于群众思想上的改变也是推进社会救助服务发展的重要一环。

(三)对策建议

1. 整合社会救助相关资源,培养多领域专业人才

社会救助服务是个庞大的系统,资源的高效调配和整合是实现社会救助服务质量提升的关键。调研发现,一些地方政府向社会组织购买服务大都采用项目制,其不稳定性、资金有限性、来源唯一性对社会组织的发展产生较大限制。一方面,社会组织需要长期稳定可持续的资源供应,除了政府购买服务之外,还应该建立有效的社会力量资源投入机制;另一方面,社会组织提升服务水平需要加强能力建设,因此人才建设尤为重要,政府可通过政策支持,加大资金投入,并将社会组织专业人才队伍建设纳入区域人才工作总盘子;此外,向外界寻求智力支撑,通过开展教育培训、课题研究、实习实训等形式与高校建立长期合作机制。

2. 打通组织、政府任督二脉,健全社会救助服务链

由于组织及部门间缺乏有效连接,资源浪费现象极其严重,社会组织间及政府部门间出现"信息、资源孤岛"。政府应以数字改革为契机,借助大数据建立数字平台,实现资源共享。民政局牵头打造社会救助服务链,让政府部门、社会组织等多方主体实现互助互通互享,建立高效稳定可持续发展的"助共体"。

建立系统的基层服务链,让社区的社工与社会救助大管家、社会组织之间相互熟悉,把社区之间的相关信息进行交流、联系。与社会组织之间相互联系,让群众需求能够得到更好的满足,同时,社会组织也可以帮助社区丰富其基层活动,提供更为专业的帮助与支持。根据调研得知,目前社区群众寻求帮助的主要方式是联系社区,而缺乏对能够提供相应服务的社会组织的联系。需求与供给之间的主要联系渠道只有社区,导致社会救助服务供求之间对口不准确。要打造相对完善的供求链,让群众需求得以表达,准确地将需求信息传导到社区、社会组织等处,同时,让社区、社会组织能够系统、准确地为群众提供相应服务。提升服务有效性,让群众不仅能够看到、知道,更能切实感受到服务。强化对救助对象的区分,并据此在传统的救助服务基础上提供更多样、完善的服务,针对不同的对象人群、服务需求,做到精准供给。实现社会资源供给和救助服务需求的精准对接,更好满足多层次、个性化的救助需求。

3. 建立健全社会救助评估机制

进一步健全社会救助评估机制,保障社会救助工作的顺利完成与及时反馈。首先，进行对象审核评估。对于需要救助的服务对象，对其所需要的服务进行一系列评估，对相关的救助服务形成系统的服务链。其次，实施过程评估。在社会救助服务工作实施过程中，加强救助资金使用、项目建设、完成环节、示范评选的监督管理。再次，完成结果评估。健全社会救助政策实施过程、执行效果以及工作创新的评估。最后，对象满意度调查。通过回访、发放问卷等方式对对象进行满意度调查，通过其反馈更好地加强与完善相关环节。同时，加大对骗取社会救助行为的查处力度，追究相关责任。

4. 提升社会组织发展程度，扩大社会救助服务范围

数据显示，在社会服务行业中能够切实提供个性化服务、致力于社会救助服务的社会组织仅占少数，社会组织发展程度较低将直接或间接地影响社会救助服务范围、服务质量等。就此，提升社会组织发展程度可从质与量上入手。一方面，通过政策扶持增加致力于社会救助服务社会组织的行业比重，弥补服务空白；另一方面，借助政府部门等主体对社会组织进行专业培训，提升救助质量。

此外，应当加强预防性社会救助，提升社会救助的前瞻性和战略性。"预防性"的社会救助理念更强调人力资本投资，强调作用于家庭而提升家庭的自我发展能力，关注儿童的早期干预，强调劳动力市场的社会保护。预防性的社会救助致力于解决贫困的根源而非表象，阻断代际传递，其充分兼顾了贫困的动态性、可预测性、可干预性，从长期来看，有利于社会救助的可持续发展。

5. 树立社会救助理念，增强责任意识

公众对社会救助认知不足、缺乏社会救助理念等问题是政府及社会组织实施救助的障碍之一。针对此问题，一方面，政府应当加大社会救助工作的宣传力度，通过多层次、多形式的宣传，辅助公众树立社会救助理念。另一方面，政府应当鼓励公众参与社会救助服务工作，秉持公开、透明、平等的原则向公众寻求建议，同时向公众寻求对社会救助部门的监督，以提升公众对社会救助工作的关注度和积极性。

同时，传统社会救助制度以收入确定贫困救助标准的做法容易造成社会救助领域内的负激励，尤其是部分救助对象在享受较高水平的救助待遇之后，容易产生对福利的依赖心理。因此应增强救助对象的责任意识，意识到其不仅具有接受政府救助的权利，也有依靠自身能力脱贫的义务。为此，求助对象应从现金、物质以及服务等方面接受政府的救助，并在健康条件允许的情况下接受职业培训，积极地提升自身能力等。

6. 加强宣传工作，提升政府公信力

我国社会救助主体和社会救助对象之间主要呈单向救助关系，群众对于社会救

助的内容并不熟知。根据调研，政府与社会组织对于社会救助相关服务的宣传工作并不到位。宁波市海曙区对于社会组织及其相关内容的宣传，除了公益一条街和暂未印刷完成的宣传册，并无其他。因此，要加强相关宣传工作，借助新媒体传播方式，利用微博、公众号、直播等新方式，让群众经由不同途径认识社会救助工作。与此同时，因为信息不对称，容易造成部分群众对政府及社会组织的不信任。加快信息传播和输出，让群众更好地认识社会救助知识，不仅能更好推动社会救助服务，同时也能提升政府公信力。

四、实践的成效和特色

学生实现了四个"这样"的转化。

"原来是这样"：通过阅读国内外研究文献，对社会救助服务的概念有初步认识，进而了解我国社会救助服务的发展状况与问题。

"真的是这样"：结合对宁波海曙区救助服务的调研，了解社会救助相关政策、社会救助体系，进一步体会海曙区在实现社会救助方式上的多样化、组合化、专业化和个性化。

"原来就这样"：海曙区通过整合部门救助资源和社会帮扶资源，建构起救助帮扶服务力量一体化联动体系，能够满足当今社会下困难群众的多方面需求。

"真的得这样"：通过对海曙区社会救助现状的探究，明白只有市场和政府结合，才能推动社会救助服务快速健康发展，更好地适应社会救助需要，提高社会救助服务效益，使得社会救助服务能够切实改善被救助对象的生活。

五、案例反思

本次社会实践选取了宁波市海曙区为探究对象，探索其在社会救助服务方面的成果。社会救助服务在我国的发展刚刚起步，通过此次实践，学生对社会救助体系有了更深刻的理解，学习了现行的社会救助制度，对探索我国社会救助服务的实现路径有了新的思路。

而在本次的实践调研过程中，也发现一些问题。由于社会实践的相关经验不足，对于实践过程中的时间安排存在不合理的情况，耽误了调研的节奏，导致后期的相关走访比较匆忙。因为存在大量的访谈环节，对学生来说是一个很大的挑战，在连续进行多天的全天性调查后，学生普遍会出现心理上的疲劳感。在访谈过程中也发现了一些问题，比如访谈问题设计过于封闭、过于浅显，对访谈对象了解不足，访谈情况预设不足等。

　　在今后的教学过程中，应引导学生做好文献研究，通过文献来分析他人的研究基础，做好前期的研究准备工作，为访谈问题设计做好铺垫。组织学生进行模拟访谈训练，学习访谈技巧，引导学生及时将访谈记录进行整理、分析，让学生在整理中总结反思，在总结反思中巩固升华。

实验教学篇
Shiyan Jiaoxuepian

概述

  课程实践环节的思政元素注入既完善了原有课程思政体系，又将课程思政的正外部性释放至社会大环境中，让思政在课程实践环节不缺位，在课程思政与实践实训思政工作中搭建了桥梁。

  实践环节的实验员老师的身份角色也与高校普通教师一样发生了根本性的变化，教师从单纯的实践环节知识传播者，转变为健全人格的塑造者和正确价值观的引导者。一名优秀的实验教师不仅传授具体实操类知识，也成了塑造学生品格、品行、品位的"大先生"。这也意味着实践环节的重心转移，势必带来实践课程体系的重构。

  本章反映的是浙江工业大学公共管理学院在课程实践环节对思政元素的注入过程与取得成果，也反映了实验老师在课程当中角色的转化。

公共部门人才素质测评

人才难得而易失,人主不可不知之。

——(清)梁佩兰《金台吟》

一、课程概况

(一)课程简介

本课程是行政管理、公共事业管理专业的必修课。作为一门人力资源管理方向的应用类课程,它具有综合性、方法性和实践性的特点,是公共管理类学生重要的专业课。课程关注如何对人的知识、能力、动机、态度、价值观等素质进行综合测评,从而加深人们对自身的了解,并为公共部门人才的招聘、甄选、培养以及员工的录用、开发和晋升提供参考,进而为个人和组织的职业生涯管理提供咨询和合理化建议。通过人才素质测评技术的学习,帮助学生掌握管理人员能力素质特征与测评技术的基本原理与常用方法,学会基本的人才测评设计,具备相当的实践技能。

本课程以课堂教学为主,结合实践教学、课堂讨论、小组作业。课堂教学主要讲解人才素质测评的基本原理与方法,并结合实际案例进行分析,使同学们更好地理解人才测评的基本技能、提高对人才测评课程的兴趣。课堂教学中还引入讨论,使同学们能更好地融入课堂教学。实践教学主要是让学生组成4~5人的小组,每个小组围绕一定的主题,结合某项人才测评技术的一般过程,进行测评设计,并完成一个完整的人才测评项目。

本课程是高等学校公共事业管理、劳动与社会保障等多个专业课程体系的专业实践课程和大类选修课程。在浙江工业大学公共管理类专业的人才培养计划中，该课程开设在大四上学期，共 32 课时，计 2 个学分。

（二）教学目标

本课程回应浙江工业大学本科人才培养的目标，即"培养德智体美劳全面发展，富有家国情怀、国际视野、创新精神和实践能力的行业精英和领军人才"。同时紧密契合浙江工业大学公共管理类专业旨在培养具有公共情怀和创新精神，"知理论、懂政策、重实践"，即富有理论功底，熟悉政策，实践能力强，能够解决实际问题的公共管理专业人才的培养目标，结合公共管理类专业的毕业要求，课程教学过程紧扣知识、能力、素质目标。

1. 知识目标

系统掌握人才素质测评的基本概念、过程与方法，形成人才素质测评的知识体系。

2. 能力目标

（1）系统掌握人才素质测评技术的流程、方法和工具，具备从事实际测评工作的能力；

（2）能够理论联系实际，理解我国公共部门人才测评的"公共"情境和属性，具备结合本国国情完成基本的人才测评工作的能力。

3. 素质目标

具备解决社会问题的公共精神、家国情怀与社会责任，富有团队意识和合作精神，具备严谨研究的科学精神与方法素养。

（三）毕业要求指标

本课程支撑以下毕业要求指标点。

（1）能运用文献检索、资料查询的基本方法及现代技术获取相关信息，具有信息分析和研究的能力，并用于公共事业管理领域相关的复杂实际问题的分析和推理，获得真实有效结论；

（2）具备一定的组织管理能力，能合理制订工作计划，明确人员配置；

（3）按照既定的工作方案，能有效管理组织方案实施，解决实施中的问题；

（4）熟知国家及地方政府的相关规范及政策，并可用于管理实践，解决问题合法合规。

二、思政元素

本课程的教学内容与特点，和思政教育密切相关。针对公共部门人才素质测评的教学设计，在传授专业知识的基础上，突出综合性、方法性和实践性的特点，通过实践结合、案例分析等途径关注如何对人的综合素质进行多方面测评，重点培养学生的社会责任、知行合一、科学精神和使命担当。

元素1：社会责任

公共部门的人才素质影响着公共部门的运作效率、战略决策等诸多方面。本课程将社会责任和公共情怀、公共伦理意识有机融入到学生对公共部门人才素质测评的全过程当中，强调人才的适应性、全面性和责任感等，谋求公共部门的长远发展，助助公共部门人才素质的提高。培养当代大学生"以人民为中心"的理念信仰，坚持正确价值观、人生观和世界观的培养，为社会可持续发展贡献自己的力量。

元素2：知行合一

鼓励学生在学习基础知识的同时培养实践能力，"知行合一"是本课程的一个重要教学目标。通过案例分析、小组讨论等授课形式，实现传授公共部门人才素质测评知识和训练学生实践能力的双重目的，提升学生对问题的感知能力、分析能力和解决能力，锻炼学生个人素质。

元素3：科学精神

本课程通过引导学生主动探究人才素质测评的过程、方法和体系，科学探究公共部门人才素质测评发展的内在要求，着重培养学生的理性思维、人文关怀和严谨的科学态度，能够有效实施管理组织方案，形成辩证统一、实践研究和探索求知的科学精神。

元素4：使命担当

公共部门的人才素质评定，首先要思考和明确公共部门的使命以及公共部门人才的使命，体现公共部门运行和发展的目标以及价值承诺。只有在科学正确的使命引导下，公共部门才能在发展过程中不偏离既定的战略方向，实现有效的公共管理和可持续发展。结合使命担当，引导学生在学习的过程中，确立自身的人生使命和价值观，帮助学生树立积极的使命担当意识，成为能够担当中华民族复兴大任的时代新人。

三、设计思路

1. 理论教学安排

理论教学安排如表1所示。

表1 理论教学安排

课程章节	重要思政元素	相关教学知识及要求
第一章 公共部门人才素质测评概述	社会责任 知行合一 使命担当	掌握人才素质的概念、特征、功能分类,熟悉素质测评的流程。能够理解人才素质测评对我国建设高素质专业干部队伍和实现国家治理能力现代化的意义
第二章 我国公共部门的基本人事制度安排及发展	社会责任 知行合一 使命担当	了解我国公务员制度的基本知识,引导学生充分了解中华民族历史上重视人才的思想脉络,了解中国古代积累的关于选人用人的经验智慧,激发学生的爱国主义精神与民族自豪感,提升对社会主义核心价值观的认同感
第三章 人才素质测评原理	科学精神 知行合一 使命担当	理解并掌握人才素质测评应用的理论知识
第四章 测评指标体系构建	科学精神 知行合一	了解指标与标准、指标体系的含义。掌握指标的内容构成和设计原则。熟悉测评标准体系的构建过程,能够初步应用相关知识构建公共部门人才素质测评指标体系
第五章 胜任力模型建构及应用	科学精神 知行合一 社会责任	了解胜任力模型的产生和发展,掌握胜任力模型的开发和应用技能。能够应用相关知识在中国情境下开发某公务员职位的胜任力测评体系
第六章 履历分析	社会责任 使命担当 知行合一	掌握履历分析的概念、作用和特点。熟悉履历分析的步骤、方法和重点内容。掌握履历分析需要注意的问题
第七章 心理测验	使命担当 社会责任 知行合一	了解心理测验的含义、特点及编制程序。熟悉心理测验的类型与方法。熟悉常用的心理测验量表。能初步应用职业兴趣测验对自己或他人的职业倾向进行分析

续表

课程章节	重要思政元素	相关教学知识及要求
第八章 面试和笔试	社会责任 知行合一 科学精神	了解面试的概念、类型和功用。熟悉面试的规范化流程。掌握面试组织中的重点工作。掌握结构化面试的特点及设计方法。了解笔试的层次性和主要类型。掌握笔试的命题程序、原则和主要题型的编制技巧。掌握笔试的组织实施及过程管理
第九章 评价中心	知行合一 社会责任 科学精神	掌握评价中心的含义、原理、主要特征。熟悉文件筐测验、无领导小组讨论等几种评价中心常用的测评技术。具备评价中心及其实施方案的设计与开发能力
第十章 测评质量评估与报告	科学精神 知行合一	了解测评质量评估的必要性。掌握效度分析、信度分析和误差分析技术。掌握数据综合与测评报告的撰写方法
第十一章 综合案例分析	科学精神 知行合一 使命担当	能够综合运用所学的一种或几种方法，设计一项公共职位的人才测评方案

2. 实践教学安排

实践教学安排如表 2 所示。

表 2 实践教学安排

实践项目	重要思政元素	相关教学知识及要求
公共部门人才素质测评指标体系建构实践	社会责任 知行合一 科学精神	知识要求：掌握测评标准体系的建构过程。 能力要求：具备灵活处理资料的能力。 素质要求：具备科学严谨处理研究素材的社会责任感
公务员职位胜任力测评实践	知行合一 社会责任 使命担当	知识要求：具备胜任力模型的开发和应用知识。 能力要求：理解我国公共部门人才测评的"公共"情境和属性，具备结合本国国情完成基本的人才测评工作的能力。 素质要求：富有团队意识和合作精神，具备严谨研究的科学精神与方法素养

续表

课程章节	重要思政元素	相关教学知识及要求
职业兴趣测验	科学精神 社会责任	知识要求：掌握职业兴趣测验相关知识。 能力要求：认识职业兴趣测验的本质和意义，能够根据不同职位要求选择职业兴趣测验并应用。 素质要求：严谨的研究能力与科学意识，知行合一的品格
人才素质测评综合案例研讨	知行合一 社会责任	知识要求：掌握多种人才素质测评方法，熟知国家及地方政府的相关规范及政策，并可用于真实管理实践。 能力要求：按照既定的工作方案，能有效管理组织方案实施，解决实施中的问题。 素质要求：具备解决社会问题的公共精神、家国情怀与社会责任，富有团队意识和合作精神

四、实践案例

案例 1 通过实践公共部门人才素质测评指标体系构建，培养学生对待研究科学严谨的社会责任感

第四章"测评指标体系构建"的教学，通过采用讨论式教学，介绍人才素质测评体系的架构、指标与标准，学生围绕老师提供的实际公共部门案例进行思考，并以4～5人为一组的小组方式，进行资料查找、讨论修改等过程，围绕人才素质测评指标体系的科学性、合理性、可行性等角度进行评估，提出修改建议。在这一教学过程中，学生熟悉测评标准体系构建的全过程，能够初步应用相关知识认识和优化公共部门人才素质测评指标体系。

通过师生提问的互动环节，开拓修改、优化人才素质测评指标体系的思路，比较不同修改建议可能带来的影响和效果，提高人才素质测评指标体系构建的效率性和科学性。在课堂互构式教学的基础上，以小组的形式进行一个完整测评标准体系的构建，并形成完整的课程学习成果展示。根据老师提供的人才数据，如老师提供杭州市林业系统的人才资料，要求各

小组从自己构建的测评标准体系出发，确定各项指标的权重，规定测评指标的计量方法，在测试完成之后进一步进行完善。有小组成员在此学习实践过程当中，利用了胜任特征模型、能岗匹配原理、能级与权级关系及其对组织的影响分析，综合提出针对林业系统人才素质评定的素质模型，从核心能力、管理能力和领导能力三个维度进行构建。

人才对于公共部门运行发展起到重大的影响作用，界定人才素质和发现人才素质，更是公共部门可持续发展的核心。通过结合课堂讨论和具体事例的实践，让学生一定要树立严谨的科学态度和认真的钻研精神，掌握科学高效的研究方法，尊重公共管理和公共事业，本着对国家和人民服务的社会责任，不断推进公共领域人才事业向前发展。

案例2 通过人才素质测评综合案例研讨，推动学生养成知行合一、科学严谨的优秀品质

"知"是基础和前提，"行"是重点和关键，必须做到以"知"促"行"、以"行"促"知"。本课程深入贯彻"加强学生参与和体验""注重学校内外结合的课后拓展""培养学生实践动手能力"的教学理念。例如结合第十章"测评质量评估与报告"和第十一章"综合案例分析"，不仅向学生展示了前沿的数据综合与测评报告的撰写方法，掌握效度分析、信度分析和误差分析技术，在深入了解测评质量评估的重要性和必要性的基础上，还向学生介绍综合案例分析的框架和操作。为了进一步提高学生的知识点运用能力和实践能力，老师通过实验的形式，要求小组在构建案例背景的基础之上，如搭建民政局工作人员年度考评的实验背景，要求通过平时工作资料、个人评价、他人评价和工作总结汇报（小组成员进行模拟展示）等条件，完成对人才的考评以及人才素质的评定，形成总结报告，并由老师和其他小组同学进行点评，提出可行性建议。

通过模拟实验和评估总结的实践过程，让学生将课堂学习到的知识及时地运用到具体的现实实践中。一方面进一步加深和巩固了公共部门人才素质评定的知识要点；另一方面通过多样的教学方式，在丰富的实验案例之中让学生有了更直接的体会，对公共部门人才素质测评的认识更加深刻，发挥严谨科学的求知精神和知行合一的实践精神。

五、教学效果

"公共部门人才素质测评"坚持问题导向、科学导向和实践导向,课程建设日趋成熟,教学质量持续提升。学生在学科竞赛、学术论文、政策咨询等领域取得了优异成绩,并给予了积极的课后反馈。

(一)指导学生的调研成果多次获得国家级立项或获奖

代表性成果有很多,这里列举近期的几项如下:

(1)《如何让县域医共体人员"活"起来?——以浙江东阳设立"医共体人才池"为例》,2020年度浙江省大学生科技创新活动计划(新苗人才计划)立项;

(2)《高校新入职青年教师的职业压力与组织支持研究——以浙江工业大学为例》,2021年浙江工业大学运河杯竞赛校级立项。

(二)有效指导了全校大学生的暑期社会实践活动

公共管理学院在每年暑假会组织大规模的暑期社会实践活动和公共部门的实习活动。不同的学生会在实习阶段,到不同的公共部门,参与不同的公共管理实践活动。本课程能够帮助学生更好地适应公共部门的实习环境,锻炼自己的能力和素质,并形成可观的心得感悟以及实习报告。多年来,本课程对普及公共部门人才素质测评知识,增强学生的使命担当、科学精神、社会责任,塑造知行合一的品格等方面发挥了重要的作用。课程团队的老师多次应邀给学生开展培训,取得了非常好的效果,也得到了广大师生的一致好评。

公共部门人力资源综合实验

> 基于聪明的设想出现的创新数量极大，哪怕成功的百分比比较小，仍然成为开辟新行业提供新职业给经济增添新的活动面的相当巨大的源泉。
>
> ——德鲁克

一、课程概况

（一）课程简介

本课程主要针对公共管理类专业本科生而设置，营造了一个人力资源管理的大环境，将常见的人力资源管理栏目作为主要实践操作内容，配合人才市场、人力资源管理测评系统、人力资源工具下载模块等，较为全面系统地介绍了人力资源管理的内容。课程安排在"公共部门人力资源开发与管理"理论教学之后，旨在推动学生有效地把理论知识与实际工作需要结合起来，接受人力资源管理方法和技巧方面的基本训练，使学生更好地掌握人力资源管理的基本理论和可操作的方法，掌握分析与处理公共部门人力资源管理各环节中现实问题的能力，培养良好的职业道德和职业素养。

本课程是高等学校公共事业管理、教育经济与管理学科、劳动与社会保障等多个专业课程体系的实践课程和专业必修课。在浙江工业大学公共管理类专业的人才培养计划中，本课程开设在大三下学期，共16课时，计1个学分。

（二）教学目标

本课程回应浙江工业大学本科人才培养的目标，即"培养德智体美劳全面发展，富有家国情怀、国际视野、创新精神和实践能力的行业精英和领军人才"。同时紧密契合浙江工业大学公共管理类专业旨在培养具有公共情怀、创新精神和社会责任感，"知理论、懂政策、重实践"，即富有理论功底，熟悉政策，实践能力强，能够解决实际问题的公共管理专业人才的培养目标。结合公共管理类专业的毕业要求，课程教学过程紧扣知识、能力、素质目标。

1. 知识目标

深化学生对人力资源管理的基本概念、基本原理和主要环节的认识理解，掌握公共部门人力资源综合实验的主要内容，使所学的理论知识系统化。

2. 能力目标

（1）帮助学生进一步熟悉公共部门人力资源管理的基本工作内容，掌握人力资源管理各环节的工作流程和操作方法；

（2）学会应用与人力资源管理相关的软件或网络资源，培养自主探究学习的能力。

3. 素质目标

培养学生的公共管理实践素养，强化学生"学以致用"的意识，养成严谨的科学精神与方法素养，培养良好的职业道德和职业素养。

（三）毕业要求指标

本课程支撑以下毕业要求指标点。

（1）学生通过学习公共事业管理工作所需的数学、计算机等基础知识，能用于分析解决实际问题。

（2）学生能够基于科学原理对公共事业管理领域相关的复杂管理问题进行分析，按照问题需要设计分析步骤。具备一定的创新精神、创业意识和创新创业基本素质。

（3）学生具备通过案例与文献解读，分析与评价管理问题的能力，掌握基本的实验方法，能够根据研究方案设计分析系统，按照合理步骤进行分析，在分析中体现创新意识。

（4）学生了解公共事业管理领域相关问题的多学科背景和管理特点，能够在团队合作中进行分工与协作，合理处理个人与团队的关系，完成所承担的任务。

（5）学生能够就各类公共事业管理、公共部门管理问题，尤其是有关各类社会服务问题及公共组织内部的公共部门人力资源管理中的问题，与上下级、同行及社会公众进行有效沟通和交流，包括撰写报告、陈述发言等。

（6）学生具有良好的身心素质，以及较好的人文科学素养和艺术修养，具有通过实践、调研不断学习和适应发展的能力。

二、思政元素

本课程的教学内容与特点，和思政教育密切相关。针对公共部门人力资源综合实验的教学设计，在传授专业知识的基础上，突出综合性、方法性、互动性和实践性的特点，通过实践结合、案例分析等途径关注人力资源管理，结合重大、最新的公共管理实践选题，用事实说话，重点培养学生的知行合一、公共精神、理性思维以及团结协作的大局观。

元素1：知行合一

通过任务驱动式教学，坚持理论性和实践性相统一的原则，培养学生的认知能力，塑造学生的行为方式，重视对课程内容的归纳、梳理和升华，重视学生对知识点的理解、掌握和运用，实现知行相辅的教学成果。灵活运用新媒体和网络教学模式，建立较为高效的实践教学体系，提升学生对问题的敏锐感知能力、独立分析能力、解决能力，培养学生以知促行、以行促知、知行互构的能力素养。

元素2：公共精神

本课程将公共情怀有机融入学生对公共部门人力资源综合实验体系的学习当中，强调人才的适应性、全面性和责任感等，思考人力资源管理的重要性和必要性，谋求公共部门的长远发展。培养当代大学生"以人民为中心"的理念信仰和伦理关怀，树立天下为公的公共价值观，为社会可持续发展贡献自己的力量。

元素3：理性思维

用马克思主义基本立场、观点和方法，观察事物、分析问题、解决矛盾。本课程通过递进互构式教学方法，加强师生之间的思想交流，学生通过讨论、思考和研究等方式完成对公共部门人力资源综合实验的知识学习，实地调研公共部门人力资源现况，构建讲究实际、严谨认真的理性思维，尊重事实和证据，有实证意识和严谨的求知态度，培养当代大学生养成科学探究、求真务实的辩证思维。

元素4：团结协作

通过团队小组的形式组织学生参加课程实践活动，按照4～5人的团队规模组成若干项目研究小组。通过小组研讨式学习，围绕不同公共部门人力资源管理模式，设立专项议题，发挥团队优势，完成教学安排中布置的各项任务，培养学生同舟共济、团结协作的大局观念，使学生充分理解课堂讲授的理论知识、实现理论和实践的有机结合，提升学生团结协作的能力和意识，探索教师之间、学生之间和师生之间互动协作、资源整合、整体推进的实践教学工作运行机制。

三、设计思路

本课程探究公共部门人力资源综合实验的各个关键环节，通过专业知识、实践项目和教学案例提炼重要思政元素，具体设计思路如表 1 所示。

表 1　具体设计思路

项目	重要思政元素	相关教学知识及要求
工作分析与工作说明书编撰	理性思维 知行合一	知识、能力、素质要求：了解职位说明书的概念及构成；理解编写职位说明书的基本原理和基本思路；掌握几种职位说明书的编写方法。 课程思政要求：树立严谨细致的工作态度，养成良好的职业素养、职业责任感
员工招募与甄选	公共精神 理性思维 团队协作	知识、能力、素质要求：掌握履历分析、心理测验、结构化面试、无领导小组讨论的实操流程与方法，从而进行有效的人力资源测评和选拔；掌握结构化面试的流程和技巧，并开展模拟面试；掌握公共部门人力资源招聘的规范流程，具备组织和实施招聘工作的基本能力。 课程思政要求：养成良好的职业素养、职业责任感
员工职业生涯规划	知行合一 理性思维 公共精神	知识、能力、素质要求：了解员工职业生涯管理的主要内容与实施步骤；学会使用恰当的测评工具开展职业能力倾向测试。 课程思政要求：引导学生树立中长期目标，鼓励学生围绕人生目标设计个人发展规划
员工培训管理	知行合一 公共精神 理性思维	知识、能力、素质要求：熟悉人力资源管理中培训管理模块基本原理；具备独立开展培训需求分析的能力；掌握设定培训项目、培训方案及进行评估的能力。 课程思政要求：引导学生树立终身学习的理念

续表

项目	重要思政元素	相关教学知识及要求
员工绩效管理	公共精神 团结协作 知行合一	知识、能力、素质要求：了解绩效管理原理，具备绩效分析、绩效评估的基本能力；能够进行岗位绩效评价指标设计；掌握员工绩效面谈的实施流程及谈话技巧。 课程思政要求：养成良好的职业素养、职业责任感，学会尊重、包容他人
员工薪酬管理	理性思维 公共精神	知识、能力、素质要求：了解薪酬管理的目标与主要内容；掌握工作评价的基本操作方法；结合公共部门薪酬管理特点，开展职位薪酬配置。 课程思政要求：养成良好的职业素养、职业责任感

四、教学案例

案例 1 通过学习员工职业生涯规划设计，提升学生知行融合的素质才能

本课程通过对"了解员工职业生涯管理的主要内容与实施步骤""学会使用恰当的测评工具开展职业能力倾向测试"等要点的学习，学习员工职业生涯规划设计制定，深入贯彻"加强学生参与和体验""培养学生知行合一品质"的教学理念，引导学生树立中长期目标，鼓励学生围绕人生目标设计个人发展规划。

通过对 O*NET 资源在工作分析中的应用、人力资源测评工具的使用以及人力资源管理各项职能的实践操作技能的学习，并向学生明确该项课程以理论与实践相结合为宗旨，学生自行组成实验项目小组。学生借助浙江工业大学公共管理学院的配套实验设备，通过课堂展示、上机实验等方式，在模拟人力资源管理测评系统的操作过程当中，模拟实验员工职业生涯规划设计，观察员工职业生涯发展方向，以期实现实验操作过程规范，很好地运用相关理论分析解决问题，结果呈现完整准确的教学目标。

学生普遍反映课堂授课结合模拟实操的教学方式，让他们更好地认识现实、总结现实，知行合一的个人品质得到有力培养。通过实验实操，让学生将课堂学习到的人力资源管理和职业生涯规划及时地运用到具体的调研实践中，一方面进一步加深和巩固了公共部门人力资源综合实验的相关知

识点；另一方面在实操过程中让学生有了更直接的体会，对职业生涯发展、公共部门管理和人力资源管理等一系列的社会问题形成更加深刻的认识，提升课程对学生思想政治教育的引领和教育作用，知行合一真正得以贯彻，科学探究真正得以实现，激发学生强烈的创新意识与科学精神。

案例2　通过工作分析与工作说明书编撰设计，培养学生的理性思维

通过课堂教学，学生了解职位说明书的概念及构成，编写职位说明书的基本原理和基本思路并掌握几种职位说明书的编写方法。老师提供不同种类的公共部门岗位职位，要求学生在学习基本知识点的基础上，培养独立完成特定岗位工作说明书的能力。

利用慕课堂App随堂测验，强化学生对职业说明书基础知识点的记忆和理解，并结合工作分析、员工招募甄选、培训开发、绩效管理、薪酬管理的知识要点，根据测验内容进行细致讲解。

接下来，让学生围绕已有公共部门岗位的选题，思考编写思路，完成岗位工作说明书的编写任务。课堂上，老师围绕职位说明书的科学性、合理性、可操作性和综合性等标准，对学生编写的特定岗位工作说明书进行评价，提出修改建议。学生可在慕课堂平台上，通过作业互评的形式，进行讨论思考。通过互动讨论，启发学生思考职位说明书编写的合理性以及可进一步修正的空间，提高学生的个人能力和职位说明书编写的科学性与效率性。正是通过结合人力资源管理的核心知识以及具体事例的讨论，让学生树立起认真的学习态度和严谨的理性思维，强调掌握科学研究方法、正确的工作分析与工作说明书编撰设计的重要性，时刻保持着对社会、对国家、对人民负责的公共精神和家国情怀，在增强自我知识储备和提高个人素质的同时，为推进社会研究的发展和社会的进步提供自己的力量。

案例3　学习员工绩效薪酬等人力资源管理重难点，提升学生的公共情怀

"员工绩效管理"、"员工薪酬管理"和"员工培训管理"等作为当下社会人力资源管理的重难点部分，课程学习要求学生了解绩效管理、培训管理和薪酬管理的基本原理，结合公共部门的运行架构和实际情况，掌握工作评价、绩效分析和独立开展培训需求分析的能力，引导学生树立终身学习的理念。

以小组为单位进行实验，学生在制定员工职业生涯规划方案和员工职业生涯规划设计的基础上，以小组选定的特定员工职业为例，分工完成岗

位招聘方案、部门培训方案、特定岗位绩效评价指标和工作评价，构成某一公共部门的较为完整的人力资源管理体系架构。如有小组成员根据守法原则、战略一致性原则、公平性原则、绩效挂钩原则等员工薪酬制定原则，将员工的薪酬构成划分为五个主要部分，包括"以岗定薪"的基本工资、与绩效考评挂钩的绩效工资、包括社会保险等的福利待遇、结合员工全年出勤率等因素的年终奖和年终分红等，并附加规定了薪酬调整和职位变动的具体条目。老师提供现实中公共部门的人力资源管理案例，在比较分析的过程中思考公共部门的管理路径。

在模拟参与人力资源管理的过程当中，培养学生养成良好的职业素养和职业责任感，引导学生树立个人发展中长期目标，锻炼战略规划能力。鼓励学生围绕人生目标设计个人发展规划的同时，承担更多的社会责任，为更多人谋福祉，为社会可持续发展贡献更多的力量。

五、教学效果

"公共部门人力资源综合实验"坚持问题导向与科学导向，课程建设日趋成熟，教学质量持续提升。学生在学科竞赛、学术论文、政策咨询等领域取得了优异成绩，并给予了课程积极的课后反馈。本课程有效指导了公共管理学院大学生的暑期社会实践活动。

公共管理学院在每年暑假期间会组织大三学生到政府公共部门进行专业实习实践活动。同时，学校会组织大规模的暑期社会实践活动。学院学生在公共部门实习的过程中，切身体会公共部门人力资源管理的成效，增强社会实践经验和对人力资源管理的深刻认识。同时，也有学生围绕公共部门人力资源管理这一选题，组成社会实践团队，设计调研方案，通过走访、访谈和调查问卷等形式分析某一特定公共部门人力资源管理现状，提出具有可行性的优化建议和观点，形成最终的社会实践调研报告。多年以来，学生通过本课程学习公共部门人力资源综合管理的知识，增强社会责任感、科学精神和团队协作能力。通过本课程的教学，为社会培养人力资源管理人才发挥重要作用。课程团队的老师多次应邀给学生开展培训，取得了非常好的效果，也得到了广大师生的一致好评。

公共管理研究方法

> 良好的学习方法能使我们更好地发挥运用天赋的才能,而拙劣的方法可能阻挡才能的发挥。
>
> ——贝尔纳

一、课程概况

(一)课程简介

"公共管理研究方法"旨在讲述公共管理研究方法论体系,调查研究、实验研究、文献研究以及实地研究的方法,初步的定性与定量分析方法,论文写作和课题申报实用方法。通过课程的学习,让学生了解公共管理研究方法的框架体系,掌握公共管理的几种基本研究方法,学会用所学到的公共管理研究方法,解释和分析现实中的公共管理问题,为将来论文写作和科研工作奠定良好的研究方法基础,培养科学素养与方法意识,培养求真务实的精神,掌握唯物主义基本原理。

通过课堂教学和社会实践,贯彻课程思政教学的基本要求,增强学生的公共精神、家国情怀和国际视野。课程主要采用课堂讲授为主,教师引导性讲解与课外阅读、课内讨论相结合,理论学习、方法论实务研究与实务工作相结合。

本课程是高等学校行政管理、公共事业管理等多个专业课程体系的基础课程和必修课程。在浙江工业大学公共管理类专业的人才培养计划中,该课程开设在大二下学期,共32课时,其中课内实验部分8课时,计2个学分。

（二）教学目标

总体而言，本课程回应浙江工业大学本科人才培养的目标，即"培养德智体美劳全面发展，富有家国情怀、国际视野、创新精神和实践能力的行业精英和领军人才"。同时紧密契合浙江工业大学公共管理类专业旨在培养具有公共情怀和创新精神，"知理论、懂政策、重实践"，即富有理论功底，熟悉政策，实践能力强，能够解决实际问题的公共管理专业人才的培养目标。结合公共管理类专业的毕业要求，课程教学过程紧扣以下目标。

1. 知识目标

（1）掌握公共管理研究哲学方法论以及公共管理具体的研究设计程序与方法；

（2）掌握问卷调查研究、实验研究、文献研究以及质性研究方法以及初步定性与定量资料分析的方法与知识；

（3）掌握研究报告的撰写技巧与知识，系统掌握社会调查的基本概念，形成社会调查的知识体系。

2. 能力目标

（1）运用公共管理研究方法分析现实生活中的各种公共管理问题，掌握基本的定性与定量分析方法与能力；

（2）具备较强的研究选题与项目评估能力，初步的研究项目申报能力、项目评估能力，同时能撰写研究报告，具备研究结果的呈现能力。

3. 素质目标

（1）培养学生发现问题、分析问题、解决问题的主体意识；

（2）让学生在具体的调研实践中增强公共精神；

（3）培养学生的科学精神与方法素养；

（4）让学生在用公共管理研究方法研究具体现实问题过程中增强家国情怀和国际视野。

（三）毕业要求指标

本课程支撑以下毕业要求指标点。

（1）通过学习公共事业管理领域相关工作所需的专业基础知识，具备解决公共事业管理领域相关问题的建模、推理和计算能力。

（2）具有熟练运用科学方法与分析手段研究复杂问题的能力，能应用基本的数据处理与分析方法，对数据进行解释与分析，并综合得到合理有效的结论。具备基于解决问题的方案构思能力，提出创新性方案，能有效解决实际问题。

（3）具备解决方案的经济分析与决策方法及社会经济、环境的评价方法等相关知识，可用于分析公共事业管理中的复杂实践问题。

（4）高度关注公共事务，对关乎国计民生的重要问题能够有深刻的认识，具有家国情怀和高度的以人为本感。

二、思政元素

本课程的教学内容与特点，和思政教育密切相关。公共管理研究方法课程的教学过程，突出理论性、实践性、互动性、多元性四大特色，通过实践结合、案例分析等途径关注公共管理，结合重大、最新的公共管理实践选题，用事实说话，重点培养学生的辩证思维、实事求是、科学精神、以人为本以及团结协作的大局观。

元素1：辩证思维

辩证唯物主义是马克思主义的世界观和方法论，揭示了人们行为处事的正确方法。通过学习公共管理研究方法，掌握应对公共管理问题的工具手段，增强学生的辩证思维能力，提高学生处理复杂事务的本领。培养学生良好的辩证思维能力，能够培养更加全面的公共管理人才，在针对项目议题、实事案例等的讨论分析当中，能做到更加全面、透彻、系统，培养学生经世济民的责任与担当。

元素2：实事求是

通过任务驱动式教学，注重实践教学，让学生能够做到理论联系实践。将实践教学渗透到教育活动的全过程当中，突出教育者与受教育者的双主体地位，强调在实践中发现问题、解决问题，不断提升学生对问题的敏锐感知能力、独立分析能力、解决能力，实现自身思想、道德、能力的全面提升。

元素3：科学精神

在教学过程中，坚持马克思主义的科学世界观和方法论，从问题情境创设、学业质量评价以及认知冲突引领等方面，培养学生的科学精神，注重科学探究能力的培养，通过模拟实验、数据分析、小组讨论等形式，推动学生形成辩证系统、正确严谨的科学思维，在比较、鉴别当中提高自我认识，促进正确价值观的树立。

元素4：以人为本

指导学生将"以人民为中心""为人民服务"的理念贯彻到实际调查和报告撰写过程中。在学习公共管理研究方法的过程中，加深对公共管理问题的思考，培养学生的问题意识以及经世致用的以人为本感。培养当代大学生坚持道德上正确的主张，坚持实践正义原则。

元素 5：团结协作

以小组合作的形式，在完成学习任务和项目讨论的同时，培养学生相互支持、相互配合的能力，能够实现科学分工、高效协作。追求卓越，培养学生同舟共济、团结协作的大局观，提升学生团结协作的能力和互助友爱的品质。

三、设计思路

本课程在公共管理研究方法教学的各个关键环节，通过专业知识和教学案例提炼重要思政元素，具体设计思路如下。

1. 理论教学安排

理论教学安排如表 1 所示。

表 1　理论教学安排

课程章节	重要思政元素	相关教学知识及要求
第一章　公共管理研究及方法体系	科学精神	知识要求：了解公共管理研究的方法体系 能力要求：具备系统梳理的能力
第二章　公共管理研究的选题	辩证思维 以人为本 科学精神	知识要求：掌握选题的基本逻辑 能力要求：学会如何选题 素质要求：在选题过程中培养公共精神与国际视野
第三章　公共管理研究的文献回顾	科学精神 实事求是 辩证思维	知识要求：掌握文献回顾的相关知识 能力要求：具备查阅文献、整理文献的能力 素质要求：在梳理古今中外文献过程中拓宽国际视野
第四章　公共管理研究设计概述	科学精神 辩证思维	知识要求：了解研究设计的基本框架与逻辑 能力要求：学会研究设计的具体方法 素质要求：在研究设计中强化科学精神
第五章　定量的公共管理研究设计	科学精神 以人为本	知识要求：了解定量设计的测量方法 能力要求：掌握定量设计的方法 素质要求：在公共管理研究问题的定量设计中培养科学精神，提升家国情怀

续表

课程章节	重要思政元素	相关教学知识及要求
第六章　质性的公共管理研究设计	实事求是 科学精神	知识要求：了解质性研究的方法 能力要求：掌握质性研究的具体设计 素质要求：在质性研究中培养科学探索的精神和主动研究的主体意识
第七章　公共管理研究中的实验法	辩证思维 科学精神	知识要求：了解实验研究设计的基本知识 能力要求：掌握实验设计的具体方法和技术 素质要求：在公共管理研究中采用实验研究，体现严谨的科学精神
第八章　公共管理研究中的实地研究和案例研究	以人为本 辩证思维 团结协作	知识要求：实地研究的相关知识 能力要求：熟练掌握实地研究的方法和技术 素质要求：在实地研究中，提升家国情怀和公共精神
第九章　公共管理研究中的非介入性方法	科学精神 辩证思维	知识要求：了解内容分析、二次数据分析、现存统计资料分析、元分析等方法知识 能力要求：学会进行内容分析、现存统计资料分析、元分析 素质要求：在数据分析过程中强化科学精神
第十章　公共管理研究中的定性与定量资料分析	科学精神 辩证思维 实事求是	知识要求：了解定性与定量资料分析的相关知识 能力要求：掌握定性与定量分析的主要方法 素质要求：在数据分析中强化科学精神与方法素养
第十一章　公共管理评估研究	科学精神 以人为本 实事求是	知识要求：了解公共管理评估的相关知识 能力要求：掌握公共管理评估的具体方法 素质要求：在实际的公共管理项目评估中强化科学精神，提升家国情怀
第十二章　公共管理研究中的系统研究方法	科学精神 团结协作 以人为本 辩证思维	知识要求：了解系统论的相关知识 能力要求：具备应用系统论开展研究的能力 素质要求：在应用系统论开展研究的过程中强化科学精神、家国情怀以及国际视野

2. 实践教学安排

实践教学安排如表 2 所示。

表 2　实践教学安排

课程项目	重要思政元素	相关教学知识及要求
公共管理的选题设计	以人为本 科学精神 辩证思维	能力要求：具备良好的选题设计的能力 素质要求：在选题的过程中提升家国情怀、国际视野以及公共精神
公共管理的实验研究设计	科学精神 实事求是 辩证思维	能力要求：具备实验研究的能力、解决复杂问题的能力 素质要求：在解决实际问题过程中强化科学精神和公共精神
实地调研与报告撰写	以人为本 团队协作 科学精神 实事求是	知识要求：了解实际调研和研究报告撰写的具体知识 能力要求：具备较强的实践能力和良好的表达能力与结果呈现能力 素质要求：在实地调研中强化科学精神，增强公共精神、家国情怀和国际视野

四、实践案例

案例 1　通过"八八战略"框架下的选题设计锻炼，提升学生对公共管理问题的关切意识

第二章"公共管理研究的选题"，老师采用翻转课堂的教学方式，引导学生思考公共管理研究的选题与问题，通过对公共管理研究问题的结构与逻辑的学习分析，研讨当下浙江省公共管理可能存在的问题，以更多的实例、调查方案丰富课堂内容，培养学生对研究选题的问题关切意识，提升课程对学生思想政治教育的引领和教育作用。

向学生明确该项课程以理论与实践相结合为宗旨，学生自行组成项目小组，以"八八战略"作为出发点，通过对"八八战略"意义的理解和对浙江省公共管理问题的了解，课后让同学们通过团队集体思考，拟定细分议题，启发学生关心浙江实践的具体事实，培养学生的深入思考能力、创新

能力以及宏观把握选题的素质。

通过互动式教学，学生以小组的形式提出若干具有现实意义和实践价值的公共管理选题，例如"浙江省'最多跑一地'部门协同改革优化路径探讨""农村居民对新能源汽车采纳意愿的影响因素研究""志愿服务助力老年人跨越'数字鸿沟'路径探究"等。围绕公共管理研究的方法体系，掌握选题的基本逻辑，在提升选题设计能力的同时，增强学生的家国情怀、国际视野以及公共精神。通过互动式的翻转课堂讨论公共管理研究选题，培养学生关心国家经济、社会发展的公共精神、家国情怀。同时通过"选题"这一重要的科学研究活动，激发学生强烈的创新意识与科学精神。

案例 2　通过公共管理的实验研究设计，培养学生的辩证思维和大局意识

第七章"公共管理研究中的实验法"的教学，通过上机操作的形式，向学生介绍了实验研究设计的基本知识，要求学生掌握实验设计的具体方法和技术，能够在公共管理研究中采用实验研究，体现严谨的科学精神，介绍最新的抽样与调查技术。其中，学生围绕项目组选题构思抽样方案并予以课堂展示，培养学生系统性方法素养与辩证思维。

在上机实验的实际操作中，学生根据具体的教学要求在课后完成具体的实验设计并形成实验报告，注意启发学生不同的实验设计思路和实验设计方法。通过具体的上机实操和小组讨论，树立严谨认真的科学态度，强化学生的公共精神以及辩证思维，在知行合一的过程当中不断推动公共管理实验研究的发展和公共管理事业的进步。

案例 3　通过实地调研与报告撰写，推动学生养成实事求是的科学精神

本课程希望通过实地调研、项目式探讨的教学方式，重视学校内外结合的课程拓展，增强学生的参与感和体验感，培养学生实事求是的品质。第八章"公共管理研究中的实地研究和案例研究"，要求学生在教学过程当中，了解、掌握公共管理案例研究的类型和步骤、公共管理研究方法的成果和例文解析等知识点，熟练掌握实地研究的方法和技术，具备较强的实践能力，使学生养成良好的表达能力与结果呈现能力。

在课后，学生根据之前小组确定下来的公共管理研究选题，进行实地研究并完成调研报告，加强实地调研能力和社会调查能力，在实地调研中强化科学精神，增强公共精神、家国情怀和国际视野。学生普遍反映，实地调研经历让他们更好地走近公共管理问题反映的现实，能够从一线的治理

场景和真实的民众观点中，思考公共管理研究的落脚点，培养实事求是的个人品质和团结协作的团队精神。

五、教学效果

"公共管理研究方法"坚持问题导向与科学导向，课程建设日趋成熟，教学质量持续提升。学生在学科竞赛、学术论文、政策咨询等领域取得了优异成绩，并给予了课程积极的课后反馈。

（一）指导学生的调研成果多次获得国家级立项或获奖

代表性成果有很多，这里不一一列举。

由于本课程主要开设的学期是在二年级下学期，这个阶段的学生正好对开展社会调查具有强烈的需求，尤其是许多学生这个时期开始逐渐地组队参加"运河杯""挑战杯"等大学生课外科技竞赛，刚好通过该课程的学习，有效地弥补了参加这些科研活动所必需的研究方法方面的不足。因此，课堂学习、课外科技竞赛等有机结合起来，诞生了一系列的成果，学生多次在"运河杯""挑战杯"等大学生课外科技竞赛中获奖。

（二）有效指导了全校大学生的暑期社会实践活动

每年暑假，学校会组织大规模的暑期社会实践活动和思想政治理论课实践教学活动。各个学院根据实际情况，制定具有针对性的具体实践方案和规划。学生则围绕一定的选题，组成若干团队，设计调研方案，到各个地方开展时间长短不一的暑期社会实践活动。公共管理研究方法为学生的社会实践活动提供方法指导，帮助学生进行选题确定、资料收集和问题分析，并在实地调研的过程中形成最终的社会实践调研报告。多年来，本课程对普及大学生的公共管理研究方法，增强学生的思辨能力、科学精神、以人为本，塑造实事求是的品格等方面发挥了重要的作用。课程团队的老师多次应邀给学生开展培训，进行课程反馈，均取得了非常好的效果，也得到了广大师生的一致好评。

公共危机管理

凡祸患,以安乐生,以忧勤免;以奢肆生,以谨约免;以觊望生,以知足免;以多事生,以慎动免。

——(明)吕坤《呻吟语》

一、课程概况

(一)课程简介

"公共危机管理"课程主要讲授危机与公共危机管理的概念、方法及决策,并通过案例分析研究公共危机管理的过程和技术。本课程注重理论的系统性和先进性,结合实例讲授课程,要求学生掌握公共危机管理的基本概念、基本思想、基本分析方法和基本理论。要求学生进行一定的自学,并提倡学生广泛阅读参考书,使其更多地了解基本理论及其在各方面的应用。提倡学生独立地结合实际问题进行思考和展开讨论,并以此达到教师精讲、学生深学。要求教师高度重视案例分析及公共危机管理工具的实际运用,要求学生在课程学习中,通过实际的公共危机管理案例进行课堂交流。

该课程的实践教学主要是让学生围绕一定的主题,结合一般社会现象,围绕公共危机管理相关主题,进行论文选题,并完成课程论文写作。

本课程是高等学校公共管理专业课程体系的专业理论课程和选修课程。在浙江工业大学公共管理类专业的人才培养计划中，该课程开设在大三上学期，共 32 课时，计 2 个学分。

（二）教学目标

本课程响应学校"培养德智体美劳全面发展，富有家国情怀、国际视野、创新精神和实践能力的行业精英和领军人才"的总体要求，要求学生了解掌握公共危机管理技术、方法、目标和基本程序等重点知识，提升实际运用公共危机管理方法解决实际问题的能力。通过课程学习，学生初步掌握公共危机管理的基本思想、基础理论、基本方法，对公共危机管理工具与保险有一个比较全面的了解，树立危机意识，熟悉公共危机管理方法，同时为学习有关的后续课程打好必要基础。结合公共管理类专业的毕业要求，课程教学过程紧扣以下目标。

1. 知识目标

通过应急案例分析、调查、经验借鉴和研究创新，掌握行政管理、公共政策和组织管理的决策理论和知识，能够有效进行决策。

2. 能力目标

（1）深入掌握公共危机的识别和认知，理解公共危机管理的理论，具有复杂环境下的领导、组织、协调与危机应对能力。

（2）培养组织管理能力，能够有效领会领导和组织的政策意图，能合理制订工作计划，并协调完成工作任务，宣传、贯彻和执行组织的决策。

3. 素质目标

（1）致力于通过管理知识学习和模拟实践，树立公共精神，担当公共责任，促进公共利益，服务于国家和平崛起、民生福祉。

（2）增强创新意识和严谨研究的科学精神与方法素养。

（三）毕业要求指标

本课程支撑以下毕业要求指标点。

（1）通过学习公共事业管理领域相关工作所需的专业基础知识，具备解决公共事业管理领域相关问题的建模、推理和计算能力。

（2）具有熟练运用科学方法与分析手段，研究复杂问题的能力，能应用基本的数据处理与分析方法，对分析数据进行解释与分析，并综合得到合理有效的结论。

（3）具备解决方案的经济分析与决策方法及社会经济、环境的评价方法等相关知识，可用于分析公共事业管理的复杂实践问题。

（4）具备危机应对的决断能力，有从众多的决策方案中选取最优方案的能力。

二、思政元素

教学过程突出理论性、实践性、互动性、多元性四大特色，结合重大、最新的公共管理实践选题，用事实说话，重点培养学生的风险意识、信息意识、社会责任、大局意识以及辩证思维。

元素 1：风险意识

正确认识风险本质，学习现实公共危机事件和热点问题，培养学生以积极的态度对待风险，将风险意识融入文化建设和个人学习的全过程，成为危机管理和风险管理的专门人才，紧贴我国发展实践，具有大局意识和忧患意识的责任与担当，做到理性担当和科学思辨。

元素 2：信息意识

本课程引导学生认识公共危机事件发生发展的规律以及阶段性特征，提高辩证思维能力，通过数据分析、案例回顾、系统模拟等教学项目的开展推进，有助于学生在实践创新中增长才干，培养学生自觉有效获取、评估、鉴别和使用信息的能力，提高学生在"互联网＋"环境下的公共领域形成的网络伦理道德与信息安全意识。

元素 3：社会责任

指导学生将社会主义理想信念根植到实际调查和报告撰写过程中，通过实证调查，以论据为基础发表见解，为公共危机管理提供政策建议，强调学生的自我责任意识，明确自身的社会位置和责任。在实践教学中巩固大学生的道德品质，培养大学生的问题意识以及经世致用的社会责任感。培养当代大学生坚持实践正义原则的理念。

元素 4：大局意识

培养学生从全局高度、用长远眼光观察形势，不计眼前短时的得失，考虑最广的可能性。通过课程思政的教学，提高学生分析公共管理问题的能力，围绕大事认识和把握大局，自觉地在顾全大局的前提下做好本职工作。将大局意识内化于心、外化于行，引导大学生更加深入地看待公共管理问题。

元素 5：辩证思维

辩证唯物主义是马克思主义正确的世界观和方法论，揭示了人们行为处事的正确方法。通过对公共危机事件的学习分析，增强学生的辩证思维能力，提高学生处理复杂事务的本领，有能力驾驭复杂局面。在针对项目议题、实事案例等的讨论分析当中，更加全面、透彻、系统地看待问题，提出更加到位的解决方案，提升学生实操能力和知行合一的优良品质。

三、设计思路

本课程在公共危机管理的各个关键环节，通过专业知识和教学案例提炼重要思政元素，具体设计思路如下。

1. 理论教学安排

理论教学安排如表 1 所示。

表 1　理论教学安排

课程章节	重要思政元素	相关教学知识及要求
第一章　公共危机管理绪论	社会责任 风险意识 信息意识	知识要求：公共危机相关概念辨析；能够宏观地了解公共危机管理的知识体系，并深入理解公共危机管理的基础概念。 素质要求：重点掌握公共危机管理的概念、特征和阶段模型。 课程思政要求：具有风险意识和辩证思维能力。 教学方式：教师主讲，配合案例讨论 2008 年汶川大地震
第二章　公共危机风险管理与减缓	风险意识 社会责任 大局意识	知识要求：如何让学生在理解理论工具的同时能够加以运用。 素质要求：重点理解风险社会的特点和风险管理的步骤，认真掌握风险减缓工具和措施等内容。 课程思政要求：要求有系统思维、风险共存共治意识。 教学方法：案例讨论导入教师讲解。 案例讨论：一场小雪让北京城市瘫痪
第三章　公共危机管理的规划与预案	辩证思维 风险意识	知识要求：如何理解"鸡肋效应"的存在？规划与预案的理想与现实矛盾如何解决？ 素质要求：重点掌握应急规划的流程、应急预案的编制和应急演练的安排等内容。 课程思政要求：要有预警意识，能够提前规划，具有反思思维和全局意识。 教学方法：案例讨论＋学生分组辩论，老师主导。 案例讨论：中储粮与中储棉的火灾

续表

课程章节	重要思政元素	相关教学知识及要求
第四章 公共危机应急准备	社会责任 风险意识 信息意识	知识要求：演练的实际效果如何检验？与真实环境的矛盾如何解决？ 素质要求：重点掌握应急演练的安排内容。 课程思政要求：要求有时刻准备着的态度和行动，具有未雨绸缪的意识。 教学方法：案例讨论＋学生分组辩论，教师主导。 案例讨论：印度铁路事故演习与无锡警方实战演习
第五章 公共危机预测预警	信息意识 辩证思维 风险意识	知识要求：在公共危机管理中，做好预测预警可为有效地进行危机响应创造良好的条件。掌握预测预警系统的临界点判断方法。 素质要求：着重理解预测预警的内涵，掌握如何建立成功的预测预警系统。 课程思政要求：强化多元合作与协同治理的意识，强化合作共赢。 教学方法：案例教学导入教师讲解。 案例讨论："成功的预警：四川公众战胜泥石流的法宝"
第六章 危机的识别	风险意识 社会责任 大局意识	知识要求：危机界定的实质是风险评估；在风险评估中，发现、确认、描述风险，厘清风险所属类别。 素质要求：分析风险转变为危机的可能性和可能造成的损害程度，研判定级高危风险，从而界定出公共危机。 课程思政要求：具体细节管理意识。 教学方法：案例教学导入教师讲解
第七章 危机的响应	社会责任 辩证思维 风险意识	知识要求：公共危机响应的现场指挥。 素质要求：重点把握危机响应中的原则，明确危机处置的措施，注意危机响应中的各类问题。 课程思政要求：对生命的理解，对危机响应的权重的认识。 教学方法：教师主讲，配合案例分析。 案例讨论：切尔诺贝利的悲剧

续表

课程章节	重要思政元素	相关教学知识及要求
第八章 危机的控制	社会责任 信息意识 辩证思维	知识要求：在多目标同时出现时控制的顺序。 素质要求：应站在全局性和全球化视野的高度，把握危机管理中的协调与合作问题。 课程思政要求：理解危机控制过程中的人本意识，以发展的视角来认识危机控制。 教学方法：教师主讲，配合案例分析。 案例讨论：新冠肺炎疫情的防控及与国外的对比
第九章 危机管理中各群体的角色	社会责任 辩证思维	知识要求：多主体间的互助合作要点。 素质要求：重点掌握社会动员的内涵以及改进我国志愿者参与的手段和方法。 课程思政要求：危机情境下的合作机制，以及中华民族在各个历史危机中的拼搏与奋斗。 教学方法：教师主讲，配合案例讲解。 案例：国货品牌在郑州水灾中的爱国心
第十章 危机的舆情管理	社会责任 辩证思维 风险意识	知识要求：着重把握四种应急沟通的模型，掌握引导和干预网络舆情的方法。 素质要求：掌握应急沟通中的舆情管理机制。 课程思政要求：如何理解公众的信任，如何消除公众的不满意和认知偏差。 教学方法：教师主讲，配合案例分析。 案例：爱国画家乌合麒麟对西方媒体的反击
第十一章 公共危机救灾捐赠管理	社会责任 辩证思维	知识要求：反思救灾捐赠体系中的问题和不足，对比国际化捐赠管理体系的差异。 素质要求：对比中美救灾捐赠的管理差异。 课程思政要求：理解救灾中中国的体制优势，以及救灾捐赠中的优势和困境，形成有效的改进措施。 教学方法：案例讨论导入讲解（红会事件的分析）
第十二章 公共危机后的恢复与重建	大局意识 信息意识 辩证思维	知识要求：公共危机后的恢复与重建中的硬件与软件的差异。 素质要求：注重宏观把握恢复的原则与过程，掌握管理的程序，以及注意在恢复过程中的若干重要问题。 课程思政要求：危机之后，百废待兴，正如受伤的身体需要合理治疗才能得到痊愈。 教学方法：案例分析与集体讨论。 案例分析：历年重大灾难后的恢复与重建

续表

课程章节	重要思政元素	相关教学知识及要求
第十三章 应急管理预案的评估	风险意识 社会责任 信息意识	知识要求：如何将之前制定的预案进行有效的反思和评估，特别是针对不同的场景。 素质要求：如何将预案与实际应急管理有效结合，推进预案的有效性。 课程思政要求：理论与实际相结合。 教学方法：以学生自主评估为主

2. 实践教学安排

实践教学安排如表2所示。

表2 实践教学安排

实践项目	重要思政元素	相关教学知识及要求
公共危机案例整理分析	社会责任 辩证思维 信息意识	知识要求：理解公共危机的案例的结构和内容要求。 能力要求：明确案例整理中的基本要求。 素质要求：确定公共危机管理中的反思机制。 课程思政要求：具有整体意识，从未来发展视角来理解公共危机案例
公共危机管理模拟	风险意识 辩证思维 大局意识	知识要求：掌握公共危机过程管理的基本要求。 能力要求：通过模拟系统的操作，理解公共危机中的关键决策和应对措施。 课程思政要求：实践与理论相结合，推进对危机管理的理解深度

四、实践案例

案例 1 通过对现实公共危机案例的整理、分析和反思，提升学生的风险意识和社会责任感

第一章"公共危机管理绪论"的教学，采用翻转课堂方式，研讨公共危机管理的一般原则与方法、公共危机管理的实践与研究，借用 2008 年四川汶川大地震这一具体实例，剖析公共危机管理的框架、原则和阶段。根据危机的分期，将汶川大地震分为潜伏期、爆发期、持续期和解决期等四个主要阶段，从汶川大地震造成的破坏数据、中央政府作出的应急反应和危机的救援与善后工作三方面进行讨论，培养学生对公共危机事件的关切意识，提升课程对学生思想政治教育和社会责任感的引领作用，也体现出大灾显大能，我国面对自然灾害的强大动员能力。在师生的互动讨论中，分析当时我国公共危机管理的进步点以及存在的问题，比如缺乏完善的危机预测预警机制、应对公共危机的物资储备不足、救灾专项资金比例低和缺乏常设性应急领导机构等。

第三章"公共危机管理的规划与预案"的教学过程中，老师采用案例讨论和学生分组辩论的形式，进行对"中储粮和中储棉的火灾"的案例讨论，加深对应急管理中鸡肋效应的思考。在分组辩论的基础之上，要求学生自行设计一份应急预案，引导学生思考如何解决预案的理想与现实的冲突问题。追求应急规划的完整性与有效性，思考我国应急体制机制保障的优劣点，培养具有反思思维和全局意识的应急管理人才。第八章"危机的控制"中则是通过新冠肺炎疫情的防控及与国外的对比，通过讨论公共危机控制目标的取舍问题，根植"以人为本"的价值理念，培养学生站在全局性和全球化视野的高度，把握危机管理中的协调与合作能力。

课堂上让同学们以划分小组的形式，通过团队集体思考，参与案例的讨论，得出一定的结论和见解，树立学生的风险意识预警意识，在生活和工作实践中养成提前规划的应急意识，培养学生关心社会经济发展、关心民众生命安全的社会责任感和公共精神。

案例 2 通过公共危机管理模拟实验，培养学生的信息意识和辩证思维

课程教学过程中，借助浙江工业大学公共管理学院的模拟实验系统，通过模拟系统的操作，帮助学生理解公共危机中的关键决策和应对措施，通过实践与理论相结合，推进对危机管理的理解深度。情景模拟实验系统通过情景创设功能、人工交互的模拟演练功能以及指导控制功能，以理论培训、案例讲解、仿真演练等为主要手段和方式，增强学生对应急突发事件的实战经验和专业技能。

老师在模拟教学中以某一突发的公关危机的处置应对过程作为学生模拟实验的基本内容，提供相关案例，如第四章"公共危机应急准备"的教学中，结合印度铁路事故演习与无锡警方实战演习的实际案例，以模拟系统和多媒体的方式创设现场感极强的教学情境。学生根据老师的引导，按照危机处理和应对的逻辑，代入管理者的角色，通过对系统模拟的操作，提高信息收集、处理的主观能动性，演练构想可行的处置手段和对策。在第十一章"公共危机救灾捐赠管理"中，通过"四川省8·13特大山洪地质灾害案例"模拟救灾过程，探究救灾捐赠体系的构建和管理模式，思考我国社会动员能力和公信力，反思体系中的现存问题和不足。老师提供中美救灾捐赠体系的管理模式，通过国内外的纵向比较，理解救灾中中国的体制优势和救灾捐赠中的优劣势，讨论有效的改进措施。在模拟实验当中，学生通过实操和讨论，树立起对待公共危机事件的信息意识和科学态度，保持对生命的敬畏和对国家发展的社会责任感。在提升个人能力和巩固公共危机管理知识点的同时，增强对社会问题的认识，加深对公共管理问题的辩证思考能力，为我国公共危机管理的落实和完善提供助力。

五、教学效果

"公共危机管理"坚持问题导向与科学导向，课程建设日趋成熟，教学质量持续提升。学生在学科竞赛、学术论文、政策咨询等领域取得了优异成绩，并给予了积极的课后反馈。本课程有效指导了公共管理学院大学生的暑期社会实践活动。

实践教学是浙江工业大学公共管理专业培养方案的重要教学内容。每年暑假，公共管理学院安排学生赴公共部门工作岗位参加实践锻炼，学校组织大规模的暑期社会实践活动，培养学生运用专业知识分析问题、解决问题的综合实践能力。不同公共部门工作岗位的学生熟悉部门的组织机构、工作职责和工作内容。其中公共危

机管理课程，培养学生应对公共危机的能力，提高学生对待公共事件的风险意识和辩证思维。课程团队的老师和公共部门的负责人引导学生在实习实践当中锻炼公共管理能力，将社会责任、大局意识和辩证思维更好地融入到更多的实践当中，取得了师生的一致好评。公共管理学院学生的暑期社会实践活动表现也得到部门负责人的高度肯定。

社会调查方法

夫科学者,统系之学也,条理之学也。凡真知特识,必从科学而来也。舍科学而外之所谓知识者,多非真知识也。

——孙中山

一、课程概况

(一)课程简介

"社会调查方法"以社会调查基本原理与具体方法为核心,重点介绍社会调查的概念与特征、社会调查的一般程序、选题的标准、研究设计、抽样的技术、概念操作化的技术、问卷设计的技术、访谈的技术、研究报告的撰写方法等。通过理论教学与研究实践相结合,本课程帮助学生系统掌握社会调查方法的基本概念、理论、方法和技术,树立科学精神与方法素养。

本课程是高等学校行政管理、公共事业管理、劳动与社会保障、社会学、统计学、新闻学等多个专业课程体系的基础课程和必修课程。在浙江工业大学公共管理类专业的人才培养计划中,该课程开设在大二上学期,共48课时,计3个学分。

(二)教学目标

总体而言,本课程回应浙江工业大学本科人才培养的目标,即"培养德智体美劳全面发展,富有家国情怀、国际视野、创新精神和实践能力的行业精英和领军人才"。同时紧密契合浙江工业大学公共管理类专业旨在培养具有公共情怀和创新精神，"知理论、懂政策、重实践"，即富有理论功底，熟悉政策，实践能力强，能够解决实际问题的公共管理专业人才的培养目标，结合公共管理类专业的毕业要求，课程教学过程紧扣以下目标。

1. 知识目标

（1）系统掌握社会调查的基本概念，形成社会调查的知识体系；
（2）理解并内化社会调查的基本理论，掌握社会调查的基本方法与技术。

2. 能力目标

（1）学会用科学方法认识和分析社会事实；
（2）具备扎实的调查选题、研究设计、抽样、概念操作化、问卷设计、深度访谈能力；
（3）锻炼各种类型调查研究报告的撰写能力。

3. 素质目标

（1）树立知行合一的科学实践观，涵养对社会实践的科学认识；
（2）具备解决社会问题的公共精神、家国情怀与社会责任，建立团结协作的实践意识和价值取向；
（3）增强创新意识和严谨研究的科学精神与方法素养。

（三）毕业要求指标

（1）具备开展特定的公共问题、社会问题、政策问题等调查问卷设计、调查报告撰写分析的基本知识和技能，可以熟练地展开调查和进行公共管理个案调查分析；
（2）根据学习获得的社会政策问题和公共问题的调查方法与技术，针对调查发现的问题，具备提出针对性的解决方案，撰写调查报告、咨询报告，符合行政文书语言和文风的能力；
（3）基于社会调查和应用统计的理论知识，具备熟练掌握使用社会调查方法、定性定量分析软件，诸如 SPSS 等的技巧和能力；
（4）致力于通过管理知识学习和实践，树立公共精神，担当公共责任，促进公共利益，服务于国家和平崛起、民生福祉。

（四）课程沿革

自 2006 年开设以来，本课程锐意进取、开拓创新，取得了良好教学效果和一系列建设成果。在课程建设方面，本课程于 2012 年被立项为浙江工业大学优秀课程建设项目，于 2020 年入选浙江省线上线下混合式一流课程，教学团队自编课程教材《社会调查：设计与评估》获得校级重点建设教材项目资助。在教学改革方面，本课程围绕计算机辅助电话访谈系统（CATI）进行实验教学和教学创新设计，2010 年"计算机辅助电话访谈系统与社会调查方法课程改革"被纳入校级教学改革项目，并分别于 2015、2018 年实施和深化了"CATI 电访专家实验项目的设计与开发"的实验教学改革。

本课程主要讲述社会调查基本原理与具体方法。在教学过程中贯彻"13313"的课程设计思路，主要是坚持"理论够用为度，突出实践教学"的宗旨，坚持"一个项目"贯穿始终的目标任务导向；坚持线上与线下相结合、课内与课外相结合、校内与校外相结合的"三合革新"；坚持教学目标能力化、教学内容模块化、教学组织团队化的"三化聚成"；体现"教、学、做"一体教学方法，实现理论学习、实验教学、调查实践的"三位一体"教学模式，把理论学习、调查设计能力培养、分析与解决问题能力的培养充分结合于特定的调查项目实践情景及实训任务中。

本课程构建了线上理论教学、实验教学及项目式实践教学的课程教学体系。该课程前期完全是线下课堂教学，纯粹理论讲授，后期引入 CATI 实验教学改革、项目制教学改革以及线上线下混合式教学改革，从历次教学改革效果来看，有效体现了本课程的实践性、方法性及综合性的特点，大大提高了学生的实际动手能力和操作能力，培养了学生独立开展社会调查活动和独立进行小型科研项目的能力。

二、思政元素

教学过程突出理论性、实践性、互动性、多元性四大特色，结合重大、最新的公共管理实践选题，用事实说话，重点培养学生的家国情怀、知行合一、科学精神、社会责任感以及团结协作的大局观。

元素 1：家国情怀

依托公共管理学领域的最新理论成果，结合现实热点问题和最新改革实践，在调研项目小组选题上提倡学生以"八八战略"为思想政治教育和宏观政策关怀，鼓励学生紧贴浙江改革发展实践开展调查研究，培养学生经世济民的责任与担当。

元素 2：知行合一

通过任务驱动式教学，让学生能够将理论知识、调查设计素养、数据分析方法应用于特定的调查项目实践情境，提升学生对问题的敏锐感知能力、独立分析能力、解决能力，培养学生知行合一、诚实守信的道德品质。

元素 3：科学精神

通过项目递进式教学方法，教学团队指导协助学生完成从选题到抽样、问卷设计、实地调查、数据分析的完整链式调查研究，使学生养成知行合一的科学实践观，形成辩证系统、科学探究、调查实践的科学思维。

元素 4：社会责任

指导学生将"以人民为中心"的理念贯彻到实际调查和报告撰写过程中，通过实证调查，以论据为基础发表见解，为公共管理实践和社会改革提供政策建议，培养学生的问题意识以及经世致用的社会责任感。培养当代大学生坚持道德上正确的主张，坚持实践正义原则。

元素 5：团结协作

鼓励学生按一定规模组成若干调查项目小组，让学生通过小组研讨式学习，围绕项目议题中心目标，发挥互补优势，完成教学安排中布置的各项任务，培养学生同舟共济、团结协作的大局观念，提升学生团结协作的能力和集体互助友爱的品质。

三、设计思路

本课程在社会调查理论、实践的各个关键环节，通过专业知识和教学案例提炼重要思政元素，具体设计思路如表 1 所示。

表 1 "社会调查方法"课程思政设计思路

课程章节	重要思政元素	相关教学知识及要求
理论课程		
第一章 社会调查概述	家国情怀 科学精神 社会责任	介绍社会调查的基本知识，培养学生的批判性思维、辩证思维，同时通过介绍中国近现代社会调查的发展历程，特别是对毛泽东同志"走群众路线""没有调查就没有发言权"等观点的剖析，提升学生通过调查研究社会现实，解决现实问题的家国情怀与社会责任感
第二章 选择调查课题	家国情怀 创新精神 社会责任	以浙江省"八八战略"为框架背景，学生组队自拟调查课题，启发学生关心浙江实践与浙江发展，培养学生的深入思考能力、创新能力以及宏观把握选题的素质
第三章 调查设计	家国情怀 科学精神 方法素养	在"绿色浙江"战略指引下，以"安吉'两山'模式转化成效评估"为案例，介绍完整调查设计的构成，培养学生运用知识付诸实践进行设计的能力、严谨的研究意识、缜密的作风

续表

课程章节	重要思政元素	相关教学知识及要求
第四章 抽样	社会责任 科学精神	在介绍九类基础性抽样技术的前提下，结合"全国城乡居民生活状况调查"的案例，补充教授实地绘图抽样、网络抽样等最新抽样与调查技术，学生围绕项目组选题构思抽样方案，培养学生系统性方法素养与社会责任感。尤其是注意辨识不同的抽样方法给研究带来的不同结论，帮助学生树立科学精神和严谨的品格
第五章 测量	知行合一 科学精神	介绍规范化与标准化的测量知识，学生围绕项目组选题构思测量维度，培养学生严谨的研究能力与科学意识。尤其是通过诸如"城市居民生活质量""社会地位"等复杂社会现实的概念化操作与实际测量，让学生认识到科学研究的本质，培养知行合一的品格
第六章 问卷设计	客观公正 公共精神	介绍与中国本土实践、语境相契合的问卷题项设置策略，结合"中国三峡移民社会适应性"调查的案例，培养学生对本土事实的社会责任感与规范表达能力。尤其是通过问卷设计过程中"从他人角度思考问题"的基本原则，帮助学生树立起客观、公正的科学态度，培养换位思考的意识，注意公共精神的塑造
第七章 资料收集	知行合一 科学精神	介绍大数据技术背景下的网络调查与资料收集技术更新，结合"城市大脑"的典型案例，培养学生与时俱进的学习能力。通过不同资料收集方式的比较，培养学生科学的方法素养，在教学过程中尤其强调知行合一的实践品格的培养
第八章 资料处理	社会责任 科学精神	通过"恩格斯撰写《英国工人阶级状况》进行认真严谨调研"的案例，介绍资料审查、复查、转换录入、数据清理的基本知识，培养学生灵活处理问题的能力与素质，以及科学严谨处理研究素材的社会责任感

续表

课程章节	重要思政元素	相关教学知识及要求
第九章 资料的统计分析——单变量分析	知行合一 科学精神	介绍单变量描述统计与推论统计的数理知识和软件操作方法，培养学生的定量分析能力。注重统计分析能力与解决现实问题的效果之间的转化。以"浙江省共同富裕示范区建设"为案例，介绍如何比较基于抽样资料的不同群体收入差别
第十章 资料的统计分析——双变量分析	知行合一 公共责任	介绍交互分类、回归分析等数理知识和软件操作方法，培育学生的定量分析能力。通过"延安中国革命纪念馆'实事求是'碑的来历"的案例，加强学生对"相关关系"和"因果关系"的辨别能力，注重培养学生科学严谨的精神，培养学生追求真理、精准分析与探究以实事求是的作风解决实际问题的公共责任感
第十一章 撰写调查报告	远大抱负 科学精神	介绍应用性、学术性调查报告的结构与写作，以"杭州基层社会治理的数字化改革成效研究"为案例，通过数据分析与报告的呈现，提高学生的社会责任感，增强对社会问题的认识，树立远大抱负
实践活动		
SPSS应用调查数据的录入与转换；回归分析等	知行合一 科学精神	通过上机操作，结合"浙江省数字化改革"的案例，一方面让学生掌握基本的统计分析步骤，另一方面培养学生的科学分析能力与严谨的科学研究素质
CATI应用	家国情怀 公共精神	通过CATI实地电话访问完成一定量的问卷，培养学生的口头表达能力以及社会责任感。同时通过具体项目的调研，激发学生关心社会现实并通过自己的研究解决现实问题的家国情怀与公共精神
实地问卷调查模拟	知行合一 科学精神	在公共管理案例教学实验室完成问卷调查的模拟训练，培养学生的规范表达能力、知识运用能力与创新素质。尤其是通过对诸如产教融合实践基地的实际调研，进一步强化学生知行合一的精神品格

四、实践案例

案例 1 通过"八八战略"框架下的选题设计,提升学生对浙江现实问题的关切

第二章"选择调查课题"的教学,采用翻转课堂方式,研讨如何进一步发挥浙江省"三个地""重要窗口"的政治优势,以更多的实例、调查方案丰富课堂内容,培养学生对研究选题的问题关切意识,提升课程对学生思想政治教育的引领和教育作用。

向学生明确该课程以理论与实践相结合为宗旨,学生自行组成项目小组,以"八八战略"为总框架自拟选题。讲授"八八战略"与当下浙江省建设"重要窗口"使命的关联,通过对"八八战略"选题意义的介绍,课后让同学们通过团队集体思考,拟定细分议题,启发学生关心浙江实践的具体事实,培养学生的深入思考能力、创新能力以及宏观把握选题的素质。

经过"学生初步拟题—教师团队评议指导—学生修改调整—最终拟定选题"的互动式教学,学生提出了若干具有理论价值与实践价值的选题,诸如"后疫情时代高校数字化管理的成效与不足""浙江省农村社区建设及治理现状分析"等。学生的选题紧紧围绕"八八战略"的宏观设计,处处体现出对浙江现实问题的关切。通过"边评边讲"的翻转课堂方式讨论调查选题,培养学生关心社会、关心国家经济、社会发展的公共精神、家国情怀。同时通过"选题"这一重要的科学研究活动,激发学生强烈的创新意识与科学精神。

案例 2 通过小组展示抽样方案设计,培养学生的科学精神

第四章"抽样"的教学,采用讨论式教学方式,介绍最新的抽样与调查技术,学生围绕项目组选题构思抽样方案并予以课堂展示,培养学生系统性方法素养与社会责任感。

利用慕课堂 App 随堂测验,强化学生对基本抽样方法的知识点记忆,对学生难以掌握的"PPS 抽样"进行细致讲解。此外,补充 CGSS 地图抽样与网络抽样调查两种新型抽样技术。

接下来,让学生围绕已有项目选题,展示抽样方案。围绕抽样方案的科学性、合理性、可操作性等标准,对小组抽样方案进行评价,提出修改建

议,比如有小组围绕"浙江工业大学光盘行动开展状况的调查"主题,设计了偶遇抽样方案(在一周中食堂营业时间的早、中、晚时段,分别对已完成就餐的师生进行结构式访问,记录访问对象的光盘率及其影响因素,对比一天中的不同时间段、一周中的不同日期光盘率的变化情况)。教师提问:偶遇抽样样本的覆盖面如何?样本分布特征与全校师生人口统计学分布特征偏差是否可控?抽样效率如何?通过互动讨论,启发学生思考方案的合理性以及可进一步修正的空间,最终学生提出应以偶遇抽样与网络调查问卷发放相结合,提高抽样的科学性与效率性。

在讨论过程中,注意启发学生不同的抽样方法所产生的效果不同。尤其是让学生知晓不科学的抽样方法可能会导致错误的结论,如果这些错误的结论还被转换成政府决策,就有可能给整个国家的经济社会发展造成不良后果。正是通过结合抽样技术和具体事例的讨论,让学生一定要树立起科学精神,一定要有严谨的科学态度,一定要掌握科学的研究方法,要时刻保持对社会、对国家、对人民负责的公共精神和家国情怀,并在这一过程中不断推进社会研究的发展和社会的进步。

案例3 通过深入治理实践的资料收集,推动学生养成知行合一的优秀品质

本课程深入贯彻"加强学生参与和体验""注重学校内外结合的课后拓展""培养学生知行合一品质"的教学理念。例如第七章"资料收集"的线下教学,不仅向学生展示了前沿的网络调查与资料收集技术,还向学生介绍了问卷设计与资料收集的中国实践(如调查中的中国语境、行政资源等本土化元素)。为了进一步推动学生将知识要点灵活运用到中国治理场景中,课程团队利用产教融合的校外实践基地,把学生的资料收集能力培养与特定调查项目实践相结合。

与杭州市拱墅区、西湖区政府共同建立的实践基地,为学生提供了基层社会治理的若干项目实践机会。例如,多名学生报名参与"矛盾调处中心的建设现状与治理成效"调研,在现场调研之前,指导老师对学生进行调查培训,指导学生提前编制访谈提纲,提出了"遵循语用学中效果原则与效率原则""在访谈中适时互动""避免论说型、评价型回应""因地制宜使用文本语言和口头语言""适度口语化加强沟通""辩证看待调查中的行政资源并合理利用"等注意事项,引导学生多轮修改、不断完善调查方案。于是,现场调研当日,学生们主动向拱墅区矛调中心部门领导提问,提出了诸如"矛调中心建设的预期设想有无实现""矛调中心建设中的部门整合是否存在阻力""矛调中心的考核机制及其困境体现的是什么""矛调中心

如何调动社会组织参与""矛调中心如何对社情民情作出预警研判""矛调中心建设中的规定动作与优秀经验分别是什么"等众多紧贴现实的前沿性问题。拱墅区矛调中心领导对学生的提问内容和调查能力作出了高度肯定性评价。

调研后，学生们遵循访谈程序流程，及时整理访谈记录、汇编所收集的资料，并撰写了包含此次调研的经验与不足改进之处的心得体会。学生们普遍反映，此次调研经历让他们更好地认识现实、总结现实，从学校里课堂与书本的空中楼阁走向了真实的浙江省一线治理场景，知行合一的个人品质得到有力培养。通过调研实践，让学生将课堂学习到的社会调查方法及时地运用到具体的调研实践中，一方面进一步加深和巩固了社会调查知识点；另一方面在具体调研过程中让学生有了更直接的体会，对社会问题的认识更为深刻，知行合一真正得以贯彻，科学探究真正得以实现。

五、教学效果

"社会调查方法"坚持问题导向与科学导向，课程建设日趋成熟，教学质量持续提升。学生在学科竞赛、学术论文、政策咨询等领域取得了优异成绩，并给予了课程积极的课后反馈。

（一）指导学生的调研成果多次获得国家级立项或获奖

代表性成果有很多，这里列举近期的几项如下：

（1）《技术赋能、工具革新与数字战"疫"——以浙江省精密智控新冠疫情为例》，2020年大学生创新创业训练计划国家级立项；

（2）《乡镇干部过劳问题及其减负研究——基于浙江省多个乡镇调研》，2020年大学生创新创业训练计划国家级立项，南风窗"调研中国"全国十五强；

（3）《废旧汽车回收利用绿色度评价与政策模拟——基于杭州、重庆两市共享汽车"坟场"调查的研究》，第六届全国大学生能源经济学术创意大赛二等奖；

（4）《如何让县域医共体人员"活"起来？——以浙江东阳设立"医共体人才池"为例》，2020年度浙江省大学生科技创新活动计划（新苗人才计划）立项；

（5）《数据驱动，优化流程，政府转型——基于杭州市企业投资项目审批改革研究》，浙江省第十六届"挑战杯"大学生课外学术科技作品竞赛三等奖。

此外，由于本课程主要开设的学期是在二年级上学期，这个阶段的学生正好对开展社会调查具有强烈的需求，尤其是许多学生这个时期开始逐渐地组队参加"运河杯""挑战杯"等大学生课外科技竞赛,刚好通过该课程的学习,有效地弥补了参加这些科研活动所必需的研究方法方面的不足。因此,课堂学习、课外科技竞赛等有机结合起来,诞生了一系列的成果,学生多次在"运河杯""挑战杯"等课外科技竞赛中获奖。

(二)有效指导了全校大学生的暑期社会实践活动

每年暑假,学校会组织大规模的暑期社会实践活动。各个学院的学生都会围绕一定的选题,组成若干团队,设计调研方案,到各个地方开展时间长短不一的暑期社会实践活动。其中社会调查是非常重要的环节,能够帮助学生收集资料、分析资料,并形成最终的社会实践调研报告。多年来,本课程对普及大学生的社会调查方法技术,增强学生的家国情怀、公共精神、社会责任,塑造知行合一的品格等方面发挥了重要的作用。课程团队的老师多次应邀给学生开展培训,取得了非常好的效果,也得到了广大师生的一致好评。

数字化决策理论与方法

信息技术创新日新月异，数字化、网络化、智能化深入发展，在推动经济社会发展、促进国家治理体系和治理能力现代化、满足人民日益增长的美好生活需要方面发挥着越来越重要的作用。

——习近平

一、课程概况

（一）课程简介

"数字化决策理论与方法"是一门方法与实践紧密结合的课程，通过对数据的模型与分析方法进行学习，结合实际案例，使学生掌握数字化决策的基本理论和方法，增强学生运用决策理论与方法分析问题和解决问题的实际能力。本课程逻辑性的解决问题的方式对于各类组织中的工作都是有价值的。本课程不仅是数学建模方法的集合，它也可以帮助学生建立一种逻辑性的解决问题的哲学思想。

本课程是高等学校行政管理、公共事业管理课程体系的基础课程和选修课程。在浙江工业大学公共管理类专业的人才培养计划中，该课程开设在大三上学期，共32课时，计2个学分。

（二）教学目标

管理科学的目标是通过开发一些数学模型来帮助管理者解决所面临的私人和公

共部门的决策问题。这些问题通常通过数学方法来解决,并且不同的数学方法用于解决不同类型的问题。总体而言,本课程结合公共管理类专业的毕业要求,教学过程紧扣以下目标。

1. 知识目标

(1) 理解、掌握运筹学和统计学中的一些基本模型;
(2) 理解、掌握决策与对策理论,形成数字化决策知识体系。

2. 能力目标

(1) 培养学生通过建模来认识和解决问题的能力;
(2) 培养学生通过理论方法来作出正确决策的能力;
(3) 通过上机操作,使学生实践课堂知识与理论,掌握必要的操作技能,能够针对特定的问题使用合适的建模方法,并根据分析结果作出正确的决策。

3. 素质目标

(1) 树立知行合一的科学实践观,培养对社会实践的科学认知;
(2) 建立一种逻辑性的解决问题的哲学思想,具备解决具体问题的方法素养。

(三)毕业要求指标

(1) 具有熟练运用科学方法与分析手段,研究复杂问题的能力,能应用基本的数据处理与分析方法,对分析数据进行解释与分析,并综合得到合理有效的结论。具备基于解决问题的方案构思能力,提出创新性方案,能有效解决实际问题。

(2) 学会使用相关的网络工具、数据库、大数据分析等信息技术,查询并分析解决公共事业管理领域相关的复杂管理问题所需的相关研究资料。

(3) 对公共事业管理问题所处具体情境有正确的认识,对事件发展情形有正确的预判处置能力。

二、思政元素

"数字化决策理论与方法"课程加强了学生对数字决策的基本理论和方法的认识,以及对计算机仿真操作能力的掌握,通过使用 WinQSB、TreePlan、Microsoft Project 等软件解决公共管理领域具体问题,重点培养学生的求真务实、科学精神以及知行合一的大局观。

元素 1：求真务实

"求真"就是追求真理、遵循规律、崇尚科学。"务实"就是要尊重实际、注重实际、讲求实效。在将数字化决策理论与相关软件，应用到解决公共管理领域的具体问题的过程中，要求学生在科学方法的指导下，充分发挥主观能动性，追求真理与严谨性，精准分析与探究，脚踏实地，为数字化发展贡献力量。

元素 2：科学精神

科学精神是科学文化深层结构，即行为、观念、层次中蕴含的价值和规范的综合。本课程以解决公共管理领域具体问题为目的，在课堂中引入真实案例，以课堂教学、课堂讨论、上机实践与小组作业的形式，使学生养成知行合一的科学实践观，建立一种逻辑性的解决问题的哲学思想和科学思维。

元素 3：知行合一

"知行合一"是本课程的一个重要教学目标，通过案例教学、情景教学、实践教学等多种方式的组合应用，实现传授数字化决策理论知识和提高学生应用软件解决实际问题的能力的双重目的。在上机实践、小组合作的过程中，提升学生对问题的感知能力、独立分析能力、解决能力，培养学生知行合一的基本素养。

三、设计思路

本课程在数字化决策理论、实践的各个关键环节，通过专业知识和教学案例提炼重要思政元素，具体设计思路如表 1 所示。

表 1　"数字化决策理论和方法"课程思政设计思路

课程章节	重要思政元素	相关联的专业知识或教学案例
理论课程		
第一章　管理科学与数字决策	科学精神 社会责任	了解什么是管理科学和解决问题的基本步骤，提升学生通过科学方法做决策的能力和宏观把握问题的能力，培养学生严谨的科学意识
第二章　线性规划与对偶理论	科学精神 社会责任	介绍线性规划解决最优化问题，重点讲解线性规划的对偶问题及其数学模型，通过案例讲解，提升学生从现实问题中提取科学问题的能力，培养学生严谨的科学意识和缜密的作风

续表

课程章节	重要思政元素	相关联的专业知识或教学案例
第三章 整数规划、运输和指派问题	科学精神 社会责任	介绍整数规划、运输问题与指派问题的解法,辨明整数规划与线性规划的不同,提高学生科学意识,培养缜密的作风
第四章 相关性和线性回归	科学精神 社会责任	介绍一元与多元线性回归的使用方法,重点讲解一元回归方程的判定系数问题,培养学生使用一元回归方程解决公共管理领域具体问题的能力,提升学生科学意识
第五章 预测分析	严谨的研究能力与科学意识 知行合一的品格	介绍预测分析的基本类型,学会使用定性预测法和定量预测法两种预测方法。在具体问题分析过程中,围绕问题设计不同的预测方法,使学生具备系统性方法素养与社会责任感,树立科学精神和严谨的品格,并认识到科学研究的本质,培养知行合一的品质
第六章 确定性决策与不确定性决策	严谨的科学精神 社会责任感	介绍确定性决策的求解方法、不确定性决策的5种准则,以及相关软件的操作。围绕具体问题,依据不同准则的适用情况,让学生选择合适的决策方法。培养学生完整严密的逻辑、严谨的科学精神和社会责任感
第七章 风险型决策及效用理论	严谨的科学精神 社会责任感	介绍风险型决策的使用方法,重点讲解效用决策如何应用,围绕具体案例,在教师引导下,选择合适的决策方法,使学生具备系统性方法素养与社会责任感
第八章 博弈论初步	科学精神 社会责任	介绍博弈论的初步概念和应用,了解纳什均衡的原理与应用,提升学生在决策中理性思考的能力,通过博弈在实际中的应用举例,内化于心,外化于行,提高学生的科学精神和社会责任感
第九章 动态博弈分析	科学精神 社会责任	介绍动态博弈的特点和可信性,重点讲解动态博弈中纳什均衡的求解,培养学生在决策中理性思考的能力,使学生具备系统性方法素养与社会责任感,树立科学精神,具备严谨性和逻辑性的思维方式
第十章 模糊系统分析	科学精神 社会责任	介绍系统科学的基本原理和模糊系统的应用,以多级模糊综合评价模型的实际应用为难点内容,以具体案例为引入,提升学生将现实研究问题转化为模型的能力,注重培养学生知行合一的品格和严谨的科学精神

续表

课程章节	重要思政元素	相关联的专业知识或教学案例
第十一章 随机系统分析	科学精神 社会责任	介绍随机系统的概念和模型、排队系统的常用术语、记号和指标以及排队模型的建立和使用，持续提升学生将现实研究问题转化为模型的能力，使学生以科学严谨的态度处理数据，做到知行合一
第十二章 图与网络系统分析	科学精神 社会责任	介绍最小生成树问题、最短路径问题、最大流问题的解法和使用场景，注重提升学生将现实研究问题转化为模型的能力，以及模型构建能力与解决现实问题的效果之间的转化
实践课程		
线性规划与整数线性规划	科学精神 社会责任 求真务实	通过上机操作，介绍如何使用 WinQSB 进行线性规划、整数线性规划。一方面提高学生定量分析能力和找出优化目标的能力，另一方面培养学生的科学精神和社会责任
相关性和线性回归	科学精神 社会责任 求真务实	通过上机操作，介绍数据的相关性检测和多元线性回归。注重培养学生的定量分析能力和对相关关系和因果关系的辨别能力，精准分析与探究，提高学生严谨的科学精神
决策树与效用曲线	科学精神 社会责任 求真务实	通过上机操作，使学生熟练机械决策树和效用曲线的绘制，提升学生熟练使用软件求解决策树的能力，培养学生严密的科学思维，自觉在公共管理领域具体事例的解决中承担起社会责任
图与网络系统分析	科学精神 社会责任 求真务实	通过上机操作，使学生熟练进行图的绘制和求解，注重培养学生追求真理与严谨性，精准分析与探究以实事求是的作风解决实际问题的公共责任感

四、教学案例

案例 1　课程案例来源于实际工作和生活，提高学生对现实生活的关切

第二章"线性规划与对偶理论"的教学，将源自工作、生活的案例带进课堂，让学生们意识到所学的知识不是"悬空"的，而是从生活中提炼的，培养学生对社会问题的关切意识，与思想政治理论课同向同行，发挥专业

课与思政课的"协同效应"。

在讲解线性优化问题时，以日常生活中的案例为切入口，如：以"为什么等公交车时，有可能半天不来一辆，有时候又一起来好几辆"的等公交车现象，疫情背景下以"京东快递驰援上海""上海交通大学3万师生的三餐配送"为例，提出"在有限的人力、物力约束下，如何制定最优运输方案、获得最大效益？"充分调动学生学习积极性，课上让学生大胆发言、积极作答，课后让学生发现身边的值得优化的案例作为课后作业，以此培养学生深入思考能力、创新能力以及语言表达能力。

在本课程的教学中，理论知识偏多，与此同时，本课程更是一门方法与实践紧密结合的课程，简单的理论阐述难以让学生体会到基础理论在实际生活中的应用和发挥的重要作用，将植根于社会的现实问题带入课堂，将理论融入扎根于本土实践的案例，能潜移默化地培养学生的社会责任感和公共情怀。

案例2　通过案例驱动教学法的实施，培养学生团结协作能力

第九章"动态博弈分析"的教学，采用案例驱动的教学方式，讲解动态博弈中纳什均衡的求解，学生围绕"俾斯麦海海空对抗"案例开展小组讨论并予以课堂展示，培养学生在决策中理性思考的能力，使学生具备系统性方法素养与社会责任感。

将"俾斯麦海海空对抗"案例资料展示后，首先要求学生个人对案例进行分析，培养学生的独立分析问题的能力，在这个过程中，学生通过自主判断加强了对纳什均衡求解方法的认识。接下来，进行分组讨论，利用学习通App抽取小组最后课堂回答顺序，由各组推选代表向全体同学讲解本小组的讨论结果，其他小组可对存疑点进行提问。一方面提高了学生的口头表达能力和临场应变能力，另一方面小组讨论的形式也带动了学生们的课堂参与的积极性。最后，教师进行总结，抓住学生在回答、提问过程中的关键问题进行总结和分析，深化学生对纳什均衡理论的理解和应用，培养学生系统思考的能力和理论应用能力。

在讲解"俾斯麦海海空对抗"对策后，可引导学生进一步深入讨论。教师提问：21世纪的竞争不是企业之间的竞争，而是供应链与供应链之间的竞争。对供应链上游、中游、下游不同位置的企业而言，该如何实现双赢呢？在公共管理领域，运用纳什均衡理论，如何有效解决生态环境问题，避免"公地悲剧"的产生呢？以此培养学生关心社会问题、关心国家发展的公共精神、社会责任，以及主动思考、自觉关心社会问题的公共情怀。

案例3 深入优化上机操作课程内容，注重培养学生科学精神

在教学理念上，本课程深入贯彻"重视学生参与体验""因材施教""理论与实践相结合"的理念。在理论学习的教学模式中，除了沿用固有的"概念-定理-公式-算例-应用"的模式外，还使用了"案例切入"的教学模式。在实践学习的教学模式中，本课程加入了上机操作的课时，让学生更好地掌握所学知识。在案例选取上，除了选取最新中国实践和国外实践，还沿用了过往的经典案例。

在上机操作的课程中，如线性规划与整数线性规划、相关性和线性回归、决策树与效用曲线、图与网络系统分析。这些内容的学习，不仅要求学生掌握基本的理论知识和软件应用知识，还要求学生掌握定量分析能力，能按照步骤熟练完成操作，其方案撰写要注重完整性和逻辑性。在实际的教学过程中，学生在上机操作后总是会存在各种各样的问题，部分学生存在"浑水摸鱼""搭便车""敷衍了事"的现象，这些错误的行为会导致错误的结论，错误的结论不管是被应用到政府、企业的决策中，还是日常生活的决策中，都会产生不可估量的损失，对社会发展和个人造成不良后果。因此，学生必须树立科学精神，追求真理性与严谨性，精准分析与探究问题，做到知行合一，具有公共责任感。

五、教学效果

"数字化决策理论与方法"坚持方法与实践紧密结合，课程建设日趋成熟，教学质量持续提升。学生在学科竞赛、学术论文、政策咨询等领域取得了优异成绩，并给予了积极的课后反馈。本课程有效指导了公共管理学院大学生的暑期社会实践活动。

每年暑假，学校会组织大规模的暑期社会实践活动。各个学院的学生都会围绕一定的选题，组成若干团队，设计调研方案，到各个地方开展时间长短不一的暑期社会实践活动。其中数字化决策是非常重要的环节，能够帮助学生分析资料，并形成最终的社会实践调研报告。多年来，本课程对普及大学生的数字化决策方法，增强学生的家国情怀、公共精神、社会责任，塑造知行合一的品格等方面发挥了重要的作用。课程团队的老师多次应邀给学生开展培训，取得了非常好的效果，也得到了广大师生的一致好评。

薪酬管理

管理的第一目标是使较高的工资与较低的劳动成本结合起来。

——泰罗

一、课程概况

（一）课程简介

"薪酬管理"是公共事业管理中人力资源管理的重要组成部分，具有很强的实践性和应用性。本课程从管理学、经济学等多学科的视角讲授不同流派的薪酬管理理论和先进的薪酬管理理念，诠释在实践中形成的薪酬政策、薪酬体系及薪酬管理工作的具体技术和操作方法。课程以课堂教学为主，结合实验教学与实践教学、课堂讨论、小组作业。

本课程是人力资源管理必修的专业课之一，也是高等学校公共事业管理的专业课程和必修课程。在浙江工业大学公共管理类专业的人才培养计划中，该课程开设在大三下学期，共32课时，计2个学分。

（二）教学目标

通过本课程的学习，促使学生掌握公共部门中薪酬管理的基本知识、基本原理，学会运用理论知识分析和解决实际问题。要求学生能正确认识课程的性质、任务及研究对象，全面了解课程的体系、结构，对公共部门薪酬管理有一个总体的认识，重点掌握薪酬制度的主要形式和薪酬制度的设计原则、程序和方法。并且能紧密联系实际，学会分析案例，解决实际问题，把学科理论的学习融入到对经济活动实践的研究和认识之中，切实提高分析问题、解决问题的能力，真正掌握和巩固课程的核心内容。结合公共管理类专业的毕业要求，课程教学过程紧扣以下目标。

1. 知识目标

学习薪酬管理领域相关工作所需的专业基础知识。

2. 能力目标

（1）具备解决薪酬管理领域相关问题的薪酬信息建模、推理和计算能力；

（2）能运用薪酬调查、资料查询的基本方法及现代技术获取相关信息，具有信息分析和研究的能力，并用于薪酬管理领域相关的复杂实际问题的分析和推理，获得真实有效结论；

（3）熟知国家及地方政府的薪酬管理相关规范及政策，并可用于真实管理实践，解决问题合法合规。

3. 素质目标

（1）树立正确的人生观、价值观、人才观以及知行合一、求真务实的科学实践观，引导学生深刻理解中华优秀传统文化中的思想精华共和时代价值；

（2）具备良好的社会责任意识和职业道德观，建立团结协作的实践意识和价值取向；

（3）增强辩证思维和严谨的科学精神与方法素养。

（三）毕业要求指标

（1）通过学习公共事业管理领域相关工作所需的专业基础知识，具备解决公共事业管理领域相关问题的建模、推理和计算能力。

（2）能运用文献检索、资料查询的基本方法及现代技术获取相关信息，具有信息分析和研究的能力，并用于公共事业管理领域相关的复杂实际问题的分析和推理，获得真实有效结论。

（3）熟知国家及地方政府的相关规范及政策，并可用于真实管理实践，解决问题合法合规。

二、思政元素

本课程的教学内容和特点与思政教育密切相关。在教学过程中，除了薪酬管理的专业基础知识的教授，更加突出实践性、互动性、多元性的特色，结合公共管理领域的最新选题，用事实说话，重点培养学生的战略思维、辩证思维、团结协作以及社会责任感的大局观。

元素1：战略思维

战略思维是从全局视角和长远眼光客观辩证地观察、思考和处理问题的科学思维方式，体现的是一种战略整体观、全局观及敏锐的洞察力、预见性，是科学的世界观、方法论在实际工作中的运用。本课程从战略角度讲解企业如何进行薪酬管理，让学生理解战略对企业管理、薪酬管理的引领性和指导作用，培育学生战略意识，帮助学生更好地掌握战略思维方法。

元素2：辩证思维

辩证唯物主义是马克思主义的一种哲学理论，它是把唯物主义和辩证法有机地统一起来的科学世界观，是人们行为处事的正确方法。通过任务驱动式教学，让学生将理论知识、资料查询、信息建模应用于特定的实践情境，培育学生辩证分析问题的能力，形成辩证系统、科学探究、调查实践的科学思维。

元素3：团结协作

鼓励学生按要求组成若干小组，在沟通和学习过程中，形成良好的团队合作意识，不断寻求有效的团队协作方法。让学生通过研讨式学习，取长补短、优势互补，在合作中，自觉把小我融入大我，将社会主义核心价值观内化于心、外化于行，提升学生团结协作能力和互帮互助的良好品质。

元素4：社会责任

社会责任在薪酬管理中发挥着重要的作用，本课程将社会责任有机融入到课程教学中，学生在理论学习和实际实践中将"以人民为中心"的理念贯彻其中，强调无论是政府、企业（或组织）在追求经济价值、谋求长远发展的同时，必须承担社会责任，要求学生在学习过程中，树立起经世致用的社会责任感，坚持道德上的正确主张。

三、设计思路

本课程在薪酬管理理论、实践的各个关键环节，通过专业知识和教学案例提炼重要思政元素，具体设计思路如表1所示。

表 1 "薪酬管理"课程思政设计思路

课程章节	重要思政元素	相关联的专业知识或教学案例
理论课程		
第一章 公共部门薪酬管理概论	辩证思维 奋斗精神	介绍薪酬在公共管理中的作用，重点讲解薪酬管理中的基本问题，培养学生全面分析问题能力、辩证思考和分析的能力；通过介绍中国薪酬福利发展历史，全面理解中国薪酬福利等激励制度的发展变化，体现人民的奋斗和努力历程
第二章 战略性薪酬管理与岗位分析	战略思维 科学精神 社会责任	介绍企业如何从战略角度进行薪酬管理，让学生理解战略对企业管理、薪酬福利管理的引领性和战略指导；树立系统战略观，对公共部门进行深入认知和理解，并明晰战略性薪酬在公共部门的运用范围，培育学生的战略思维和科学精神
第三章 职位薪资体系与职位评价	科学精神 社会责任	介绍如何根据职位评价结构建立公共部门的职位结构，对比岗位评价在各种岗位上的适用性，要求学生重点掌握职位分析方法和职位评价方法，提高学生沟通能力、协调能力和逻辑分析能力，以具体案例深入讲解，让学生更好地理解同工同酬的社会现实基础
第四章 技能薪资体系	辩证思维 社会责任	介绍技能薪资体系的设计流程和实施技巧，讲解基于薪酬管理实践确定技能薪资体系制度，培养学生辩证分析问题的能力，提高专业素质水平，通过本节课程的学习，能够明确社会阶层的社会意义
第五章 薪酬水平及其外部竞争	系统思维 科学精神	介绍薪酬数据分析的基本技术和方法，重点讲解薪酬调查的实施步骤以及实施要点，要求学生学会采用标杆法来衡量薪酬水平的差异和竞争性，学会从系统对比的视角看待问题，提高学生数据敏感性，在学习过程中，明确不同公司的激励机制存在着差异，以及内在的影响差异，培育学生系统思维和科学精神
第六章 薪酬结构设计	辩证思维 科学精神	讲解宽带薪资结构的设计，要求学生掌握确定社会对比效应与薪酬结构体系的差异，提高学生批判思维能力、大数据分析能力，要求学生具有全面系统对比的思维视角。

续表

课程章节	重要思政元素	相关联的专业知识或教学案例
第七章 绩效奖励与认可计划	科学精神 社会责任	熟悉特殊绩效认可计划的类型和实施要点，介绍不同工作岗位的薪酬结构差异，以及绩效奖励计划的内在机制，要求学生从历史发展的视角来对比岗位变化，学习用专业性的眼光审视问题
第八章 员工福利管理	人文关怀 科学精神 社会责任	介绍如何设计福利制度，对比福利体系的价值和意义，明确不同激励理论的运用范围和现实价值，学习运用人本主义观点、人性的假设观点分析各种激励措施的效果与实施，培育学生人文关怀和科学精神
第九章 特殊员工的薪酬管理	知行合一 团结协作 契约精神	介绍专业技术和合同制人员的工作特征及在技术人员的薪酬管理中应当注意的问题，要求学生能够对具体离职案例进行分析，培育学生理论联系实践的能力、抽象概括的能力和践行契约精神
第十章 薪酬预算、控制与沟通	系统思维 知行合一 科学精神	介绍薪酬控制的主要途径和开展薪酬沟通的方式，分析在不同场景中薪酬沟通的技巧和方法。培育学生系统思维，提高对比分析逻辑能力，并在具体案例中，让学生结合沟通技巧，尝试进行有效的沟通，从而减少阻力和不满意
第十一章 薪酬管理与法律法规	法律意识 科学精神 社会责任	介绍如何灵活运用劳动法的基本原则和内容以及薪酬纠纷的处理和法律依据；要求学生能够对具体的劳动薪酬纠纷进行有效全面的分析，做到有法可依，提高学生法律意识、逻辑分析能力，培育学生社会责任感和科学精神
实践活动		
公共部门典型岗位薪酬结构分析	团结协作 知行合一 科学精神	介绍典型岗位的薪酬结构和素质要求，并对薪酬数据进行分析，提高学生沟通能力、协调能力、较高的团队合作能力、薪酬数据分析和专业解释能力
公共部门薪酬管理的挑战与解决对策	团结协作 知行合一 科学精神	对公共部门薪酬管理的公开数据进行分析，在教师的指导下，选择具体的政策进行对比分析，从而全面认识公共部门薪酬。学生要全面理解公共部门的工作任务与薪酬激励的关系，更加全面地理解公共部门工作性质，进一步强化学生知行合一的品格，提高团结协作的能力

四、实践案例

案例 1　通过案例教学，培育学生辩证、系统、战略分析的科学思维

课堂教学过程中，以解决薪酬管理过程中的实际问题为目的，在课程中采用案例教学法，通过阅读案例、个人分析、小组讨论、课堂展示、教师点评、总结归纳六个环节，加强师生之间的互动，激发学生学习积极性，提高课堂参与度，实现教学相长。

第二章"战略性薪酬管理与岗位分析"的教学，以学生熟悉的腾讯公司为例，介绍企业如何从战略角度进行薪酬管理，通过案例讨论和角色扮演，让学生理解战略对企业管理、薪酬福利管理的引领性和战略指导，增强学生多维度观察和战略思考能力，在学习过程中逐步树立系统战略观。由企业延伸到公共部门，明晰战略性薪酬在公共部门的运用范围，培育学生的战略思维和科学精神。战略思维是习近平总书记提出的六大科学思维方法体系中首要的思维方法，在实际问题的解决中，发挥着重要作用。

第六章"薪酬结构设计"的教学，习近平总书记非常重视辩证思维的运用，他指出，我们的事业越是向纵深发展，就越要不断增强辩证思维能力。在本节课程中，辩证思维一以贯之。以"D部门的薪酬结构设计"为例，向学生介绍宽带薪资结构的设计，要求学生熟练运用社会对比效应，并深入了解薪酬结构体系的差异。在小组合作过程中，要求学生运用全面系统对比的思维视角深入思考，在汇集小组成员观点进行几轮讨论后，得出结论并上台展示。在这个过程中，提高了学生的批判思维能力、大数据分析能力。

第十章"薪酬预算、控制与沟通"的教学，系统思维是原则性与灵活性有机结合的基本思维方式。只有采用系统思维，才能抓住整体，抓住要害，才能不失原则地采取灵活有效的方法处置事务。首先，向学生介绍薪酬控制的主要途径和开展薪酬沟通的方式。接下来，教师在课前提前准备几个不同场景、不同背景的案例，分析在不同场景中薪酬沟通的技巧和方法。要求学生围绕具体案例，结合沟通技巧，展开有效沟通，提高效率。在这个过程中，培育了学生的系统思维，提高了其对比分析逻辑能力。

通过案例教学，引导学生使用辩证、系统、战略分析等不同的思维方式，深入思考和学习，以此培育学生严谨的科学精神。

案例 2 通过对公共部门典型岗位薪酬结构分析，推动学生形成知行合一的品质

本课程深入贯彻"加强学生参与和体验""培养学生知行合一品质""提高学生创新能力"的教学理念。例如在实践教学"公共部门典型岗位薪酬结构分析"中，不仅向学生介绍了典型岗位的薪酬结构和素质要求，还向学生介绍了薪酬结构分析在中国公共部门中的应用。

为了进一步推动学生将知识点灵活运用到具体案例中，引入"行动学习"理念，并对薪酬数据进行分析。通过组织学生以团队的方式参与真实公共部门的典型岗位的薪酬结构分析，提高学生对实际公共部门典型岗位薪酬结构的切身体会和认识。在这个过程中，教师适时启发学生，给予方向性的指导，启发学生从不同的思考维度进行理解，让学生明晰可修正空间的存在，不断提高学生沟通能力、协调能力、较高的团队合作能力、薪酬数据分析以及专业解释能力。

在课程过程中，以7~8名同学为一组，通过团队集体思考，参与案例的讨论，让学生结合已学习的课程理论知识，发表自己的观点和看法。在课后每人选择一个公共部门的典型岗位，完成薪酬结构分析报告，作为平时成绩的一部分。课上课后相结合，让学生对薪酬结构分析有更深刻的了解，对社会问题的认识由表及里、由浅入深，将知行合一真正得以贯彻，内化于心、外化于行，推动学生不断成长进步。

案例 3 通过小组展示方案对策，培养学生的科学精神和团结协作能力

第三章"职位薪资体系与职位评价"的教学，采用讨论式教学方式，介绍了如何根据职位评价结构建立公共部门的职位结构，学生围绕课堂提问发表自己的见解并予以课堂展示，培养学生的科学精神和团结协作能力。

首先，利用学习通 App 进行随堂测试，强化学生对于职位分析方法和职位评价方法的知识点记忆，对职位薪资体系的主要特点和实施条件进行细致讲解。接下来，教师提问：如何运用海氏评价法对案例中的 D 部门进行职位评价？还有什么评价方法可以使用？你更喜欢哪一种？学生围绕问题，围绕不同评价方案的科学性、合理性、可操作性等标准，撰写小组讨论成果并上台汇报。汇报结束后实行自我评价、组员互评、教师点评，让学生客观认识自我，在反思中不断提高自身素养。最后，教师进行总结和评价，让学生更加深刻地掌握知识点，以及更加深入地理解具体方法的使用。

在讨论过程中，注意提醒学生不科学的评价方法可能会导致错误的结论，如果这些错误的结论被运用到政府、企业的决策中，就会对国家、企业的经济发展带来不良后果。通过具体事例的讨论和学习，不断提高学生沟通能力、协调能力和逻辑分析能力，让学生更好地理解同工同酬的社会现实基础。树立学生严谨的科学态度、精益求精的科学精神以及自觉肩负对国家、社会、人民负责的社会责任感。

五、教学效果

"薪酬管理"坚持问题导向与科学导向，课程建设日趋成熟，教学质量持续提升。学生在学科竞赛、学术论文、政策咨询等领域取得了优异成绩，并给予了课程积极的课后反馈。本课程有效指导了学院大学生的暑期社会实践活动。

每年暑假，学校会组织大规模的暑期社会实践活动。各个学院的学生都会围绕一定的选题，组成若干团队，设计调研方案，到各个地方开展时间长短不一的暑期社会实践活动。多年来，本课程对普及大学生的薪酬管理理论和方法技术，增强学生的战略思维、辩证思维、团结协作、知行合一以及社会责任感等方面发挥了重要的作用。课程团队的老师多次应邀给学生开展培训，取得了非常好的效果，也得到了广大师生的一致好评。

员工招聘与筛选

将合适的人请上车，不合适的人请下车。

——（管理学者）詹姆斯·柯林斯

一、课程概况

（一）课程简介

"员工招聘与筛选"是一门系统阐述如何科学地对组织的人员进行招聘与甄选的课程，通过教师授课与专题讨论、资料收集、仿真模拟体验活动等形式相结合，旨在培养和提高学生在人力资源招募和甄选方面的基本理论、方法和实际操作能力，是一门系统学习人员招聘技术的实务性课程，属于操作性较强的专业课程，有助于培养学生的家国情怀、人文关怀、科学精神、公共责任意识和职业道德修养。

本课程属于管理类学科的一门专业课程，是人力资源管理的重要组成部分，是高等学校公共事业管理专业课程体系的专业课程和必修课程。在浙江工业大学公共管理类专业的人才培养计划中，该课程开设在大二上学期，共32课时，计2学分。

（二）教学目标

本课程回应浙江工业大学本科人才培养的目标，即"培养德智体美劳全面发展，富有家国情怀、国际视野、创新精神和实践能力的行业精英和领军人才"。同时紧密契合浙江工业大学公共管理类专业旨在培养具有公共情怀和创新精神，"知理论、懂政策、重实践"，即富有理论功底，熟悉政策，实践能力强，能够解决实际问题的公共管理专业人才的培养目标，结合公共管理类专业的毕业要求，课程教学过程紧扣知识、能力、素质目标。

1. 知识目标

（1）增强学生在人员招聘和甄选方面的实务知识；
（2）掌握、了解人员招聘与甄选方面的政策、管理制度和发展方向；
（3）结合招聘仿真模拟和案例分析，运用新颖的教学手段、数字化教学资源，拓宽学生的知识面。

2. 能力目标

（1）掌握人员选拔测评的基本方法和技术；
（2）提高学生的团队协作、文献收集、口头和书面表达能力，提高学生的职业素养和提升求职就业的竞争力；
（3）提升专业技能的同时，培养学生的创新能力和实践能力。

3. 素质目标

（1）培养学生树立科学的、正确的人生观、世界观、价值观；
（2）增强道路自信、理论自信、制度自信、文化自信，增强公益事业和公共事务的参与度；
（3）引导学生正确认识社会发展大势，加强学生的家国情怀、人文关怀、创新意识、科学精神、公共责任意识和职业道德修养，提升对社会主义核心价值观的认同感。

（三）毕业要求指标

（1）能够对公共事业管理领域相关的复杂管理问题进行管理成本及社会经济可行性分析，并能够在考虑政治、社会、安全、法律、文化以及环境等因素基础上提出解决方案；
（2）能够进行组织的自我管理，并通过加强组织管理提升解决各类公共事业管理问题的效率；
（3）理解公共事业管理的社会价值以及社会责任，遵守社会科学研究的伦理和职业道德及行为规范；
（4）了解公共事业管理领域相关问题的多学科背景和管理特点，能够在团队合作中进行分工与协作，合理处理个人与团队的关系，完成所承担的任务；

（5）能够就各类公共事业管理问题，尤其是有关各类社会服务问题及公共组织内部的公共部门人力资源管理中的问题，与上下级、同行及社会公众进行有效沟通和交流，包括撰写报告、陈述发言等；

（6）能够清晰表达公共事业管理领域相关的复杂实际问题的解决方案，回应质疑，能够进行跨文化沟通交流。

二、思政元素

本课程的教学内容和特点与思政教育密切相关。教学过程中，在传授基础理论知识和专业知识的基础上，突出探究性、实践性、互动性、多元性等特色，与专题讨论、资料收集、仿真模拟体验活动等形式相结合，重点培养学生的职业道德、人文关怀、科学精神和社会责任意识。

元素 1：职业道德

职业道德是一种道德准则，爱岗敬业、诚实守信、办事公道、服务群众和奉献社会这五个方面，是学生走上社会、进入职场所必须拥有的基本职业道德修养。此外，自觉的社会责任感与坚定的意志，是实现职业理想所必需的主观条件，上述三者构成了职业道德品质，三者相辅相成、密不可分，更是学生进入社会前必备的基本品质。将职业道德要求融入课程教学，是使学生树立正确的职业道德观，让学生更好地了解当今社会普遍认同的职业道德观，继承和发扬职业行为的道德要求的核心内容。

元素 2：人文关怀

本课程秉承人文教育原则，坚持学生综合素质的全面发展，践行"立德树人"的全面育人理念，发挥思政学科的育人价值。在授课过程中，以学生为主体，引导学生变"被动学习"为"主动学习"，明确学生在学习中的主人翁态度，提高学生团队协作、文献收集、口头和书面表达能力。

元素 3：科学精神

本课程引导学生科学地对组织的人员进行招聘与甄选，培养学生实践能力和创新能力，通过专题讨论、资料收集、仿真模拟体验活动等教学项目的开展推进，推动学生在实践中掌握真知，使学生养成知行合一、求真务实的科学实践观，形成科学探究、调查实践的科学思维。

元素 4：社会责任

本课程将社会责任、公共责任、公共情怀有机融入到理论和实践的教学当中，将"以人民为中心"的理念贯彻到实际调查和案例分析过程中，提升学生的问题意识以及经世致用的社会责任感。在学习过程中，让学生理解本课程在公共事业管理领域中拥有的社会价值以及社会责任,培养当代大学生遵守社会科学研究的伦理和职业道德及行为规范。

三、设计思路

本课程在人力资源招募和甄选方面的基本理论学习、实践的各个关键环节,通过专业知识和教学案例提炼重要思政元素,具体设计思路如表1所示。

表1 "员工招聘与筛选"课程思政设计思路

课程章节	重要思政元素	相关联的专业知识或教学案例
理论课程		
第一章 人员招聘概述	职业道德 科学精神 社会责任	介绍人员招聘的相关概念、基础理论,明确学生应具备的理论素养与实践能力,引导学生正确认识社会发展大势,培养学生必备的相关理论基础,提高理论水平,提升家国情怀与社会责任感
第二章 招聘计划	职业道德 创新精神 科学精神	介绍招聘计划的基本方法、基本规律,结合范例编制招聘计划,培养学生的动手能力和严谨认真的工作精神,以此提升学生的创新意识与科学精神,促使学生知行合一
第三章 招聘渠道与信息收集	创新精神 科学精神 社会责任	介绍不同招聘渠道的作用与信息收集方式,要求学生掌握实务技能,提高学生的团队协作、文献收集、口头和书面表达能力,培养学生从事招聘工作的基本素质,提升学生的创新意识、科学精神与社会责任感
第四章 招聘流程	科学精神 知行合一	介绍招聘流程的程序和基本方法,提升学生专业技能,提高学生的创新能力和实践能力,培养学生的科学精神与知行合一的态度
第五章 招聘结果反馈	知行合一 客观工作	介绍招聘结果反馈方式和应用技巧,增强学生思考能力与沟通协作意识,提升学生知行合一与客观工作的态度
第六章 甄选测评	创新意识 社会责任 科学精神	讲解甄选的目的和原则,结合公共管理领域相关案例,锻炼学生实践应用的技能与素质,培养学生的创新意识、科学精神与社会责任感
第七章 甄选方法	公共责任 知行合一 客观工作	介绍测评与甄选实用工具,重点讲解甄选误区分析,培养应用型人才的实务素质,提升学生的创新意识与职业道德修养

续表

课程章节	重要思政元素	相关联的专业知识或教学案例
第八章 甄选测评案例分析	社会责任 科学精神 知行合一	介绍综合运用甄选方法解决实际问题的技术与技巧,结合公共管理领域的具体案例,开展案例分析,形成以人为本、以人民利益为中心的科学发展理念以及共同富裕的价值理想和共享发展理念
第九章 总结与复习	公共责任 知行合一 远大抱负	对课程所授知识与技能进行总结,提高学生对知识融会贯通的能力,提升学生的公共责任感与知行合一的精神,树立远大抱负
实践教学		
招聘计划制订	创新精神 知行合一	要求学生掌握招聘计划制订的基础知识,学会制订招聘计划,培养学生对招聘方法的运用能力,进行基本管理素质的锻炼,明确学生创新精神与知行合一的态度
招聘情景模拟	团队协作 知行合一 科学精神	要求学生掌握运用招聘甄选专业知识分析的技能,提高学生灵活运用招聘方法的能力,培养卓越的管理素质和团队合作素质,提升知行合一的态度与科学精神
案例分析讨论	创新意识 社会责任	结合时政,以公共管理领域最新的案例为例,要求学生通过运用招聘甄选的专业知识进行案例分析讨论,提高学生实施招聘的基本技能,培养通才与专才兼具的组织管理素质,培养学生的创新意识与社会责任感

四、实践案例

案例1 通过招聘信息收集,推动学生养成科学精神

本课程深入贯彻"注重学生参与感与体验感""以学生为主体""注重学校内外结合的课后拓展""培养学生科学精神和知行合一品格"的教学理念。例如第三章"招聘渠道与信息收集"的线下教学,不仅向学生展示了不同招聘渠道的信息收集技术,还向学生介绍了招聘信息收集在不同企业的运作过程。

在教学过程中,教师通过介绍不同招聘渠道的作用与信息收集方式,

以学长学姐在不同企业的实习经历为例，增强学生的感性认识，加深学生对招聘信息收集过程中实际问题的理解。在课堂上提出所需要收集的招聘信息，以团队合作的方式，让学生合理分配任务、整理各类信息、汇编所收集到的资料，并撰写在参与小组资料收集后的经验与不足之处的心得体会。学生们普遍反映，此次调查资料的小组合作，让他们更好地掌握实务技能，提高了团队协作、文献收集、口头和书面表达能力，从课堂与书本的纸上谈兵走向了实践的第一步。通过资料收集的课程培训，培养了学生从事招聘工作的基本素质，提升了学生的创新意识与社会责任感，推动了严谨的科学精神的养成。

为了进一步推动学生将知识点灵活运用到实践中，课程团队鼓励有兴趣的学生在教师的带领下参加课题研究，开展研究性学习，在理论研究与实践中，明晰分析问题和解决问题的方法和思路，将所学内容真正应用到实际学术研究中。

案例 2　通过招聘情景模拟，培养学生的团队协作能力

在实践教学"招聘情景模拟"中，采用仿真模拟体验活动的教学方式，围绕情景模拟现场，让学生进行角色扮演，提高课程学习趣味性。

在情景模拟课程开始前，教师提前播放有关招聘情景模拟的相关视频，并提前准备好模拟招聘指导书，明确本次模拟招聘的目的、意义、安排和要求。让学生实行自由组合，以 5～6 位学生为一组，组内分为招聘方和应聘方两个阵营。招聘团队需要撰写招聘广告、拟定面试提纲、制定面试标准以及面试评分表等资料，应聘团队需要准备求职简历、求职信、提前了解面试礼仪、准备面试着装等内容。为充分调动同学们参与的积极性和主动性，尽量避免个别同学"搭便车"现象的出现，要求每位学生参与到课堂中来，每人扮演一个角色。

接下来，在面试现场，招聘团队根据收到的应聘简历，根据课堂所学内容进行简历的筛选、面试时间和面试顺序的安排，并以短信、E-mail、电话等形式告知应聘者面试顺序和要求等基本内容。应聘者在面试过程中注意面试礼仪和着装要求，一般面试时间控制在十分钟内。在面试结束后，招聘方团队通过各项数据作出最后评价，决定录用人才名单。最后，进入点评环节，实行学生自评、组内互评、教师点评。通过招聘情景模拟的学习，提高学生灵活运用招聘方法的能力，强化学生对职业素养、职业能力和职业规范的了解，培养学生卓越的管理素质和团队合作素质。

课程结束后，每位学生需要提交一份自我分析报告，明确写出在本次

课程中扮演了什么角色、完成了什么内容、有什么不足之处、收获了什么经验等等，作为平时成绩的考核部分。

案例3 通过小组展示专题讨论内容，培养学生的团结协作精神

在实践教学"案例分析讨论"中，采用讨论式教学方式，让学生围绕课堂问题提出自己的见解并予以课堂展示，培养学生的团结协作精神。

教师提问：受新冠肺炎疫情的持续影响，全国各地将招聘模式由现场招聘变换为云招聘，在招聘模式的变换下，作为招聘方应遵循哪些原则？两种招聘模式孰优孰劣？该题目以最新的、关注度最高的也是学生最为熟悉的新冠肺炎疫情和毕业就业为切入口，激发学生积极性，提高学生课堂参与度。要求以5~6名学生为一组，展开小组讨论，并在课堂上完成一份小组讨论报告。通过学生互评、教师点评，启发学生思考总结报告内容的合理性以及可修正空间，最终在各组的通力合作之下，在教师的引导和指正中，得出了该问题的讨论报告。

在小组讨论过程中，通过观察和聆听学生的小组讨论内容，注意启发学生的思考方向和角度，让学生明白学会从不同的角度思考同一个问题，才能获得一个较为全面的解决方式。通过具体案例的讨论与总结，提高学生实施招聘的基本技能，培养通才与专才兼具的组织管理素质，让学生树立起科学精神和科学态度，培养学生创新意识、社会责任感和团结协作的能力。在不断学习和进步的过程中，时刻保持谦虚谨慎的学习态度，不忘向社会、向国家、向人民负责的公共精神和公共情怀。

五、教学效果

"员工招聘与筛选"坚持问题导向与科学导向，课程建设日趋成熟，教学质量持续提升。学生在学科竞赛、学术论文、政策咨询等领域取得了优异成绩，并给予了课程积极的课后反馈。本课程有效指导了公共管理学院大学生的暑期社会实践活动。

每年暑假，学校会组织大规模的暑期社会实践活动。各个学院的学生都会围绕一定的选题，组成若干团队，设计调研方案，到各个地方开展时间长短不一的暑期社会实践活动。其中人员信息收集是非常重要的环节，能够帮助学生收集资料、分析资料，并形成最终的社会实践调研报告。多年来，本课程对普及学生的人员招聘与筛选知识，增强学生的家国情怀、人文关怀、科学精神、公共责任意识和职业道德修养等方面发挥了重要的作用。课程团队的老师多次应邀给学生开展培训，取得了非常好的效果，也得到了广大师生的一致好评。

大数据分析软件应用与设计

一些最好的理论是在收集数据之后，因为这样你就会意识到另一个现实。

——（诺贝尔经济学奖得主）Robert J. Shiller

一、课程概况

（一）课程简介

随着新知识经济与网络时代的到来，无论是科学研究，还是国家宏观管理、企业生产经营管理，甚至是人们日常生活中，信息需求量都日益增多。科学处理数据并从中获取有效信息，进而作出正确的决策，在经济、管理、工程及社会问题的分析中尤为突出。该课程是一门方法论与实践紧密结合的课程，强调通过掌握各类主流统计软件对数据进行收集、处理、统计分析和可视化，从而为公共管理领域的政策制定者提供科学依据。本课程的主要内容分为 SPSS 软件应用和 Python 编程应用两大部分。SPSS 软件应用主要讲授均值检验、方差分析、相关与回归分析、聚类分析、因素分析，Python 编程应用主要讲授使用 Python 进行数据获取、清洗、分析和可视化。通过本课程教学，使学生加深社会计量学的基本理论和方法认识，掌握运用 SPSS 软件与 Python 编程实现数据收集和计量统计的基本操作技能，从而具有从事社会科学研究工作所必需的业务知识和运用软件解决公共管理领域科学问题的基本技能。

本课程是浙江工业大学公共管理学院行政管理、公共事业管理专业课程体系中的专业实践课程和选修课程。在浙江工业大学公共管理类专业的人才培养计划中，该课程开设在大二下学期，共40课时，计2个学分。

（二）教学目标

本课程回应浙江工业大学本科人才培养的目标，即"培养德智体美劳全面发展，富有家国情怀、国际视野、创新精神和实践能力的行业精英和领军人才"。同时紧密契合浙江工业大学公共管理类专业旨在培养具有公共情怀和创新精神，"知理论、懂政策、重实践"，即富有理论功底，熟悉政策，实践能力强，能够解决实际问题的公共管理专业人才的培养目标，结合公共管理类专业的毕业要求，课程教学过程紧扣知识、能力、素质目标。

1. 知识目标

（1）系统掌握利用爬虫技术收集原始数据，并将不同类型的数据转化为可供统计软件处理的量化数据，形成Python软件的应用知识体系；

（2）系统掌握SPSS进行图表制作，数据统计分析，假设检验，相关与回归分析的能力，形成SPSS软件的应用知识体系。

2. 能力目标

通过上机操作融合实践课堂知识与理论，掌握利用统计软件对研究数据进行预处理与统计分析的能力，并根据结果作出符合实际的经济社会解释，具备形成完整的调查研究报告的综合能力。

3. 素质目标

通过问卷调查或数据统计分析，获得对社会生活和经济现象更深层次的认识，引导塑造大数据和统计思维，树立为国家公共管理问题提供科学依据的科学精神与社会责任。

（三）毕业要求指标

本课程支撑以下毕业要求指标点。

（1）能运用文献检索、资料查询的基本方法及现代技术获取相关信息，具有信息分析和研究的能力，并用于公共管理领域相关的复杂实际问题的分析和推理，获得真实有效结论；

（2）熟悉政治、社会、经济等方面基础知识，能从政治立场坚定、社会稳定与安全、经济可实现因素认识公共管理问题，能够针对公共管理领域相关的复杂社会问题，提出明确的目标需求，提出合理的解决方案，能将社会科学、管理科学的基本原理和技术手段用于特定需求的问题、方案设计；

（3）学会使用相关的网络工具、数据库、大数据分析等信息技术，查询并分析解决公共管理领域相关的复杂管理问题所需的相关研究资料；

（4）掌握解决方案的经济分析与决策方法及社会经济、环境的评价方法等相关知识。

二、思政元素

教学过程突出理论性、实践性、互动性、多元性四大特色，结合重大、最新的公共管理实践选题，用数据说话，重点培养学生的家国情怀、学术道德、科学精神、社会责任以及合作精神等。

元素1：家国情怀

在小组问卷选题上提倡学生以公共管理学领域的最新理论成果，结合现实热点问题和最新改革实践为研究内容，鼓励学生结合自身兴趣开展调查研究，锻炼学生的数据处理能力。

元素2：学术道德

通过任务驱动式教学，让学生能够将理论知识、定量分析方法应用于特定的数据分析处理实践情境，提升学生对数据的敏锐感知能力、独立分析能力、解决能力，培养学生知行合一、诚实守信的道德品质。

元素3：科学精神

通过递进式教学方法，教学团队指导协助学生完成从爬取网页内容、数据可视化到构建回归分析的学习任务，使学生养成求真务实的科学实践观，形成辩证系统、科学探究、调查实践的科学思维。

元素4：社会责任

通过"我国碳排放影响因素的实证研究"案例教学，教导学生要以数据为基础发表见解，为公共管理实践和社会改革提供政策建议，培养学生的问题意识以及经世致用的社会责任感。培养当代大学生坚持道德上正确的主张，坚持实践正义原则。

元素5：合作精神

鼓励学生按一定规模组成若干小组，让学生通过小组合作，围绕问卷选题的中心目标，发挥互补优势，完成教学安排中布置的学习任务，培养学生同舟共济的合作意识，提升学生团结协作的能力和集体互助友爱的品质。

三、设计思路

本课程在案例讲解、操作演练的各个关键环节，通过专业知识和教学案例提炼重要思政元素，具体设计思路如表1所示。

表1 "大数据分析软件应用与设计"课程思政设计思路

课程章节	重要思政元素	相关联的专业知识或教学案例
理论课程		
第一章 大数据导论	科学精神 民族自豪感 社会伦理	介绍大数据的概念、大数据产生的基础以及大数据的处理流程，带领学生去发现大数据如何改变生活，同时反思科技带来的便利和侵犯隐私之间的关系。
第二章 Python基础知识	科学精神 求真务实	向学生讲述Python的特点及基础知识、如何安装Python，介绍集成开发环境IDE和Python库的安装和管理，进一步培育学生学习编程所需的逻辑思维
第三章 数据图表绘制理论与SPSS多种绘图制表方式	科学精神 求真务实	帮助学生理解各类统计图表的意义，通过SPSS制作各类统计图表，培养学生对数据分类并进行可视化操作的专业能力
第四章 连续变量的统计推断（一）	科学精神 求真务实	讲述样本T检验、两独立样本T检验、两配对样本T检验的原理，帮助学生形成运用SPSS软件进行T检验分析的统计能力
第五章 连续变量的统计推断（二）	科学精神 学术道德	讲解方差分析的基本思想，向学生演示多种类型的方差分析步骤，培育学生正确处理原始经济社会数据的学术道德素养
第六章 多重线性回归模型	科学精神 求真务实 学术道德	向学生演示多重线性回归模型的标准步骤，使学生掌握通过SPSS构建多重线性回归模型的方法，培养学生正确处理原始经济社会数据的学术道德素养
实践课程		
Python的基础操作	科学精神 知行合一	向学生传授Python的安装、包的管理和编程的基本知识，培养学生熟练使用计算机的能力，形成编程的逻辑思维

续表

课程章节	重要思政元素	相关联的专业知识或教学案例
网页元素的查找与Xpath的使用	科学精神 知行合一	解析网页元素，演示使用Xpath提取内容的具体操作过程，培育学生将具体问题转化为编程问题的能力，形成严谨的科学精神
使用Scrapy进行数据采集	科学精神 知行合一 学术道德	讲授Scrapy的基础架构，演示使用爬虫爬取网页内容和进行数据清洗的步骤，培养学生根据具体网页设计不同爬虫程序的能力，使其具备科学严谨处理网上内容的社会责任感
基于NumPy的数值操作	科学精神 求真务实 学术道德	演示使用NumPy进行数组的创建、处理、索引、切片和迭代等操作，帮助学生形成灵活处理各种类型数据的能力，使其具备科学严谨处理研究数据的社会责任感
基于Matplotlib的数据可视化	科学精神 知行合一 社会责任感	演示使用Matplotlib进行直方图、功率谱、条形图、散点图等图的绘制，帮助学生形成将数据转化为传达有效信息图表的能力，使其具备科学严谨处理研究数据的社会责任感
基于Pandas的数据统计分析	科学精神 知行合一 社会责任感	演示Pandas数据统计分析库的使用，学会创建数据结构、调用函数、进行聚合和分组统计等功能，帮助学生掌握灵活处理各种类型数据的能力，使其具备科学严谨处理研究数据的社会责任感
基于Seaborn的数据可视化	科学精神 知行合一 学术道德	演示Seaborn的画图流程，数据关系、分类、分布和线性关系的可视化，帮助学生形成将数据转化为传达有效信息图表的能力，使其具备科学严谨处理研究数据的社会责任感
项目实战	科学精神 实事求是 公共责任感	讲授使用Python分析问题，收集网络数据、清洗数据、分析和可视化数据，解决具体问题的方法，培养学生熟练使用各种Python库的能力，使其具备科学严谨的精神，追求真理，精准分析与探究，培养学生以实事求是的态度解决实际问题的公共责任感
T检验的SPSS分析过程	科学精神 实事求是 社会责任感	讲授T检验的基本原理与适用条件，使学生掌握单样本T检验、两独立样本T检验、两配对样本T检验的SPSS分析过程，使学生具备科学严谨处理研究素材的社会责任感

续表

课程章节	重要思政元素	相关联的专业知识或教学案例
方差分析的 SPSS 操作	科学精神 知行合一 社会责任感	讲授方差分析的基本思想与适用条件,帮助学生根据实际数据情况选择正确的方差分析方法,使其具备科学严谨的精神,追求真理,精准分析与探究以实事求是的作风解决实际问题的公共责任感
相关分析的 SPSS 操作	科学精神 知行合一 社会责任感	讲授相关分析的指标体系,理解简单相关分析与偏相关分析的输出结果,帮助学生掌握简单相关分析和偏相关分析操作,使其具备科学严谨的精神,培养事物间关联的发散思维
回归方程的 SPSS 操作	科学精神 社会责任感 公共精神	讲授如何根据回归分析结果建立回归方程,帮助学生掌握运用 SPSS 进行回归分析操作,使其树立为公共政策贡献才智的远大抱负
基于 SPSS 设计的问卷调查	家国情怀 科学精神 公共精神	讲授 SPSS 设计调查问卷的类型,帮助学生掌握 SPSS 进行问卷设计的基本操作步骤与结果解释,引导学生关心社会现实,通过自己的研究解决现实问题的家国情怀与公共精神

四、实践案例

案例 1 使用 Scrapy 采集数据,培养学生科学严谨处理数据的社会责任感

实践课程 Scrapy 模块,授课教师向学生讲解 Scrapy 的基础架构,演示使用爬虫爬取网页内容和进行数据清洗的步骤,培养学生根据具体网页设计不同爬虫程序的能力,使其具备科学严谨处理网上内容的社会责任感。

授课教师首先用简单明了的一句话来解释什么是爬虫,"爬虫就是自动爬取互联网信息的程序,从互联网上抓取对于个体有价值的信息"。然后以爬取"58同城"网站的招聘信息为例,按照"明确目标、创建项目—分析网页—编写爬虫程序—打开 setting.py 并修改内容—打开 pipelines.py 并编写内容—查看结果"的步骤演示爬虫项目。当程序被网站阻止运用时,适时向学生传授反爬虫的知识。

Python 的爬虫功能可以说异常强大，可以实现收集数据、市场调研等功能。目前，网络上也存在专门使用爬虫来参与各种活动并从中赚钱的行为，这种行为一般被称为"薅羊毛"。授课教师明确指出使用爬虫来"薅羊毛"进行赢利的行为实际上游走在法律的灰色地带，引导学生遵纪守法，科学严谨地处理网络上的数据，培育学生良好的社会责任感。

案例 2 基于 Seaborn 的数据可视化，推动学生形成知行合一的优秀品质

实践课程 Seaborn 模块，授课教师演示 Seaborn 的画图流程，数据关系、分类、分布和线性关系的可视化，帮助学生形成将数据转化为传达有效信息图表的能力，使其具备科学严谨处理研究数据的社会责任感。

授课教师向学生介绍 Seaborn 是一个基于 Matplotlib 的 Python 数据可视化库，它提供了更高级的接口，用于绘制表现力强和信息更丰富的统计图形，已成为探索和理解数据的核心工具，可以对整个数据集（数据帧和数组）进行操作，并在内部执行必要的语义映射和统计聚合，以生成信息图。然后演示用 Seaborn 绘制散点图、线图，进行数据分类绘图、单双变量绘图等。

Seaborn 可以根据不同因变量的线性回归模型进行自动估计和绘图，还可用于构建多绘图网格的高级对象，可以轻松地实现复杂的可视化。授课教师引导学生将所学的多种工具应用到公共管理研究领域中，以推动公共管理研究领域的发展，提升学生运用多领域工具解决实际问题的能力，推动学生形成知行合一的优秀品质。

案例 3 基于面板数据的典型相关分析，培育学生求真务实的科学精神

第六章"多重线性回归模型"是 SPSS 软件分析模块的重点内容，采用研读文献的方式进行教学。授课教师以"区域物流能力与区域经济发展的典型相关分析——基于全国面板数据"为例讲授相关分析的指标体系，帮助学生理解简单相关分析与偏相关分析的输出结果，进而使学生能够较好地掌握简单相关分析和偏相关分析操作，使其具备科学严谨的精神，培养事物间关联的发散思维。

授课教师向学生介绍研究两组变量间相关关系的多元统计方法——典型相关分析的相关内容，然后从"物流基础设施""物流经济产出""物流产业规模"等方面的指标体系入手，向学生讲解包含"区域经济产出""社会物资需求""基础设施投资"等方面的区域经济指标体系。基于全国 31 个省

区市 2003—2008 年的相关指标面板数据，利用典型相关分析方法并结合相关系数、载荷、典型变量等分析了区域物流能力子因素对区域经济发展的影响，向学生展示了进行实证分析的过程。

这一典型案例"用数据说话"，让学生更好地理解区域物流能力对区域经济的发展起着非常大的贡献作用，而且有利于带动其他产业的发展，同时，区域经济的发展将吸引物流需求的快速增加。此外，这一案例能够有效启发学生深入思考在物联网时代如何进一步提升区域物流能力、存在的困难等一系列问题，激发学生探索和研究，提升学生运用所学解决实际问题的能力。

案例 4 基于 STIRPAT 模型的岭回归分析，提升学生精准分析的研究能力

第六章"多重线性回归模型"的教学，采用研读文献的方式，该章内容的教学以"中国建筑业二氧化碳排放的影响因素分析"为例，讲授如何根据回归分析结果建立回归方程。帮助学生掌握运用 SPSS 进行回归分析操作，使其树立为公共政策贡献才智的远大抱负。

授课教师先介绍研究环境影响因素的经典方法是 Ehrlich 和 Holder 提出的 IPAT 模型。该模型将影响因素归纳为人口、富裕度和技术水平。在此基础上，Dietz 和 Rosa 以及 York 等提出了基于 IPAT 模型的随机回归影响模型，即 STIRPAT 模型。然后再深入向学生讲解如何运用岭回归的方法分析人口、技术和财富等因素对二氧化碳排放量的影响。

实现碳达峰、碳中和是党中央统筹国内国际大局作出的重大战略决策，已成为我国经济社会发展的纲领性目标。而建筑业的碳排放量在全国碳排放总量中占比较大，因此该章选取"中国建筑业二氧化碳排放的影响因素分析"这一案例，讲授"双碳"战略与全球气候的重要关联，展现我国力争为全球碳减排作出贡献的决心，启发学生关心国家战略布局，培养学生深入思考、知行合一以及把握宏观议题的能力。

五、教学效果

"大数据分析软件应用与设计"坚持问题导向和科学导向，课程建设已步入快速发展阶段，教学质量不断提升。学生在学科竞赛、学术论文等领域取得了优异成绩，并给予了课程积极的课后反馈。

（一）指导学生的研究成果获得国家级/省级/校级/院级立项或获奖

这里仅列举近期的几项如下：

（1）《"双碳"目标下中国煤炭型城市碳排放绩效的驱动机制及其优化策略研究》，2022年大学生创新创业国家级立项；

（2）《"双碳"目标下中国煤炭型城市环境绩效的驱动机制及其提升策略研究》（硕研组），2022年浙江工业大学"运河杯"院级立项；

（二）指导了公共管理学院学生的暑期社会实践活动

每年暑假，学校都会开展"双百双进""三下乡"等暑期社会实践活动。公共管理学院的学生都会围绕一定的选题，组成若干团队，设计调研方案，到各个地方开展时间长短不一的暑期社会实践活动。其中数据处理是非常重要的环节，能够帮助学生收集数据、分析处理数据，并形成最终的实证研究结论。本课程能够增强学生的家国情怀、公共精神、社会责任，在塑造学生求真务实、严守学术道德等方面发挥了重要的作用。课程团队的老师多次应邀给学生开展培训，取得了非常好的效果，也得到了广大师生的一致好评。

文献检索与论文写作

> 人闲居时,不可一刻无古人;落笔时,不可一刻有古人。平居有古人,而学力方深;落笔无古人,而精神始出。
>
> ——(清)袁枚

一、课程概况

(一)课程简介

本课程是综合训练学生科学文献检索与学术论文撰写能力的方法训练课程。通过本课程的教学,系统地介绍文献信息检索的基本知识,详细介绍常用的、有代表性的各类网络数据库的检索技术与获取方法,培养学生自主获取文献信息的技能,以及获取文献信息能力的科学方法。培养学生提出学术问题的能力,运用学术资料的能力,把握科研选题的能力,开展科学研究的能力,组织调查的能力,撰写学术论文的能力,以及开展科研创新的基本能力,系统掌握社会科学方法的基本方法、基本流程及基本技能。

本课程是浙江工业大学公共管理学院行政管理、公共事业管理专业课程体系的理论课程和必修课程。在浙江工业大学公共管理类专业的人才培养计划中,该课程开设在大三上学期,共32课时,计2个学分。

（二）教学目标

本课程回应浙江工业大学本科人才培养的目标，即"培养德智体美劳全面发展，富有家国情怀、国际视野、创新精神和实践能力的行业精英和领军人才"。同时紧密契合浙江工业大学公共管理类专业旨在培养具有公共情怀和创新精神，"知理论、懂政策、重实践"，即富有理论功底，熟悉政策，实践能力强，能够解决实际问题的公共管理专业人才的培养目标，结合公共管理类专业的毕业要求，课程教学过程紧扣知识、能力、素质目标。

1. 知识目标

通过本课程的学习，学生能够全面了解文献检索与学术论文写作的基本要素，掌握主要文献检索渠道及学术论文写作的基本流程，能够提出科学的学术问题并灵活运用合适的研究方法开展社会科学研究。

2. 能力目标

通过课堂的案例教学、平时作业及写作训练等教学环节的开展，使学生掌握基本文献检索方法和渠道，能够掌握科研的基本技能，运用学术论文写作的基本方法开展论文写作。

3. 素质目标

通过本课程的学习，帮助学生更加全面、客观地认识到文献检索与论文写作的重要性，为今后从事公共管理研究与实践工作打下良好的综合素质基础，以便在未来的科研及管理工作岗位上善于应用研究技能开展相关研究并撰写高质量的研究报告，掌握运用科学研究方法解决和改进实践工作的能力。

（三）毕业要求指标

本课程支撑以下毕业要求指标点。

（1）具备从事政府人事、城市治理、基层社会治理所需的政治、经济、法律、政策分析和行政等知识，能应用于解决公共问题。

（2）具备从事人事行政、城市治理、地方基层社会治理、政策分析的能力，拥有相关发展历史及代表著作、论文文献，发展脉络、发展趋势分析知识。

（3）能够有效解决行政管理实践过程中遇到的人事行政、公文写作、数据分析、人际沟通、基层矛盾调解、公共危机等问题。

（4）具备使用人事行政、办公自动化、薪酬管理、数据分析等软件所需的技术能力，熟练处理行政、人事等具体事务。

（5）具有在政府、非营利性组织、社区等基层组织从事具体的人事、行政、宣传、文秘等组织管理事务性工作的知识、方法和能力。

二、思政元素

教学过程突出理论性、实践性、互动性、多元性四大特色，结合重大、最新的公共管理实践选题，用案例说话，重点培养学生的创新精神、实践能力、科学精神、责任担当以及底线思维。

元素1：创新精神

在论文选题上提倡学生以公共管理领域的最新理论成果，结合现实热点问题和最新改革实践为研究内容，鼓励学生结合自身兴趣开展调查研究，锻炼学生独立思考、独立研究的能力。

元素2：实践能力

通过任务驱动式教学，让学生能够将理论知识、定量分析方法应用于特定的研究情境，提升学生对文献的敏锐感知能力、独立分析能力、问题解决能力，培养学生知行合一、诚实守信的道德品质。

元素3：科学精神

通过递进式教学方法，教学团队指导协助学生从论文的选题、引言导语的撰写、论文主体内容和结论的写作到摘要的撰写再到完成论文的修改一系列学习任务，使学生养成求真务实的科学实践观，形成辩证系统、科学探究、调查实践的科学思维。

元素4：责任担当

引导学生多为公共管理实践和社会改革提供政策建议，培养学生的问题意识以及经世致用的社会责任与担当。培养当代大学生坚持道德正确的主张，坚持实践正义原则。

元素5：底线思维

通过"西安电子科技大学两名学生找人代做毕业设计""翟天临论文抄袭事件""南京大学梁莹论文抄袭事件"等多个案例的教学，指出学术不端的几种表现，让学生明白学术不端会对自身未来的发展造成极其不利的影响，教导学生在进行学术研究时，要坚持底线思维，严守学术道德和学术伦理。

三、设计思路

本课程在案例分析、操作演练的各个环节,通过专业知识和教学案例提炼重要思政元素,具体设计思路如表1所示。

表1 "文献检索与论文写作"课程思政设计思路

课程章节	重要思政元素	相关联的专业知识或教学案例
理论课程		
第一章 导论	科学精神 求真务实	通过案例向学生讲授科学研究的基本原理、文献检索的基本方法以及学术论文写作的基本过程,让学生能够理解学术论文特性,具备科学精神
第二章 论文写作准备	知行合一 科学精神 责任担当	采用案例教学法向学生讲授研究领域的选择,社会问题的观察方法、学术文献的阅读方法以及研究类型的选择,使学生形成对社会现象的敏感性,能够阅读学术文献,掌握提出科学问题的能力和方法
第三章 社会科学研究的主要方法	科学精神 知行合一	以案例的方式向学生介绍定量研究方法及特征、质的研究方法与设计以及研究方法的选择,让学生掌握社会科学的基本研究方法,能够根据问题选择合适的研究方法
第四章 论文的选题	科学精神 知行合一 责任担当	向学生介绍社会现象与社会科学研究、科学问题的核心特征以及科学问题的表述,使学生了解科学问题的基本要素,能够提出规范、准确的社会问题
第五章 引言导语的撰写	科学精神 知行合一	通过多个案例的对比,向学生讲授导语的功能,展示不同水平的导语示例,介绍导语的几种写法,让学生了解导语部分在论文中的作用,能够清晰明了地完成导语部分写作
第六章 论文主体内容的写作	科学精神 知行合一	采用案例向学生介绍研究过程、资料分析的要点以及理论与资料交互分析,并学会如何提炼研究发现,使学生了解学术论文主体部分的主要内容,能够根据论文结构完成论文主体写作
第七章 论文结论的写作	科学精神 求真务实 学术道德	运用案例向学生讲授研究结论的三大功能以及研究结论的形成过程,使学生能够理解论文结论的得出过程,能够实事求是地完成论文结论

续表

课程章节	重要思政元素	相关联的专业知识或教学案例
第八章 摘要的撰写	科学精神 知行合一	向学生介绍摘要的功能与要素、摘要的形成过程以及摘要的写作技术与注意事项，使学生了解摘要的功能及主要构成部分，能够较好地完成论文摘要部分写作
第九章 论文的修改	科学精神 知行合一 求真务实	运用指导毕业生论文修改的真实案例，向学生介绍论文修改的主要内容、论文修改的基本方法、论文结构与逻辑、资料与引用文献的正确使用方式以及学术语言的运用和检查，培养学生识别论文各部分内在逻辑关系的能力，能够对论文的不当之处进行修正
第十章 学术期刊的投稿	科学精神 求真务实	授课教师通过自身的学术期刊投稿经历，向学生介绍学术期刊的概况、同行评议及编辑流程、如何与学术期刊取得联系，使学生了解本学科学术期刊的基本情况，能检索并取得与期刊的联系并投稿
第十一章 毕业论文	科学精神 知行合一 求真务实	授课教师采用自身指导学生完成毕业论文的实践案例，向学生讲授如何进行毕业论文的选题，文献综述的要点与难点，毕业论文的研究设计是如何开展的以及毕业论文写作中的注意事项，让学生了解毕业论文写作基本步骤及写作要求，能够根据毕业要求完成论文写作
第十二章 学术规范与学术道德	科学精神 学术道德 底线思维	运用现实案例向学生讲述学术不端的主要表现以及学术规范的重要性，引导学生要遵守学术道德，在论文中做到规范引用，让学生了解学术规范的基本内涵，能够恪守学术规范与学术道德
实践课程		
中文文献检索—中国期刊网	科学精神 批判思维 实践能力	使学生了解中国期刊网的基本功能，掌握文献检索的基本知识和迅速检索所需文献的能力，培养学生对学术文献正确认识和客观评价的能力
中文文献—百度学术及其他资源	科学精神 批判思维 知行合一	让学生了解百度学术及相关资源的基本功能，掌握文献检索的基本知识和迅速检索所需文献的能力，培养学生对学术文献正确认识和客观评价的能力

续表

课程章节	重要思政元素	相关联的专业知识或教学案例
英文文献检索—Web of Science 数据库的检索与使用	科学精神 批判思维 知行合一	使学生了解 Web of Science 的基本功能，掌握检索英文文献的基本知识和迅速检索所需文献的能力，培养学生对学术文献正确认识和客观评价的能力
英文文献检索—谷歌学术及其他外文资源的获取	科学精神 批判思维 实践能力	让学生了解谷歌学术及相关资源的基本功能，掌握文献检索的基本知识和迅速检索所需文献的能力，培养学生对学术文献正确认识和客观评价的能力

四、实践案例

案例 1 中英文文献数据库的检索与使用，促使学生养成批判思维

针对实践训练模块，授课教师向学生演示中文文献的检索与使用，如中国期刊网、百度学术及其他资源。此外，授课教师向学生介绍进行学术研究，英文文献也是一个重要的参考，演示英文文献数据库的使用与操作，如 Web of Science、谷歌学术及其他外文资源的获取。

文献研究是指收集、鉴别、整理文献，并通过文献研究形成对事实的科学认识方法。而拥有过硬的文献检索能力是进行文献研究的重要保障，文献检索能力较强在一定程度上也可以促进高质量文献综述的产出。

授课教师通过操作演示，使学生了解中国期刊网、百度学术、Web of Science、谷歌学术及其他外文资源的强大功能，帮助学生掌握文献检索的基本知识和迅速检索所需文献的能力，培养学生对学术文献正确认识和客观评价的能力，促使学生养成批判思维。

案例 2 用 LMDI 模型分析大气污染物治理效应，培育学生知行合一的科学精神

第三章"社会科学研究的主要方法"采用案例教学，向学生介绍定量研究方法，让学生掌握社会科学的基本研究方法，能够根据问题选择合适的研究方法。授课教师根据自身研究方向，选择论文《中国空气污染物排放的治理：技术进步效应与政府努力效应》进行案例教学，这一案例基于 LMDI 模型来分析大气污染物排放的治理效应。

在温室气体或大气污染物排放的影响因素分析中，很多因素分解模型被应用其中，如 SDA、IDA、LMDI 等。LMDI 模型由于其分解完全无残差项，使得其在因素分解研究中被广泛应用，该方法可以计算每个因素对总目标的贡献程度，因此成为分析能源环境问题的常用方法之一，也是能源、环境领域因素分析研究方面一个非常重要的方法。授课教师通过分析自身研究成果，发现从 2010 年开始实现了 PM2.5、SO_2、NO_x 和 VOC（Volatile Organic Compounds，挥发性有机物）这 4 种污染物的减排，说明中国近些年大气污染控制政策力度加大，也体现了中央的高度重视。用研究成果向学生说明在全国层面落实习近平总书记"绿水青山就是金山银山"指示的重要意义，培育学生运用所学知识解决我国经济发展与生态环境保护之间的问题，提升学生知行合一的实践能力。

案例 3 采用案例教学，培养学生严守学术伦理和学术道德的底线思维

第十二章"学术规范与学术道德"是学生日后进行学术研究需要恪守的重要原则，采用多案例讲解的方式进行教学。授课教师以"西安电子科技大学两名学生找人代做毕业设计""翟天临论文抄袭事件""南京大学梁莹论文抄袭事件"等为例，教导学生遵纪守法，科学严谨地进行学术研究，尊重他人研究成果。

其中，第一则实例为西安电子科技大学大四学生找人代做毕业设计。2022 年 5 月，西安电子科技大学计算机科学与技术学院学生雷某某、卢某某涉嫌找人有偿代做毕业设计被暂停毕业设计答辩工作，给予两名涉事学生留校察看一年处分，其间不得申请学士学位，卢某某被取消研究生推免资格。授课教师引导学生进行学术研究要独立完成，遵纪守法，严守学术伦理和学术道德。

第二则实例是翟天临论文抄袭事件。"不知'知网是什么'、已发表的论文中涉嫌抄袭，刚刚在 2019 年春晚舞台上扮演打假演员的当红明星翟天临，正面临着实际生活中学术打假的滔天声浪。明星＋学霸＋博士后，翟天临的'人设'正在迅速崩塌。"此前，《科技日报》文章总结道。2019 年 2 月 16 日，新浪微博@北京大学发布《关于招募翟天临为博士后的调查说明》称，调查小组经调查确认翟天临存在学术不端行为，学校同意光华管理学院 2 月 13 日对翟天临作出退站（北京大学博士后科研流动站）的意见，另外，学校决定对翟天临的合作导师作出停止招募博士后的处理。通过这一案例，授课教师要教导学生学术研究是一件严肃的事情，始终秉持谦虚谨慎的治学态度，求真务实，培育学生坚守底线的良好社会责任感。

第三则实例是青年长江学者和她"404"的论文。论著是一位学者成长道路上的重要垫脚石。但对梁莹的声誉来说，这些"垫脚石"存在着潜在的威胁。记者比对论文时发现，其中至少有15篇存在抄袭或一稿多投等学术不端问题。例如，梁莹2002年发表的论文《转变中的国家公务员制度——中西方公务员制度改革与发展趋势及其比较》，是厦门大学陈振明2001年的论文《转变中的国家公务员制度——中西方公务员制度改革与发展的趋势及其比较》的缩减版，只有极少数句子有说法上的差别。2018年12月12日南京大学召开警示教育大会，在会上公布该校青年教师梁莹受到7项处分，包括面临丢掉教师资格的处理。通过这一案例，授课教师教导学生"人无信不立，业无信不兴"。科研诚信是科技创新的基石。学术无信，科学的神圣殿堂就会倾斜崩塌。希望同学们能引以为戒，知敬畏、存戒惧、守底线，为营造风清气正的学术生态环境作出努力。

五、教学效果

"文献检索与论文写作"坚持问题导向和科学导向，课程建设已步入快速发展阶段，教学质量不断提升。学生在学科竞赛、学术论文等领域取得了优异成绩，并给予了课程积极的课后反馈。

（一）指导学生的研究成果获得国家级/省级/校级/院级立项或获奖

这里仅列举近期的几项如下：

(1)《大型赛会居民参与"居家办公"意愿及影响因素调查研究——以杭州亚运会为例》，2020年大学生创新创业训练计划国家级立项；

(2)《非渐进式政策扩散：吸管禁塑令的社会化接纳困境——基于长三角地区多元主体的实证研究》，2020年大学生创新创业训练计划国家级立项；

(3)《碳足迹也存在不平等吗？——基于居民家庭消费的研究》，2022年大学生创新创业训练计划国家级立项；

(4)《中国省级部门"能耗双控"分析，基于全产业链视角》，2022年浙江工业大学创新创业训练计划校级立项；

(5)《中国省级部门"能耗双控"分析，基于全产业链视角》，2022年浙江工业大学"运河杯"立项；

(6)《中国居民家庭消费碳足迹及其不平等研究》，2022年浙江工业大学"运河杯"立项；

（7）《橄榄行动——网聚爱心，赋能振兴》，2022年浙江工业大学创新创业训练计划校级立项；

（8）《民众参与"未来社区"建设的内在机理及优化策略》（硕研组），2022年浙江工业大学"运河杯"立项；

（9）《"双减"政策之下，家长焦虑减少了吗？——一项基于社会分层理论的社会调查》，2022年浙江工业大学"运河杯"立项；

（10）《韧性城市建设契机下的数字化改革——以杭州市智慧赋能催生应急管理现代化为例》，2022年浙江工业大学"运河杯"立项。

（二）指导了公共管理学院学生的暑期社会实践活动

每年暑假，学校都会开展"双百双进""三下乡"等暑期社会实践活动。公共管理学院的学生都会围绕一定的选题，组成若干团队，设计调研方案，到各个地方开展时间长短不一的暑期社会实践活动。其中数据处理是非常重要的环节，能够帮助学生收集数据、分析数据，并形成最终的实证研究结论。本课程能够增强学生的家国情怀、公共精神、社会责任，在塑造求真务实的品格等方面发挥了重要的作用。课程团队的老师多次应邀给学生开展培训，取得了非常好的效果，也得到了广大师生的一致好评。

应用统计学

不明于数欲举大事，如舟之无楫而欲行于大海也。

——《管子》

一、课程概况

（一）课程简介

本课程是一门数量分析方法课，主要讲授统计学基本原理、基本理论与基本方法，注重推断统计方法在社会经济中的运用，使学生掌握描述统计与数理统计的基本概念、基本理论，了解基本理论和方法，培养学生运用统计方法分析和处理、解决实际问题的基本技能和基本素质，能够运用所学的基本知识，正确使用相关方法描述、分析数据并得到恰当的结论，培养学生使用常用的统计分析软件进行计算分析的能力。培养学生从实际中发现问题，通过数据分析研究问题的实践创新能力。

本课程是浙江工业大学公共管理学院行政管理、公共事业管理专业课程体系的大类基础课程、理论课程和选修课程。在浙江工业大学公共管理类专业的人才培养计划中，该课程开设在大二上学期，共48课时，计3个学分。

（二）教学目标

本课程回应浙江工业大学本科人才培养的目标，即"培养德智体美劳全面发展，富有家国情怀、国际视野、创新精神和实践能力的行业精英和领军人才"。同时紧密契合浙江工业大学公共管理类专业旨在培养具有公共情怀和创新精神，"知理论、懂政策、重实践"，即富有理论功底，熟悉政策，实践能力强，能够解决实际问题的公共管理专业人才的培养目标，结合公共管理类专业的毕业要求，课程教学过程紧扣知识、能力、素质目标。

1. 知识目标

了解统计学怎样揭示事物的规律性，统计学如何将随机性的现象规范化处理。通过学习，学生掌握基本统计学知识，培养学生从数据中寻找发现规律，并通过假设检验判断此规律是否具有普遍性。

2. 能力目标

（1）培养学生能够在实际的生活、学习与研究领域中，会选择并能灵活应用统计分析方法，能运用常用的统计软件进行数据计算和分析，拓展数据分析处理能力。

（2）能够理解公开发表的论文、报告、著作以及媒体中所应用的统计术语、方法；增加课外资料的查询，以培养学生资料检索能力和自主学习的意识、自主学习的能力和抓住要点的能力。

3. 素质目标

（1）培养学生求真务实的职业道德和社会责任感，培养学生运用统计学的视角来看待社会问题，从数据中发现问题。培养学生的批判性思维、创新能力和创新精神。

（2）通过数据揭示新中国成立以来祖国建设发展的成就，加深学生热爱祖国、热爱人民的情怀；通过人均数据的变化看到祖国与其他国家的差异，激发学生的爱国热情和建设祖国的动力。授课教师通过对疫苗研发中用到的统计学知识进行深度分析，加深学生的学习热情，培养学生严格遵守科研伦理、求真务实的工作态度和职业规范。

（三）毕业要求指标

本课程支撑以下毕业要求指标点。

（1）拥有从事行政管理、人事、治理和数字治理所需的计算机、调查、统计、数据分析及信息技术知识体系，具有有效进行相关信息获取、信息整理和分析的能力。

（2）基于社会调查和应用统计的理论知识，具备熟练掌握使用社会调查方法、定性定量分析软件，诸如SPSS等的技巧和能力。

（3）具备从政治、经济、法律和行政等角度，调查和分析复杂的公共问题、政策问题的调查分析方法知识和能力，能够运用个案定性、定量及二者结合的调查与分析方法。

（4）通过系统的专业学习和实践，深刻认识行政管理的复杂性，具备系统思维，多维度多视角地分析和处理复杂的公共问题。

（5）能够有效解决行政管理实践过程中遇到的人事行政、公文写作、数据分析、人际沟通、基层矛盾调解、公共危机等问题。

二、思政元素

教学过程突出理论性、实践性、互动性、多元性四大特色，结合重大、最新的公共管理实践选题，用数据说话，重点培养学生的家国情怀、诚实守信、知行合一、科学精神、责任担当以及学术伦理。

元素1：家国情怀

授课教师通过布置用数据和图表揭示新中国成立以来祖国建设发展的成就这一课程作业，学生提升了热爱祖国、热爱人民的品质；通过对疫苗研发中用到的统计学知识，加深学生的学习热情，培养学生严格遵守科研伦理、求真务实的工作态度和职业规范。

元素2：诚实守信

授课教师通过"电子元件质量标准的假设检验""数据的整理分析"等案例，向学生传递诚实守信的品质在现代社会中的重要性，引导学生树立正确的价值观。

元素3：知行合一

通过任务驱动式教学，让学生能够将理论知识、定量分析方法应用于特定的数据分析处理实践情境，提升学生对数据的敏锐感知能力、独立分析能力、问题解决能力，培养学生知行合一、诚实守信的道德品质。

元素4：科学精神

通过递进式教学方法，教学团队指导协助学生完成从数据的表述、概率分布、抽样与抽样分布、参数估计、假设检验、列联分析到方差分析再到相关与回归的学习任务，使学生养成求真务实的科学实践观，形成辩证系统、科学探究、调查实践的科学思维。

元素5：责任担当

通过"接种新冠病毒灭活疫苗对老年人群血压的影响""电子元件质量标准的假设检验""泰坦尼克号"沉船事故幸存者的拟合优度检验等案例教学，教导学生要以数据为基础发表见解，培养学生的问题意识以及经世致用的社会责任与担当。培养当代大学生坚持道德上正确的主张，坚持实践正义原则。

元素 6：学术伦理

真实可靠是统计学的基本原则，授课教师在传授知识的过程中，要教导学生坚持求真务实的科学态度，严格遵守科研伦理规范，尊重他人的学术成果，严禁抄袭、剽窃等学术不端行为。

三、设计思路

本课程在案例分析、操作演练的各个环节，通过专业知识和教学案例提炼重要思政元素，具体设计思路如表 1 所示。

表 1 "应用统计学"课程思政设计思路

课程章节	重要思政元素	相关联的专业知识或教学案例
理论课程		
第一章 绪论	科学精神 求真务实 底线思维 学术伦理	向学生讲授统计学的产生与发展，使其掌握统计学的含义，充分理解统计的数量性和总体性特征；了解描述统计学和推断统计学的区别和联系；对统计学的主要应用领域有所了解。 让学生明白统计是一门求真的科学，真实可靠是统计分析的基本原则，也是科学研究应该具备的基本规范。统计学的学习，不仅要掌握数据分析工具，而且要学习严谨求实的科学工作态度和严格遵守科研伦理规范
第二章 数据的表述（上）	科学精神 求真务实	向学生介绍数据的计量尺度与类型，使学生了解几种基本的统计调查方式和数据收集方法的特点、适用条件以及统计数据的误差和质量要求
第三章 数据的表述（下）	科学精神 知行合一	向学生讲授数据整理的基本方法、统计分组、频数和频率、累积频数和累积频率等知识点，让学生了解常用统计图和统计表，掌握众数、中位数、均值的意义及计算方法，掌握极差、方差、标准差和离散系数的意义和计算方法
第四章 概率分布（上）	科学精神 知行合一	向学生介绍随机变量及其概率分布的概念和数字特征，为学生后期学习推断统计学奠定基础

续表

课程章节	重要思政元素	相关联的专业知识或教学案例
第五章 概率分布（下）	科学精神 实践能力 问题意识	向学生讲授二项分布、泊松分布和超几何分布的背景、均值和方差及其应用的相关知识，帮助学生掌握正态分布的主要特征和应用，了解均匀分布的应用，理解大数定律和中心极限定理的重要意义。能够用正态分布及中心极限定理解释相关现实问题，比如：生育孩子的性别；投资理财工具的多样性；社会中的一些现象，剩女、剩男的特征等
第六章 抽样与抽样分布	科学精神 底线思维	向学生讲授概率抽样方法，使学生理解抽样分布的意义，了解抽样分布的形成过程，理解抽样分布的性质以及中心极限定理的重要作用，并教导学生要严格遵守调查规范和科研伦理
第七章 参数估计	科学精神 知行合一	向学生讲授抽样推断的意义及几个基本概念，使其理解参数估计的基本方法：点估计和区间估计；帮助学生理解和掌握简单随机抽样下总体均值和总体比例的区间估计方法以及必要样本单位数的确定方法。 采用分组讨论的形式，让学生自主讨论点估计和区间估计各自的优缺点
第八章 假设检验（上）	科学精神 求真务实	学生通过学习，了解假设检验的基本思想和假设检验的两类错误，并且掌握假设检验方法；正确给出原假设和备择假设，给出拒绝区间。采用分组讨论的形式，让学生自主讨论假设检验的核心问题是什么，通过统计检验的主要含义是什么
第九章 假设检验（下）	科学精神 知行合一	向学生讲授一个总体参数（均值、比例、方差）的检验，帮助其掌握参数检验具体方法和步骤，为上机做好数据准备，能够用常用的 Excel 等软件完成假设检验
第十章 列联分析	科学精神 知行合一	向学生讲授列联分析的概念、作用，其研究的问题；列联分析的类型和不同类型列联分析的计算；帮助学生理解并掌握列联分析的基本假定、基本思想、列联分析的过程及统计检验的含义，使学生能够使用 Excel 和 SPSS 完成列联分析

续表

课程章节	重要思政元素	相关联的专业知识或教学案例
第十一章 方差分析（上）	科学精神 知行合一	介绍方差分析的概念、作用，其研究的问题；方差分析的类型和不同类型方差分析的区别；帮助学生理解并掌握方差分析的基本假定、基本思想
第十二章 方差分析（下）	科学精神 知行合一	向学生介绍方差分析中组内误差和组间误差的含义、组内方差和组间方差的含义，使学生掌握方差分析的步骤并可以进行单因素、双因素方差分析，能够分别使用 Excel 和 SPSS 完成单因素和双因素方差分析并对输出的结果进行解释
第十三章 相关与回归（上）	科学精神 知行合一	向学生讲授变量之间相互关系的概念、种类，帮助学生掌握变量之间相互关系密切程度的判断、一元线性回归方程的确定、回归系数 β 的经济意义，使其理解回归估计标准差的概念及作用
第十四章 相关与回归（下）	科学精神 知行合一	介绍线性及回归中的显著性检验的方法 T 检验和 F 检验、回归预测的基本方法，使学生能够分别使用 Excel 和 SPSS 完成相关和回归分析，并对输出的结果进行解释
实践课程		
数据整理与描述分析	科学精神 求真务实 家国情怀	培养学生使用计算机分析问题、独立思考问题的能力，养成认真细致的良好习惯，从数据中看到新中国建设的巨大成就
列联分析	科学精神 实践能力 知行合一	培养学生分析问题、独立思考的能力，形成细致认真的工作态度
方差分析	科学精神 知行合一 底线思维	培养学生分析问题、独立思考的能力，教导学生严格遵守科学伦理和职业规范
回归分析	科学精神 底线思维 学术伦理	培养学生分析问题、独立思考的能力，教导学生严格遵守科学伦理和职业规范

四、实践案例

案例 1 通过接种新冠疫苗相关案例教学，促使学生形成知行合一的科学精神

新型冠状病毒肺炎（简称"新冠肺炎"）为新发呼吸道传染病，自暴发以来，持续在全球肆虐，成为重大的公共卫生事件。新冠肺炎严重威胁人类健康，老年人群及慢性病患者（包括心脑血管疾病，含高血压）是重型及危重型新冠肺炎的高危人群。研制和使用新型冠状病毒肺炎疫苗（简称"新冠疫苗"）是控制新冠肺炎疫情的重要策略。2020 年 12 月 19 日，国务院联防联控机制举行新闻发布会介绍，我国将按照"两步走"的方案，实施全国范围内的新冠疫苗接种。

"抽样与抽样分布"授课教师在传授相关知识之前，需要先向学生讲解大样本与小样本的知识点，故授课教师以"接种新冠病毒灭活疫苗对老年人群血压的影响"为例，向学生讲解该研究一共选取 651 名 60 岁以上的老年人作为样本，首剂接种前进行全面评估（如心血管病史、血压等），排除有接种禁忌者，筛选合格者接种两剂（每剂 0.6 ml，间隔 21 d）新冠病毒灭活疫苗。通过每剂接种前、每剂接种后 30 min 分别测量血压，观察血压的影响。结果显示接种新冠病毒灭活疫苗对 60 岁及以上老年人群的血压无明显影响，老年人接种后无严重不良反应，仅收集到轻微不良反应 4 例。

采用这一案例，授课教师向学生介绍统计中的样本规模（sample size）的概念，样本规模又称样本容量，它指的是样本中所含个案的多少。确定样本规模也是每一项社会调查所必须解决的问题。统计学中通常以 30 为界，把样本分为大样本（30 个个案及以上）和小样本（30 个个案以下）。这一数字引发学生思考，接着授课教师进行一定解释。之所以这样区分，是因为当样本规模大于 30 时，无论总体的分布如何，其平均数的抽样分布将接近正态分布，从而许多统计学的公式就可以运用，也可以用样本的资料对总体进行推断预测。

需要注意的是，30 个个案的样本对于社会调查来说远远不够。统计学中的大样本与社会调查中的大样本并不是一回事。根据一些社会调查专家的看法，社会调查中的样本规模不能少于 100 个个案。这是因为，在社会调查中，研究者不仅需要以样本整体为单位来计算平均数、标准差、相关系数等统计量，更需要将样本中的个案按不同的指标划分为不同的类别，分

析不同类型之间的差别，分析不同变量之间的关系。这一案例激发了学生积极思考，进一步培育学生知行合一、运用所学理解并解决实际问题的能力，提升学生求真务实的科学精神。

案例2　通过电子元件案例讨论教学，推动学生形成诚实守信的优秀品格

"假设检验"的重点内容是假设检验的步骤以及根据样本的不同特征选取合适的检验统计量。所谓假设检验，是指实现对总体参数或分布形式作出某种假设，然后利用样本信息来判断原假设是否成立。可以分为参数假设检验和非参数假设检验，具有两个重要特征：一是采用逻辑上的反证法；二是依据统计学上的小概率原理。样本量大小是选择检验统计量时一个很重要的考虑因素，当 $n>30$ 时，选择 z 统计量；当 $n<30$ 时，如果 σ 未知，则必须使用 t 统计量。

授课教师选取"电子元件质量标准"这一案例，案例中某电子元件批量生产的质量标准为平均寿命1200小时，标准差为150小时。某厂家宣称让采用一种新工艺生产的元件质量大大超过规定标准。为了进行验证，随机抽取20件作为样本，测得平均使用寿命为1245小时，能否说该厂的元件质量显著高于规定标准（规定 $\alpha=0.05$）？授课教师采取分组讨论的教学方式，让学生自主开展讨论并给出结论。帮助学生掌握假设检验方法，能够正确给出原假设和备择假设，给出拒绝区间。向学生讲授一个总体参数（均值、比例、方差）的检验，帮助其掌握参数检验具体方法和步骤。

学生经过讨论归纳出假设检验应当遵循"提出原假设和备择假设—确定适当的检验统计量—规定显著性水平—计算检验统计量的值—作出统计决策"一系列步骤。学生提出原假设 H_0：$\mu \leqslant 1200$，备择假设 H_1：$\mu>1200$。针对假设检验过程中的两类错误，授课教师适时补充这两类错误主要受总体参数的真值、显著性水平、总体标准差和样本容量 n 等因素的影响。假设检验的结果表明 $z=1.34$，小于临界值 $z_a=1.645$。若采用 Excel 软件计算 P 值并检验，在 z 值框内输入1.34，得到函数值为0.9099，P 值为0.0901，大于 $\alpha=0.05$，故不能拒绝原假设，所以电子元件制造商的新产品与老产品质量没有表现出显著差别，说明该厂家存在虚假宣传。授课教师根据这一结论，因势利导，强调在现代社会诚信的重要性，教育学生要养成诚实守信的优秀品格。

案例 3　通过"泰坦尼克号"案例教学，培养学生坚守职业道德的社会责任感

"列联分析"中拟合优度检验也是一个重要的知识点。所谓拟合优度检验，是依据总体分布状况，计算出分类变量中各类别的期望频数，与分布的观察频数进行对比，判断期望频数与观察频数是否有显著差异。

授课教师选取"泰坦尼克号"这一案例进行相关内容的教学。1912年4月15日，豪华巨轮"泰坦尼克号"与冰山相撞沉没。当时船上共有2208人，其中男性1738人，女性470人。海难发生后，幸存者共718人，其中男性374人，女性344人，以 $\alpha=0.1$ 的显著性水平检验存活状况与性别是否有关。学生在看到这一数据时，好奇心被激发，此时授课教师因势利导，讲解并手把手演示如何用Excel软件计算 P 值的操作步骤，然后进行拟合优度检验。

授课教师演示完之后，鼓励学生举一反三，尝试探索乘客存活状况与其他因素（如舱位、年龄等）是否相关。学生经过探索尝试之后，发现处于社会上层阶级的乘客一般乘坐一等舱，处于社会中层阶级的乘客一般乘坐二等舱，处于社会底层的乘客一般乘坐三等舱甚至货舱，一等舱乘客的生还率高于其他乘客，年龄较大的乘客生还率低于年龄较小的乘客。此外，学生还对女性幸存者比例高于男性幸存者的原因展开激烈讨论，有的学生提出这一现象与英国的绅士文化有关。授课教师对学生的讨论结果进行总结，进而教育学生在高度分工的现代社会，社会的安定和谐在很大程度上仰赖于各行各业从业人员的高尚职业操守和良好的职业素养，引导学生步入社会后要承担起一定的社会责任，树立正确的人生观、世界观和价值观。

五、教学效果

"应用统计学"坚持问题导向和科学导向，课程建设已步入快速发展阶段，教学质量不断提升。学生在学科竞赛、学术论文等领域取得了优异成绩，并给予了课程积极的课后反馈。

（一）指导学生的研究成果获得国家级/省级/校级/院级立项或获奖

这里仅列举近期的几项如下：
（1）《"双碳"目标下中国煤炭型城市碳排放绩效的驱动机制及其优化策略研究》，

2022年大学生创新创业国家级立项；

（2）《"双碳"目标下中国煤炭型城市环境绩效的驱动机制及其提升策略研究》（硕研组），2022年浙江工业大学"运河杯"院级立项；

（3）《新冠肺炎疫情对乡村空巢老人生活的影响研究》，2022年浙江工业大学"运河杯"立项；

（4）《无缝隙政府理论视角下公共服务供给的优化路径——以西湖景区"流动的行政服务中心"为例》，2022年浙江工业大学"运河杯"立项。

（二）指导了公共管理学院学生的暑期社会实践活动

每年暑假，学校都会开展"双百双进""三下乡"等暑期社会实践活动。公共管理学院的学生都会围绕一定的选题，组成若干团队，设计调研方案，到各个地方开展时间长短不一的暑期社会实践活动。其中数据处理是非常重要的环节，能够帮助学生收集数据、分析数据，并形成最终的实证研究结论。本课程能够增强学生的家国情怀、公共精神、社会责任，在塑造求真务实的品格等方面发挥了重要的作用。课程团队的老师多次应邀给学生开展培训，取得了非常好的效果，也得到了广大师生的一致好评。

专业实习篇 | Zhuanye Shixipian

概述

公共管理学院全面贯彻课程思政教学改革，全面落实"课程思政""四进"（进方案、进大纲、进教材、进课堂）机制，完善课程、专业、学科"三位一体"思政教学体系，实现"课程思政"、专业思政全覆盖。在此基础上，结合公共管理学院与政府部门长期的合作优势，探索"二出二进"（出学校、出书本、进政府、进社会）机制，将思政教学成果外部化与扩散化，建立了一批"课程思政校外教学实践基地"，大力推进实践、实习教学过程中的课程思政与专业思政，实现各类课程的协同育人，创新地以场景式、任务式和体验式的方式将课程思政元素"沉浸"在实践教学活动中。

本部分是公共管理学院"二出二进"机制在实习过程中的探索案例，公共管理学院将持续推进专业教学活动与思政教育深度融合发展，用真实案例说话，以专业理论牵引，全面引导学生进行思想上的学习与反思，提升当代大学生的责任感和使命感。下一步，公共管理学院的课程思政、专业思政工作，将在全面落实课程思政进方案、进大纲、进教材和进课堂的基础上，重点围绕行政管理、公共事业管理两个专业学生的暑期社会实践、毕业实习和专业实习来稳步推进，通过实践教学中的课程思政、专业思政教育，实现德、智、体、美、劳"五育"并举，深化课程育人、文化育人、活动育人、实践育人、管理育人、协同育人，提升学生的公共精神、家国情怀、科学素养，进一步增强公共管理学子"为天地立心，为生民立命，为往圣继绝学"的雄心壮志，为社会主义现代化事业培养优秀的接班人。

有温度更有态度
——信访局实习的课程思政案例

  贯彻党的群众路线,首先要对群众有感情,真正把自己当作群众的一员、把群众的事当作自己的事。要深入研究和准确把握新形势下群众工作的特点和规律,改进群众工作方法,提高群众工作水平。信访是送上门来的群众工作,要通过信访渠道摸清群众愿望和诉求,找到工作差距和不足,举一反三,加以改进,更好为群众服务。领导干部要学网、懂网、用网,了解群众所思所愿,收集好想法好建议,积极回应网民关切。

——习近平2022年3月1日在2022年春季学期中央党校(国家行政学院)中青年干部培训班开班式上的讲话

案例概述: 本实践案例来自大学三年级行政管理专业第一次统一实践环节,实践单位为浙江省信访局。其任务是让参加实习的同学了解信访部门的主要工作,对于政府信访体系有初步的了解,并能够参与到信访部门的事务当中。在信访部门实习能够让学生了解最新的路线方针政策、法律法规,感受信访部门的纽带作用以及千方百计为群众排忧解难的决心,学习信访工作者以事实为依据、以法律为准绳、坚持实事求是的工作态度。

相关思政元素: 聚焦民生、数字化、畅通渠道、"有温度更有态度"

一、实习目标

（一）社会实践目标

（1）了解信访部门在政府机构中的定位及其主要工作。
（2）了解信访体系及其在社会中的重要性。
（3）学习信访政策和文件，尝试撰写政策报告。
（4）了解信访工作的一般流程，参与信访案件处理。

（二）课程思政目标

（1）引导青年学生了解信访局的机构设置、运行机制，参与信访事务处理工作，感受高素质信访工作队伍，学习先进榜样。
（2）引导学生充分利用信访系统，在政府报告中以及最近的热点事件中发掘有研究价值的话题，培养社会学的想象力。
（3）锻炼学生数据分析能力，掌握数据处理方法，以小组形式撰写政策报告也能培养团队协作能力。
（4）直接参与行政部门的实践工作，能够让学生真正立足于社会又自我提升，加深了解自己和了解社会的能力。

（三）实习中融入的思政元素

元素1：聚焦民生

通过对信访局日常工作的观察，了解到信访局的主要工作是处理来信、接待来访，倾听人民群众的意见、建议和要求，都是事关群众切身利益的大小事。让学生深刻认识信访工作在统筹发展和安全中的重要地位和作用，体会到信访工作者坚持人民至上，始终践行党的信访群众路线的决心。

元素2：数字化

通过学习使用"浙里访"平台，了解互联网工具在信访工作中发挥的作用。当前，数字化改革处于进行时，信访部门从群众实际诉求出发，强化科技赋能，在日常接访、预警管理、跟踪督办等方面推进"互联网＋"与信访举报工作的深度融合，及时回应群众关切，切实提高了信访举报工作的办理质效。学生们在了解的过程中，也能进一步思考如何更好地发挥信访平台的作用。

元素3：畅通渠道

为畅通和拓宽诉求表达渠道，信访局已搭建起群众反映诉求的"信、访、网、电"多元化、一体式信访渠道，让群众维权途径更加便捷有效。在实践过程中，让同学参与多种渠道的信访工作，逐步掌握信访案件的办理流程。

元素 4："有温度更有态度"

信访工作是党和群众之间的沟通桥梁，通过参与信访案件的处理，进一步感受信访工作"为民解难、为党分忧"的职责所在。在信访部门工作，尤其是和群众打交道的时候，能让学生学会换位思考、将心比心，设身处地为百姓着想。倾听群众诉求，维护群众合法权益，这是信访工作者的职责所在，也是信访工作有"温度"的体现。但对来访人员提出的不合理诉求，甚至违规违法行为，也不能听之任之、姑息了事。信访工作能让学生们感受到，在信访局这样的部门处理事务不仅要有温度，更要有态度、有立场。

二、实习过程与任务

（一）阅读、梳理浙江省信访政策、文件和案例

阅读包括《国家信访局关于进一步加强初信初访办理工作的办法》《信访事项办理群众满意度评价工作实施细则》《浙江省信访条例》《浙江省信访工作责任制实施细则》《依法维护信访人合法权益　深入推进信访工作法治化》《浙江省人民政府办公厅关于建设统一政务咨询投诉举报平台的指导意见》等。了解信访工作的法规和一般流程，再根据新出台的政策、时间地点特殊性或时下热点等，挖掘出有研究价值的话题，进行案例分析。

（二）学习并熟练掌握信访平台相关操作

打造信访平台，能够将全区群众上报诉求服务平台的投诉建议、纠纷调解、法律服务、心理服务、帮扶救助等五大类信访事件进行细化，运用大数据算法实现信访数据标签化，智能识别和精准分拨案件，及时协调各方处置。在选择了合适的案例后，学生利用信访平台查找上访数据。初次接触"浙里访"平台，认识和操作不熟悉，在单位领导的指导下和多次实操中学生逐渐掌握平台操作方法，能够熟练在平台上查找案例、导出数据。借助对信访平台的使用，了解行政部门在全面提升数字治理水平上的成果和努力。

（三）撰写政策报告等相关文字报告

在阅读过各项政府报告，学会数据的处理分析后，开始尝试撰写政策报告。在这个过程中，学生们多次开展讨论会，不断梳理案件中真正重要的问题，对于一些

比较特殊的例子和考虑引用的例子重新返回"浙里访"平台去查看附件,去求证,不能仅凭信访人的描述去判断。学生花了大量时间去查补充资料,了解所写主题的背景、热度、政策等;核实了数据的时间、处理情况、答复内容等等,做到不潦草应付;反复修改稿件,在语言表述上,做到简练、不讲废话、用词精准。实践期间完成了《嘉兴市应当尽快有效解决商铺售后返租问题　防范群体性社会风险》《提高暑期托管质量　打造精准服务体系》《关于延迟退休立法的三大建议》《三区县意见建议类信访案件对比分析》等报告,提高了公文书写的实战能力。

(四)完成单位领导布置的其他任务

从最开始做一些琐碎的事,整理资料和文件、档案归纳,到熟悉工作后,开始尝试帮同事接电话并记录下重要信息,接待上访人员帮助他们填表格,平复他们的情绪;后期开始跟进信访案件、处理信访案件转送、已办结信件回复等。随着实践的深入,学生越来越有参与感,不仅学习到办公室的各种办公知识,还学习到不少为人处世的道理,为自己化解和调处矛盾纠纷的工作能力提供了锻炼的舞台。

三、实习成果

(一)意义和价值

根据《浙江省信访局　浙江工业大学共建浙江省信访研究院协议》,浙江省信访研究院是双方共同成立、共同管理的跨学科、跨学院的开放式研究平台,是服务浙江经济社会发展的新型智库。研究院将立足浙江,重点开展习近平总书记关于加强和改进人民信访工作的重要思想的研究,聚焦"信访超市"的浙江经验研究和新时代枫桥经验在信访工作中的实践与运用,县级矛调中心(信访超市)的浙江经验研究、县级典型实践案例研究、信访信息的大数据分析研判、培育高素质信访人才队伍。信访研究院以公共管理学院为依托,整合学校其他学院的资源力量,讲好"浙江故事",展示"重要窗口"建设成效。近年来,信访工作制度改革深入推进,信访制度不断完善,信访工作职能得到有效发挥。安排在信访单位工作,学生能够直接感受到信访工作汇集社情民意的作用,学习信访工作者优良作风,同时有利于学生对理论知识的转化和拓展,增强运用知识解决实际问题的能力。

(二)主要成效和特色

学生实现了四个"这样"的转化。

"原来是这样"：对于信访工作有初步了解，知道信访工作是做什么的，能够解决社会中的哪些问题。

"真的是这样"：对信访部门的工作原则、形式、流程有了更深的体会，能够参与一些简单事务的处理。

"原来就这样"：随着对信访工作越来越熟悉，逐渐掌握与信访者的沟通方式，学生们不再畏惧并能主动与信访者交流沟通。熟练掌握信访平台相关操作后，也能独立完成信访数据的收集、研判等工作。

"真的得这样"：如何让群众满意，如何让人民更安全感，做好信访工作关系到平安中国的建设。网上不断爆发出群众实名举报不公的现象，其中一个重要原因就是没有处理好群众的信访诉求。真正参与信访工作，让学生直观感受到信访工作是了解民情、集中民智、维护民利、凝聚民心的一项重要工作。

（三）学生感言与指导教师评价

【学生感言】行政管理1802班潘晨：信访局是负责信访工作的行政机构，处理来信、接待来访，倾听人民群众的意见、建议和要求。在分析整理"浙里访"平台导出的信访数据时，最大的感受是信访工作真的是"一地鸡毛"，都是事关群众切身利益的大小事，信访工作者的工作量很大，真的很辛苦。在撰写对策报告时，对于数据和政策也有了更深的了解。实习是锻炼自己融入社会的好机会。转眼就大四了，需要我们去调整状态进入社会。社会与学校还是有很大的差别的，开始工作后试错成本就会大大增加，需要更加谨慎和细心，凡事要做到自己的"极限"，不留下后悔的余地。

校内指导教师评价：潘晨同学在实习期间工作认真，勤奋好学，踏实肯干，虚心好学，善于思考，能将在学校所学的知识灵活应用到具体的工作中去。工作用心肯干，努力学习有关知识，锻炼自己的能力，整体表现良好。

校外指导老师评价（浙江省信访局）：潘晨同学在我单位实习期间，遵守单位规章制度，学习认真，勤于思考，勤于实践，能灵活运用专业知识解决实际问题，给本单位留下良好的印象。实习期间，态度端正，学习踏实，工作认真，注重理论和实践相结合，能将大学所学的课堂知识有效地运用于实际工作，工作职责心强，注重团队合作，善于取长补短，虚心好学，具有必需的开拓和创新精神，理解新事物较快，能较好地完成本单位布置的工作任务。

四、案例反思

与信访局的实习合作让学生收获颇丰，通过两个月的实习让学生获得了明显的成长，每位学生身上都有很好的潜力，而这种潜力的激发单靠课堂教学是远远不够的，务必从课堂走向社会，让学生能够切身体会到作为一名政府工作人员的根本素质要求，以培养自己的适应潜力、组织潜力、协调潜力和分析潜力以及解决实际问题的工作潜力。同时，通过实习能够让学生预演和准备就业工作，让学生找出自身状况与社会实际需要的差距，并在以后的学习期间及时补充相关知识，为求职与正式工作做好充分的知识、潜力准备，从而缩短从校园走向社会的心理转型期。

在本次信访局的实习中，学生有机会直接面对群众，帮助群众解决难题，但由于学生的经验不足，面对一些突发情况往往手足无措。因此校内导师与校外导师的沟通作用十分重要，校内导师要提前了解信访部门的工作状态，并提前与校外导师交流实习目标，共同制订初步的实习计划。在此基础上与学生讨论实践的具体任务、目的、意义、要求等内容，根据学生的实际情况进行调整，提高实践活动的有效性。另外，周志作为实践期间师生交流的工具十分重要，导师应该认真评审，引导学生对实践过程中的体验、认知和收获进行总结，帮助学生把握实践目标，提高实践质量。

由于带着思政任务参与实习，学生的成长不仅仅体现在工作能力上，更在于政治表现上。现在政府部门对于思政方面的培训相比高校更加深入与密集，日常工作中处处体现政治高度，在文案、会议等各工作场合均有大量的思政元素预埋，让学生在实习过程中就能够接触到最优秀的思政元素与最深入的政治思想剖析，实现"润物细无声"的效果，因此在交流过程中能够充分感受学生身上的变化。

在实习过程中，也存在需要深入思考的问题，学生在实习单位接受的思政元素相对无序，与课堂教学当中的思政元素对接不足，学生对于思政元素的学习主动性不足。因此，在后期的实习工作开展中，指导教师需要花更多时间了解不同学生需要和特点，结合课程思政内容，让思政元素的传导更具系统性与连续性，同时也应挖掘不同学生的特点，预埋相关的思政元素在实习过程中，增加学生主动参与思政教育的积极性，弱化学生在实践课程中的受支配地位。

团结引领科技工作者，促进科技繁荣发展
——浙江省科协实习的课程思政案例

中国科协要肩负起党和政府联系科技工作者桥梁和纽带的职责，坚持为科技工作者服务、为创新驱动发展服务、为提高全民科学素质服务、为党和政府科学决策服务，更广泛地把广大科技工作者团结在党的周围，弘扬科学家精神，涵养优良学风。

——习近平2021年5月28日在两院院士大会、中国科协第十次全国代表大会上的讲话

案例概述：本实践案例来自大学三年级行政管理、公共事业管理专业第一次统一实践环节，实践单位为浙江省科协。其任务是让参加实习的同学了解科协的主要工作，并能够参与到科协工作的一般事务当中，了解科协如何凝聚科技工作者、如何开展学术交流、如何活跃学术思想，如何促进科学道德和学风建设、如何弘扬科学精神、如何普及科学知识、如何传播科学思想和科学方法。通过实习能够让学生对科协为科技工作者服务、为创新驱动发展服务、为提高全民科学素质服务、为党和政府科学决策服务，促进科学技术的繁荣和发展，促进科学技术的普及和推广，促进科技人才的成长和提高，促进科技智库作用的发挥和彰显产生的建设宗旨产生感性认识，成为科技创新的新生力量。

实习思政元素：科学精神、创新进取、交流合作、扎根基层、新型智库

一、实习目标

（一）社会实践目标

（1）了解科协在政府机构中的定位及其主要工作。
（2）了解科协体系及其在社会中的重要性。
（3）学习科协工作的具体流程。
（4）参加一次科协活动。

（二）课程思政目标

（1）引导青年学生了解浙江科协的发展沿革，了解科协体系的构成职责及其工作是如何开展的。

（2）引导青年学生对科协下属分会进行深入了解，了解科学工作者在国家科技发展中起到的重要作用，以及他们如何扮演新型智库的角色，为政府部门出谋划策，体会科学精神与创新进取是如何在浙江大地上开花与结果的。

（3）关注科协的科普工作，观察科普工作人员的工作方式与工作成效，感受科普工作扎根基层的必要性。

（4）通过参与相关会议，让学生参与科协支撑的科技合作项目，让学生打开格局，从国家层面感受科技交流的重要性与成效。

（三）实习中融入的思政元素

元素1：科学精神

科学精神，是指科学实现其社会文化职能的重要形式。科学文化的主要内容之一，包括自然科学发展所形成的优良传统、认知方式、行为规范和价值取向。集中表现在：主张科学认识来源于实践，实践是检验科学认识真理性的标准和认识发展的动力；重视以定性分析和定量分析作为科学认识的一种方法；倡导科学无国界，科学是不断发展的开放体系，不承认终极真理；主张科学的自由探索，在真理面前一律平等，对不同意见采取宽容态度，不迷信权威；提倡怀疑、批判、不断创新进取的精神。公共管理学院的学生以文科背景为主，通过在科协的实习能够全方位感受科学精神在社会层面的存在形式与传播方式。

元素2：创新进取

科技创新涉及政府、企业、科研院所、高等院校、国际组织、中介服务机构、社会公众等多个主体，包括人才、资金、科技基础、知识产权、制度建设、创新氛围等多个要素，是各创新主体、创新要素交互复杂作用下的一种复杂现象，是一种开放的复杂巨系统。学生在科协这一社会创新的关键节点中实习，能够切实感受到科协系统是如何支撑科技创新的发展的。

元素 3：交流合作

在现代科学发展条件下，科研人员的思维方式和科研活动的组织形式都发生着新的变化。越来越多的科学工作者以合作的方式去攻克研究中的难题。群体合作已成为一种新的趋势和手段，对现代科学的向前发展起着不可忽视的重要作用。在科协实习，能够让学生切实感受到科技交流的频次与质量，发现科学家群体是如何通过科技交流合作来构建人类命运共同体的。

元素 4：扎根基层

科普工作是一项基础性、全民性的工作，关系到广大群众科学素质的提升，其重要性不言而喻，作为科普工作最重要的载体，科协责无旁贷。随着技术进步不断创新表达方式，科普工作要创作出符合时代发展要求的内容，要培育出符合时代需求的公民。科普的开展形式、表达方式、传播内容都应扎根基层，对群众要有真挚感情，要关注、关心、关爱普通群众，知群众心、贴群众心，与群众"零距离"接触，要让人民群众受益、受惠和满意。通过对科普相关工作的开展，学生能够了解科普工作的重大意义，也能够明白科普工作一线人员需要扎根基层才能将科普事业顺利开展。

元素 5：新型智库

科技创新智库作为创新思想的重要策源地，在科技创新治理中发挥着越来越重要的作用。当今世界面临百年未有之大变局，国内国际形势都发生深刻复杂变化，科技创新突飞猛进带动产业加速变革，形成新挑战新机遇。建设世界一流的科技创新智库，提高科技决策和治理水平愈发重要，已经成为推进国家治理体系和治理能力现代化的重要内容。科协建设高水平科技创新智库是完善和发展中国特色社会主义制度，推进国家治理体系和治理能力现代化的内在要求。通过对科协下属各个分会进行了解，实习的学生能够了解作为新型智库的各个分会都为政府的决策起到了何种重要的作用。

二、实践实施过程

（一）学习阅读科协相关政策与预案文件

阅读包括《2019 年全省实施〈全民科学素质行动计划纲要〉工作方案》《关于举办 2019 年全民科学素质网络竞赛的通知》《2019 年全民科学素质行动工作要点》《省

全民科学素质纲要实施工作办公室成员及联络员名单征求意见的函》《关于认真组织开展 2019 年全国科普日活动的通知》《关于举办浙江省第一届科普辅导员职业技能竞赛的通知》《浙江省人民政府办公厅关于印发浙江省全民科学素质行动计划实施方案（2011—2015 年）的通知》《浙江省民政厅关于开展全省性社会团体 2019 年度检查工作的通知》《关于做好 2019 年度期刊出版单位社会效益评价考核工作的通知》《浙江省民政厅关于公布 2020 年度全省性社会组织承接政府转移职能和购买服务推荐性目录的通知》《中国科协 中央文明办关于组织实施科技志愿服务"智惠行动"的通知》《关于举办第三届浙江省中西部乡村振兴战略论坛暨农村实用技术（金义新区）对接服务专场活动的通知》《浙江省民政厅关于开展 2020 年度全省性社会组织评估工作的通知》《关于召开 2020 中小企业数字经济全球论坛浙江分论坛的通知》《关于申报省级学会能力提升工程项目的通知》《关于做好新冠肺炎疫情防控档案收集和移交工作的通知》《关于申报中国科技峰会系列活动项目的通知》《关于对外开放省科协科学会堂的通知》《关于印发〈2020 年浙江省科协学会学术工作要点〉的通知》《关于征集 2020 年长三角区域标准立项计划的通知》《关于赴湖州调研第十七届长三角科技论坛院士恳谈会活动筹备的函》《关于举办第十七届长三角科技论坛的通知》《关于召开第十七届长三角科技论坛筹备工作推进会的通知》等多份文件与预案，感受两办公文行文的规范性，让学生产生直观的感受。

（二）参与撰写起草相关公文与材料

在阅读相关的政策与预案文件后，开始学习起草公文。在校外导师的指导下进行一些简单的公文撰写，完成《关于公布入选浙江省科协学会能力提升工程第一批试点学会的通知》《关于推荐省科协学会部项目评审专家的通知》《浙江省优秀科技工作者推荐工作情况报告》《浙江省优秀科技工作者评审办事指南》《浙江省优秀科技工作者评审办事流程图》等政府公文与材料初稿的撰写，还完成《浙江省科技志愿者总队（队伍）入驻党群服务中心情况统计》《省科协主题教育活动对标省委两个文件统计调查表统计汇总》《浙江省（自治区、直辖市）高等学校科协名录》等材料的归集与整理，让学生通过撰写、整理文字材料，融入到科协的部分工作当中，并通过撰写实习论文加深对实习期间感性认识的思考。

（三）参与 2021 世界青年科学家峰会筹备工作

世界青年科学家峰会是中国科协部门近两年的重点工作，受到多级科协的共同关注，一般涉及科学时刻、对话未来、成就梦想、团聚分享多个板块，如何将峰会传达至世界青年科技界，让世界青年科学家知道、了解、愿意参加相关活动，是科协的重要使命。2021 峰会将目光瞄准国际热点，围绕联合国 2030 可持续发展目标和"一带一路"、共同富裕等国家重点战略，聚焦气候变化、生命健康、数字经济、智能计算、未来技术、碳达峰碳中和、新材料等前沿科学领域进行深度研讨。峰会期间，线下举办全球青年科技领袖圆桌会、大健康论坛、脑健康与功能康复国际论坛、中国眼谷眼视光创新发展国际论坛、国际急救与灾难医学高峰论坛、国际数字科技峰会第三届数字经济标准创新论坛等活动。同期，峰会在线上举办科学分享、科学之夜（菠萝科学奖）、营养研究与人群健康国际学术研讨会、2021 国际环境研究大会、"科创中国"硬科技创新创业投融资对接会等 5 项活动。共计举办包括生物多样性保护及生物技术国际论坛、2021 韧性城市国际研讨会等在内的 47 场线上线下系列活动。学生实习期间恰逢科协筹备 2021 世界青年科学家峰会，学生能够通过参与本次会议的筹备活动提升综合能力，并通过科协工作与科学家们"亲密接触"，切实体会科学家身上创新进取的科学精神，以及其所在协会作为智库发挥的重要作用。

三、实践案例

（一）意义和价值

科协具有政治引领、科创赋能、英才汇聚、科普为名、数字科协等五张金名片，是科技第一生产力、人才第一资源和创新第一动力的重要结合点。科协各级组织是党领导下团结联系广大科技工作者的人民团体，理应成为科技繁荣的思想先导、全面深化改革的先行者、科技创新的重要力量，是推动中国科技事业发展的重要力量。党的十八大以来，以习近平同志为核心的党中央高度重视科技创新，作出一系列重大部署，推动我国科技事业取得新的成就，开启了向世界科技强国迈进的新征程。科协系统是国家推动科技事业发展的重要力量，在增强自主创新能力、建设创新型国家中发挥着不可替代的独特作用。期望大学生通过在科协的实习，学习更多的社会知识和专业知识，向专家学习，多观察思考、总结经验，在实践中提高能力、增长才干，成为我国科技发展的后备力量。

（二）主要成效和特色

学生实现了四个"这样"的转化。

"原来是这样"：对于科协工作有初步了解，知道科协工作的基本职责和工作开展流程。

"真的是这样"：通过实习，对部门产生初步印象，对于科协工作的具体情况在感性上形成认识，并能够在一些工作中有参与感。

"原来就这样"：随着对科协工作的熟知，对科协工作有了基本的了解，发现科学家群体并不是那么高不可攀，科普工作也不是像想象中那么困难，很多事务实习学生也能够参与其中，逐渐进入科协工作状态。

"真的得这样"：当科协的具体工作正式开展时，需要根据科协工作的流程逐步推进，否则在调动各方面科技力量与资源团体时会出现混乱、效率不足等负面影响。学生通过实习能够明白科协工作流程的重要性与合理性。

（三）学生感言与指导教师评价

【学生感言】行政管理1702班张雨薇：此次实习的主要任务是跟着部门内第十七届长三角科技论坛筹备小组进行综合协调。第十七届长三角科技论坛在湖州长兴举办，邀请了近三十位两院院士出席，其中四位院士在开幕式主旨报告会上做主报告。从出席院士的人数上来说对接院士的工作任务是繁重的，需要有专门的人员对接、车辆接送，提前安排好酒店住宿、餐饮，且院士一般配有专门的助手，需与其助手提前沟通好院士的行程、需求等。

原本接待院士的任务就已不轻松，此次对接还出现了一个院士"多头对接"的情况，加剧对接压力。湖州筹备办、长兴筹备办、浙江省科协院士服务中心、浙江省科协学会部都派人与院士进行对接，彼此之间交流互动性差，信息互通度低，"多头对接"也容易给院士这边造成对接负担，降低参会体验感。

挑选这次"多头对接"的案例，主要是想强调全面布局、互通有无的重要性。此次参会的院士邀请渠道不一，省、市、县及院士服务中心各邀请一批专家，且有的专家带有助手前来，有的专家只身一人前来。在对接沟通方面，对于带有助手前来的院士可能还好些，助手会帮助对接、协调行程，但若是院士只身前来，所有的行程都会告知院士本人。"多头对接"，一是信息的重复或交叉，甚至在多头信息传递的过程中，会有相互间信息矛盾的情况出现；二是需要花时间接收、整理相关信息，这无疑会增加院士的工作和行程压力。

校内指导教师评价：张雨薇同学实习期间工作认真负责，勤于学习，善于思考，能将所学知识灵活地运用到实际问题的解决中。实习过程中，认真对待单位交办的各项任务，工作责任心强且与单位同事相处融洽，受到实习单位的高度评价。实习期间考勤记录良好，无请假无迟到早退，周志、实习报告与毕业论文完成度也较高，有丰富的实际材料，并且能对实际内容进行总结整理，总体表现优秀。

校外指导老师评价（浙江省科协学会部）：实习学生张雨薇实习期间工作认真、勤奋好学、踏实肯干、谦虚有礼，善于取长补短，在工作中遇到不懂的地方，能够虚心向富有经验的部门成员请教，善于思考，能够举一反三。对于别人提出的工作建议，能够虚心听取，并及时改进自己的工作，且能将在学校所学的知识灵活应用到具体的工作中去，认真积极参与到省科协学会部的相关工作当中，并能保质保量完成工作任务。

四、案例反思

与浙江省科协的实习合作让学生收获颇丰，通过两个月的实习，让学生得到了明显的成长。每位学生身上都有潜力，而这种潜力的激发仅靠课堂教学是远远不够的，务必从课堂走向社会，让学生能够切身体会到作为一名政府工作人员的根本素质要求，以培养自己的适应潜力、组织潜力、协调潜力和分析潜力以及解决实际问题的工作潜力。同时，通过实习能够让学生预演和准备就业工作，让学生找出自身状况与社会实际需要的差距，并在以后的学习期间及时补充相关知识，为求职与正式工作做好充分的知识、潜力准备，从而缩短从校园走向社会的心理转型期。

在浙江省科协的实习工作当中，一部分学生是进入常规的部门进行实习，另一部分学生是被抽调到事务专班中以项目的形式进行实习。在部门实习的学生对于科协部门的工作整体流程会更加熟悉，而在专班中实习的学生会对参与的项目更为亲近。在实习的安排上，要求校内导师更加了解学生的能力与个性，把合适的学生安排在更有利于其发挥特长的岗位上。因此，在实习期开始前，校内导师与校外导师的沟通就显得尤其重要。校外导师会从具体事务中言传身教，让学生能够尽快成长，而校内导师需要在谋划实习项目时预判思政元素的预埋点，并在周志的交互中推动学生主动寻找事务当中的思政元素，引导学生对实践过程中的体验、认知和收获进行总结。

由于带着思政任务参与实习，学生的成长不仅仅体现在工作能力上，更体现在思想政治上，基于政府部门对思政方面的培训相比高校更加深入与密集，日常工作中处处体现政治高度，在文案、会议等各工作场合均有大量的思政元素预埋，让学生在实习工作过程中就能够接触到最优秀的思政元素与最深入的思想政治剖析案例，实现"润物细无声"的效果，因此在交流过程中能够充分感受学生身上的变化。

在实习过程中，也存在需要深入思考的问题，学生在实习单位接受的思政元素相对无序，与课堂教学当中的思政元素对接不足，学生对于思政元素的学习主动性不足。在接下来的社会实践环节，指导教师需要花更多时间了解不同学生的需要和特点，结合课程思政内容，需要提炼实习过程中的"思政密码"，这样便于为学生预埋，通过"思政密码"预埋到"思政密码"发掘这个过程，激活学生学习兴趣，提升实习过程中思政教育的自发性。

人道、博爱、奉献精神引领红十字事业
——浙江省红十字会实习的课程思政案例

我国红十字事业是中国特色社会主义事业的重要组成部分，中国红十字会是党和政府在人道领域联系群众的桥梁和纽带。党和国家高度重视这支力量。希望中国红十字会适应新形势新任务，紧紧围绕党和国家中心任务，增强责任意识，推进改革创新，加强自身建设，开展人道救助，真心关爱群众，努力为国奉献、为民造福。

——习近平 2015 年 5 月 5 日在中国红十字会第十次全国会员代表大会上的讲话

案例概述：本实践案例来自大学三年级公共事业专业的第一次统一实践环节，实践单位为浙江省红十字会。其任务是让参加实习的学生了解自动体外除颤仪（AED）在红十字会应急救护工作当中的重要作用，教授 AED 的基本方法及基本技能，引导学生通过实际操作获得感性认识，思考现代化、公益性在红十字事业工作中的重要体现，巩固并加深对所学公共管理相关理论知识的理解。本实践活动在红十字会实际工作框架下开展，综合性较强，既强调基本理论、基础知识的习得，又重视分析问题、解决问题能力的培养，还通过对自动体外除颤仪（AED）的训练，培养学生具备参与红十字事业一线工作的能力，并从政府与人民的关系角度对一线工作进行思考，掌握政府部门从政策制定到落地的一般逻辑。

实习思政元素：生命关怀、应急救援、群众身边的红十字会、数字红会、应急救护标准化

一、实习目标

（一）社会实践目标

（1）了解红十字会系统的层级设置与主要工作。
（2）自动体外除颤仪（AED）在红十字会应急救护工作当中的重要作用。
（3）学会使用自动体外除颤仪（AED）展开紧急救援。
（4）结合课程知识提出规划中 AED 相关内容的落实路径。

（二）课程思政目标

（1）引导青年学生了解浙江省红十字会的发展理念，感受我党执政为民的核心思想。
（2）增强青年学生的社会责任感和使命感，对参与一线的红十字会产生兴趣。
（3）发挥大学生的知识和智力优势，为顶层设计的具体实施提出思考内容。
（4）全面提高学生自身素质，为就业做好准备。

（三）实习中融入的思政元素

元素 1：生命关怀

通过对 AED 的背景介绍，让学生了解每年由于无法及时得到救治而去世的心梗人数，并结合肺炎新冠疫情相关内容，激发学生对于逝者及其家属产生同理心，产生对于生命关怀的情绪。

元素 2：应急救援

通过对于 AED 的用法介绍，让学生了解应急救援的重要性，进一步阐述我国在应急救援中的投入与具体案例，让学生明白，在我国，应急救援的广泛布局就是为人民的生命安全提供的重要保障，而红十字会在这当中起到重要作用。

元素 3：群众身边的红十字会

通过对于 AED 的社会设置，体现红十字会参与社会治理所做的努力，红十字基层组织是如何发挥其联系群众、服务群众的重要作用，并在接下来五年如何探索在"两新"组织中建立红十字基层单位的。

元素 4：数字红会

通过对于 AED 互联网模块功能的介绍，让学生感受到数字化如何在改变红十字会的传统形式，"数字红会"的建设是如何不断深化、迭代升级的。

元素 5：应急救护标准化

通过对 AED 培训活动的总结，让学生了解浙江省红十字会如何全面推行应急救护培训信息化系统，在全省普及应急救护知识，让具有一般使用技能的人员使用标准化的应急救护产品，实现社会救助更广泛的作用。

二、实习过程与任务

（一）了解 AED 在浙江省红十字事业中的重要性

《红十字事业"十四五"规划》提及：努力打造应急救护标准化先行省，加快推动人群密集场所设置自动体外除颤器（AED），力争达到每万人 1.5 台。推动人群密集场所设置 AED。坚持多措并举，推动在机场、车站、地铁站等交通设施和旅游景区、文化体育场馆、商圈市场等人群密集公共场所设置 AED。研究制定 AED 布设及管理规范，发布全省 AED 电子地图，应用信息化手段实现设备精准定位、性能动态监控，方便应急取用。协助布点单位加强 AED 操作培训，发展应急救护志愿服务队伍，定期组织应急演练，打造"AED＋救护志愿队＋智能管理"三位一体的应急救护响应机制。

（二）了解什么是自动体外除颤仪（AED）

自动体外除颤仪（AED），又称自动体外电击器、自动电击器、自动除颤器、心脏除颤器及傻瓜电击器等，是一种便携式的医疗设备，它可以诊断特定的心律失常，并且给予电击除颤，是可被非专业人员使用的用于抢救心脏骤停患者的医疗设备。

（三）了解 AED 的作用

在公共场合有时会出现呼吸、心脏骤停的人，对于这种情况，是非常需要进行及时救治的。在最佳抢救时间的"黄金四分钟"内，对患者进行 AED 除颤和心肺复苏，有很大的概率能够挽救生命。各种原因引起的呼吸、心脏骤停，有效泵血功能消失，引起全身严重缺氧、缺血。主要表现为意识丧失、触摸不到颈部大动脉搏动、观察患者胸部无呼吸起伏，继而呼吸停止，瞳孔散大，若不及时抢救可引起死亡。

（四）学会寻找并使用 AED

第一部分：使用 AED 前

步骤 1：对病人进行大声呼叫、不停拍打其肩膀，确认病人是否还有意识。

步骤2：如果病人没有反应，立刻拨打120，大声呼叫请附近的人寻找到最近的AED。

步骤3：检查病人胸部和腹部是否有呼吸的动作。如果没有呼吸或呼吸不正常，立即进行心肺复苏。

第二部分：使用AED时

步骤4：露出病人胸部并按照指示贴上电极垫（在贴电极垫之前，需要确保病人身体干燥、身上无任何金属物，若病人胸毛较多，需先除掉；确保病人周边环境无水）。

步骤5：让其他人远离病人，根据AED的语音指令操作。按下AED分析键，对病人进行心电图分析。等待AED报告是否需要进行电击（如不需要则表明病人可能已恢复脉搏或心律）。

步骤6：AED指示需要电击时，确保没有人碰到病人身体；按下按钮进行电击。

步骤7：电击后，在连接着AED电极贴的情况下立即重新进行心肺复苏。

步骤8：2分钟后，AED自动确定是否再次施加电击，按语音指令操作；等待救护车到达。

三、实习成果

（一）意义和价值

每年中国有大约200万人死于心脏病，有大约200万人死于脑卒中，其中有50多万人死于心脏骤停，也就是常说的猝死。现实中很多急症都可能转化为心脏骤停，比如触电、溺水、窒息、心脏病、低血糖、癫痫、中暑、休克等。成年人发生心脏骤停后，有一部分是直接停跳，而绝大多数刚开始时都是在室颤或无脉室动过速状态，就是心脏在颤抖。此时需要心肺复苏＋AED除颤，通过除颤可以恢复正常心跳。但这种情况黄金救治时间是4~6分钟。也就是需要目击者实施急救，不能等到医务人员到后再救。而目前公众掌握心肺复苏和AED的比率还挺低，这就凸显了AED急救培训＋心肺复苏培训的重要性。已知目前有的国家普及心肺复苏和AED比率在40%左右，而中国不足1%，由此可见在国内普及心肺复苏和AED任重道远，参与AED培训是让学生真正具备红十字一线人员的基础素养，有对猝死人员实施急救的能力。

（二）主要成效和特色

学生实现了四个"这样"的转化。

"原来是这样":对于红十字事业的理论知识有了了解,知道了 AED 的重要性。

"真的是这样":对于红十字事业的具体运行在感性上形成了认识,对于 AED 能够进行一般的操作。

"原来就这样":对于红十字事业作为众多社会事业当中的一种,具有其特性,也具有其普遍性,掌握了 AED 的操作,其实并不复杂,一般人接受训练后就能够操作。

"真的得这样":对于红十字事业背后体现的精神与意义有了进一步的了解,知道了红十字事业发展沿革的必然性,从红十字事业的角度与 AED 产生联系。其实背后涉及公共资源分配的问题,对 AED 设置场所分布、设置后的管理问题进行思考,并形成了相关的研究成果。

(三)学生感言与指导教师评价

【学生感言】公共事业管理 1802 班胡力圆:在应急救护指导和备灾救灾中心工作期间,我留意查阅了有关高校应急救护的文献资料,发现大多都是关于高校应急救护培训以及体系构建的,几乎没有研究高校 AED 布设的。我思考可以进一步调查 AED 布设现状,包括总体数量、资金来源、设置场所分布、设置后的管理等,同时通过收集文献资料和案例,进一步了解高校应急救护培训体系建设相关知识。通过与办公室老师交流,了解到 AED 设置场所分布、设置后的管理是由各高校红十字会负责的,我想也可以通过访谈的方式与各高校红十字会取得联系,了解相关情况。

这周我尝试通过有关高校的红会公众号与其取得联系,询问 AED 布设相关问题,但都没有得到回复。因此我又通过 AED 地图小程序收集相关数据,发现浙江大学红十字会公众号推送上显示紫金港校区配备有 2 台 AED,但 AED 地图小程序上并未显示,由此可见,AED 地图小程序存在 AED 设备所在位置未显示及位置不准确、不完整的问题。我一边思考如何解决这个问题,一边开始围绕这一主题构思我的研究论文。

本周我还参观了浙江省红十字会备灾救灾仓库,对仓库的管理制度、装备与物资和信息化管理系统有了进一步了解。

校内指导教师评价:在两个月的实习工作中,胡力圆同学积极主动配合岗位工作要求并协调完成其他工作,较快掌握了工作内容和要点,并在工作中表现出了优秀的个人综合能力和公共管理专业相关知识素养。实习周志都能按时完成,并且条理清晰,思考专业,内容充实。实习论文还可再完善,论文的分析可增加理论支撑,希望学习再接再厉,研究方法能有所改进。

校外指导老师评价(浙江省红十字会):浙江工业大学的学生在 AED 的培训过程中非常认真,并通过了培训考试,获得了相关证书,在后期的工作中还与我们交流如何优化 AED 布设现状的相关问题，为后期 AED 布局的落实提供了有价值的经验。

四、案例反思

在浙江省红十字会实习的过程中，学生完全体会到与课堂教学不同，在红十字会的实践活动中无法完全按照预设进行教学，需要根据实习部门的安排执行短平快的规划实践方案，从课堂走向社会，让学生能够切身体会到作为一名医护工作人员的根本素质要求，以培养自身存在的潜力。在实习中，学生也体会到了医护工作实属不易，与繁重的文字工作不同，红十字会的工作更加紧迫，需要更多的耐心。通过此次实习能够让学生预演和准备就业工作，找出自身状况与社会实际需要的差距，并在以后的学习期间及时补充相关知识，为求职与正式工作做好充分准备，从而缩短从校园走向社会的心理转型期。

在浙江省红十字会的实习中，学生有机会直接面对群众，帮助群众解决难题，但由于学生的经验不足，面对一些突发情况往往手足无措。本次实习使学生更加深入地了解了红十字会对于社会的意义是多么重要，虽然平凡，但体现了生命的价值，其每一项内容对于帮助他人都有深远的意义。感受到了人道精神的内涵，又接触了很多诸如审核录入高校红十字志愿者信息、登记证书等事务性工作，得到了进一步认识红十字精神、接触红十字事业发展的机会，让学生从中感受到医护工作者沉甸甸的责任。

由于带着思政任务参与实习，学生的成长不仅仅体现在工作能力上，更在于思想的表现上。现在的大学生在保质保量完成实习单位布置任务后大多缺少对于工作的探索，校内指导老师也无法及时获取相关反馈，只能从实习学生周志当中了解相关情况，思政的相关内容到达学生往往会有一定的滞后性，需要带领学生进行回顾活动，才能进行总结与提炼，这对于老师的责任心是一个考验。

学生的暑期社会实践、毕业实习和专业实习稳步推进，通过实践教学中的课程思政、专业思政教育，实现德、智、体、美、劳"五育"并举，深化课程育人、文化育人、活动育人、实践育人、管理育人、协同育人，提升学生的公共精神、家国情怀、科学素养，进一步增强公共管理学院学生"为天地立心，为生民立命，为往圣继绝学"的雄心壮志，为社会主义现代化事业培养优秀的接班人。

校内导师与校外导师的沟通作用十分重要，校内导师要提前了解实习部门的工作状态，并提前与校外导师交流实习目标，共同制订初步的实习计划。在此基础上与学生讨论实践的具体任务、目的、意义、要求等内容，根据学生的实际情况进行调整，提高实践活动的有效性。

统揽全局,精益求精
——"两办"实习的课程思政案例

习近平总书记始终高度重视办公厅(室)工作:在福建宁德,撰文《秘书工作的风范——与地县办公室干部谈心》,对办公室工作作了全面系统阐述;在福州,指导提炼了"对党忠诚、马上就办、严谨认真、同心协力、无私奉献"的福州市委办公厅机关精神;在浙江,对省委办公厅提出了"激浊扬清、敬业乐业、乐在人和、力戒浮躁、贵耳重目、求知善读、戒奢节俭"28字要求;在上海,强调办公厅要服从服务好工作大局,要用坚强的党性确保中央政令畅通;到中央工作后,对中办干部提出了"五个坚持"重要要求。在履职过程中对办公厅(室)工作越来越深刻的认识,是习近平总书记关于办公厅(室)工作重要论述形成的实践基础。

——习近平总书记关于办公厅(室)工作重要论述

案例概述:本实践案例来自大学三年级行政管理专业、公共事业专业的第一次统一实践环节,实践单位为区"两办"(党办、政府办)。其任务是让参加实习的同学了解"两办"在政府工作中的角色和地位,以及"两办"工作的要求与注意要点。学生通过在"两办"日常工作中的实习,感受"两办"的统领作用与工作水平的高要求,思考"两办"工作所反映出的做好小细节、服务大格局的精神,提升学生对文字工作、行政事务的规范性和标准认知,掌握"两办"事务开展的传导链条与一般办事风格。

实习思政元素:精益求精、敬业、文以载道、"小细节、大格局"

一、实习目标

（一）社会实践目标

（1）了解"两办"在政府机构中的定位及其主要工作。
（2）学习政府公文写作技巧，领悟文件精神。
（3）了解收发文的普遍规范。
（4）学习"两办"办会的一般流程。

（二）课程思政目标

（1）引导青年学生了解"两办"的发展沿革，了解"两办"在政府部门工作开展当中的"枢纽"地位，感受干部综合素质在工作中的重要性。
（2）作为政府部门当中工作压力最大的"两办"，在其中体会工作效率，耳濡目染地感受"两办"工作人员加班加点的敬业精神，对于青年人来说是一笔财富。
（3）增强青年学生的务实工作能力，从烦琐、重复的事务性工作中找到价值。
（4）锻炼青年学生的沟通、协调能力，并让学生通过具体事件切实感受"这么大的国家需要协调14亿人的协作是非常不容易的事情"。

（三）实习中融入的思政元素

元素1：精益求精

通过对会议细节的反复确认，让学生了解"两办"工作的高标准，对于模棱两可的事务必须反复核查与确认，需要通过别人的眼睛来核查自己的工作，让学生对看似平常的事务工作产生敬畏感，让学生摈弃马虎的习惯，对会议的各个环节都要有精益求精的态度。

元素2：敬业

实习之前，学生对于公务员的工作还是不太了解，通过学生自己的观察，发现"两办"工作的高压力与高强度，加班工作很常见，需要以敬业之心支撑很多紧急事务与重要事务的推动与开展，让学生真正感受到公务人员的敬业态度。

元素3：文以载道

通过对"两办"公文的学习与拟定，让学生感受到政府部门务实的文风和言之有据的行文逻辑，并让学生对不同类型的文书进行横向对比，让学生了解政府部门是如何通过文字将领导意图传递出去的。

元素 4："小细节、大格局"

通过对工作细节的不断深抠，把大局与细节相联系，让学生了解，在整个政府中，每个人做的事情都是很小的，但只有把手上的小事从细节上做好，才能让大局顺利。每个人深扣小细节，反映的就是其身上的大格局。特别在"两办"这样的部门，需要提高思想站位，了解事务工作的重要性，才能让工作的推进更有效率。

二、实习过程与任务

（一）学习阅读各级党政机关发布的文件

阅读包括《下城区政府办公室基本信息》《2020年下城区政府工作报告》《杭州市下城区人民政府关于2019年度法治政府建设情况的报告》《关于下城区河道管理范围划界成果的公告》《2020年下城区法治政府建设工作要点》《关于〈2020年度下城区重大行政决策目录〉征求意见的通知》《2020年区政府民生实事项目二季度完成情况表》《区长柴世民主持召开专题会议　研究部署全区"夜间经济""直播经济"工作》《下城区政府办公室内设科室》《杭州市下城区人民政府未登记建筑认定书》《关于公布〈2020年度下城区重大行政决策目录〉的通知》《2020年区政府民生实事项目1—7月完成情况表》《区长柴世民主持召开专题会议　研究协调浙江出版联合集团有关项目推进工作》《杭州市下城区人民政府关于艮东联络线铁路线路安全保护区划定的公告》《杭州市下城区人民政府关于调整部分副区长工作分工的通知》《关于推进基层整合审批服务执法力量的实施意见》《区委第十届六次全体（扩大）会议报告》《下城区全面深化改革工作考核办法（试行）》《杭州市下城区全面深化改革工作考核办法》《全区机关内部"最多跑一次"改革部署推进会议报告》等多份文件，感受两办公文行文的规范性，让学生产生直观的感受。

（二）参与撰写起草公文

在阅读相关的事务性通知类公文，熟悉文章架构后，开始学习起草公文。在校外导师指导下搭好公文结构框架后，再将有关信息素材填入其中，完成《关于上报2019上半年工作总结的通知》《关于上报本单位改革特色亮点的通知》《〈下城年鉴（2018）〉档案信息备份》《关于组织开展保密自查自评督查工作会议的通知》《关于鼓励台湾青年拍摄微视频的活动通知》《在中台科技大学学生来下城实习欢迎会上的致词》《关于组织台湾大学生参访武林街道非遗馆体验游学活动通知》《关于上报下城区保密委员会组成人员名单的通知》等政府公文初稿的撰写，经过校外导师的多次指导，消除学生对撰写政府公文的恐慌心理，完成一些日常性的政府公文起草工作。

（三）学习会议组织和会场布置工作

把学生安排进会议组织与会场布置工作当中，一是在会议之前，学生完成检查会议资料工作，需要将相关资料逐字逐句检查，重点检查错别字与格式问题，修改好之后将资料发送至文印室，打印成册。会场布置，将台签按照参会部门名单有序排列在座位左侧，后将矿泉水以及会议资料整齐地摆在桌面中间，确定参会部门名单，打印会议签到表。二是在会议之中，学生参与会议签到工作并收集到会名单，会议过程中负责会议摄影工作，同时在会议召开过程中需要应对一些突发事件。三是在会议之后，对会议上记录员记录的会议纪要，进行格式的修改、语病的修正及资料汇总存档。让学生通过政府级别的会议，了解政府会议的流程，锻炼学生的综合能力。

（四）完成事务性工作

从复印、打印、扫描、装订文件、编排档案、填表、公文核稿、在 OA 中发送通知、机要文件交换、文书整理、记录办公室座机信息等工作开始，慢慢熟悉部门日常事务，从事务性的工作中感受"两办"对于事务性工作的高标准严要求，也让学生寻找事务工作在总体工作当中的重要意义。

三、实习成果

（一）意义和价值

"两办"在所有区级政府部门中排位最为靠前，是核心单位。区委办公室是区委下属的综合办事机构，协助区委领导处理日常工作。主要负责区委日常文电的处理，区委文件、文稿和区委领导讲话的相关工作，区委领导同志参加的重大活动的组织安排，区党代会、区委全委会、常委专题会、书记办公会的服务工作等。区政府办公室是区政府机关中的综合办事机构，主要职能是上传下达，协助区政府领导处理政府日常工作，但它不仅仅只承担秘书的职责，在政府运行过程中政府办是不可缺少的一个环节。安排在"两办"实习的学生能够从综合素养、文字工作、待人接物等多个方面获得锻炼，不但形成了统揽全局的大局观，也培养了学生精益求精的细致态度，帮助学生快速成长。

（二）主要成效和特色

学生实现了四个"这样"的转化。

"原来是这样"：对于"两办"工作有了初步了解，知道"两办"工作做什么，有什么重要性。

"真的是这样"：对于"两办"工作的具体情况在感性上形成了认识，能够逐步参与到一些"两办"工作中去。

"原来就这样"："两办"对于政府机关来说是重要的枢纽部门，但进入当中实习发现其也是由一件一件具体而微小的工作组成的，很多事情同学们也都能够参与，其实并不复杂，浸润在时间中，自然也能够掌握。

"真的得这样"：对于"两办"工作怎么做好有了进一步的认知，"两办"工作最为忙碌，需要用强大的敬业精神去支撑，"两办"工作永远有做得更好的地方，只有像部门里的老师们如此的投入，如此的精益求精，才能让"两办"工作做得更好，一个小的失误可能会带来较大的影响，"两办"工作真的需要这么细致才能支撑起政府的大格局。

（三）学生感言与指导教师评价

【学生感言】公共事业管理1601班朱杏子：处理区长批示件是我实习过程中的日常事务，其中有两篇群众来信给我的印象十分深刻。这两篇群众来信的内容是相同的——关于恳求保留艮山门小池塘，让市民们游泳健身。一封信中提到其是一位来到杭州定居养老的小池塘周边居民，为了健康地生活，减轻社会负担，每天和丈夫坚持来艮山门小池塘游泳健身，现艮山门小池塘是杭州市唯一的自然水域游泳之地。然而从6月中旬开始，小池塘被围挡起来，据说要耗资两百多万填土种植荷花，由于该池塘在三年前大修喷泉装置却不到半年就废弃的前车之鉴，该居民在信中表示了自身对于荷花池建设的不理解，力求政府保留作为自然水域游泳之地的艮山门小池塘。另一封来信则是来自一位游泳爱好者，信中提到了其在艮山门小池塘游泳已成为艮山运河公园的一道独特风景线，尤其是在冬泳时，其不惧严寒的精神博得了在园内健身和路过市民的高度赞扬，并得到了《钱江晚报》等媒体的报道。但自《今日头条》一则艮山门小池塘不文明游泳的报道发表后，使得政府有关部门开始禁止在艮山门小池塘游泳，并要将其改造为荷花池。同样，该市民表达了对于荷花池建设的不理解和对自身游泳合法权益的争取，呼吁政府将该小池塘进行养护改造，作为天然水域游泳场所开放。区长在阅读批阅该群众来信后交由住建局有关部门处理并要求进行批示反馈。而在住建局的批示反馈中，可以看出政府在综合考虑各种客观条件和听取专家意见的基础上，要求改建艮山门小池塘也确实有理有据。对于开放游泳事宜最后的协调结果是由市城管局再次联合多部门召开专题协商会,将各方意见汇总梳理后向市领导汇报,下城区住建局及潮鸣街道则将根据上级部门指示,积极配合做好相关工作。

校内指导教师评价:杏子,你身上的优点,如善交朋友、勤于思考、虚心好学、有主见有目标等,希望你保持下去。老师相信你以后的路会越走越宽。

校外指导老师评价(下城区人民政府办公室):浙江工业大学的同学们在我办工作期间态度认真,对于交办的工作理解能力强,能够在短时间内完成,并利用先进的互联网技术超预期完成。除了交办的工作,同学们还自加压力,主动要求进行文字方面的训练,工作的主动性值得肯定。

四、案例反思

与"两办"的实习合作让学生收获颇丰,通过两个月的实习,在"两办"的所见所闻,让学生得以看到政府运行的一角,认识到保密工作的重要性和必要性,感受到数字化思维在政府运行中浸润;收文归档工作让其接触众多文件,了解近年的发展脉络;运用"公文写作与处理"方面的知识,独立撰写公文并得到采纳的整个过程中,学生对未来的工作方向有了一定的认知,"知之不若行之",实习是检验学习的重要途径,以专业理论牵引,用真实案例说话,将专业知识深耕于实践当中。此次实习激发了学生自己的适应潜力、组织潜力、协调潜力和分析潜力以及解决实际问题的工作潜力。让学生找出自身状况与社会实际需要的差距,并在以后的学习期间及时补充相关知识。

带着思政任务参与实习,在"两办"工作当中,校内导师与校外导师的衔接问题是需要重视的,校内、校外导师在学生进入实习阶段之前就需要进行充分沟通,校内导师需要了解"两办"工作的基本情况与节奏,而校外导师需要了解校内导师对于学生实习期的基本目标。因此,校内导师需要在实习之前与学生共同制定宏观层面的实习方案,具体操作层面的培养由校外导师负责。思政理念的传导有时候会因为具体事务的忙碌而无法及时实现,需要校内导师在实习学生周志当中了解相关情况,并加以反馈,让学生能通过周志的反馈结果对工作当中无处不在的思政元素加以复盘与提炼。

在接下来的社会实践环节,需要更多地在前期针对实习单位为学生设定目标,让他们在忙碌的日常实习的事务工作之中带着发掘思政元素的眼睛去审视工作。指导教师需要能够及时在实习周志中将相关实习素材提炼为思政内容,对指导教师的思政敏锐度提出了更高的要求。

在实习过程中，也存在需要深入思考的问题，同学们要认真理解并贯彻四个意识、四个自信，要做到牢记使命、勇于担当，为实现中华民族伟大复兴的中国梦作出青年人应有的贡献。也要珍惜美好的大学时光，夯实基础，学好本领，增长知识，用真才实学和责任担当实现青春梦想，助力实现中国梦的伟大征程。同时，结合课程思政内容，让思政元素的传导更具系统性与连续性。应挖掘不同学生的特点，预埋相关的思政元素到实习过程中，增强学生主动参与思政教育的积极性。

将政策宣传到位,把工作做细做实
——发改局实习的课程思政案例

全面深化改革同贯彻新发展理念、构建新发展格局紧密关联,要完整、准确、全面贯彻新发展理念,扭住构建新发展格局目标任务,更加精准地出台改革方案,推动改革向更深层次挺进,发挥全面深化改革在构建新发展格局中的关键作用。

——习近平2021年2月19日主持召开中央全面深化改革委员会第十八次会议时的讲话

案例概述:本实践案例来自大学三年级公共事业专业第一次统一实践环节,实践单位为下城区发改局。其任务是让参加实习的学生了解发改局的运营体系及所在科室工作事项,通过专业实习,培养运用公共管理价值理念、知识理论和方法技能,分析、解决公共管理中的实际问题,进而锻炼自身运用理论解决实际问题的能力,掌握一定公文写作技能。在发改局实习能够让学生对发改局拟定并组织实施国民经济和社会发展战略、中长期规划和年度计划,统筹协调经济社会发展等工作产生感性认识,掌握发改部门从政策制定到落地的一般逻辑。

实习思政元素:艰苦奋斗、奋勇争先、互助精神、自我管理

一、实习目标

（一）社会实践目标

（1）了解发改局在政府机构中的定位及其主要工作。
（2）了解发改局的机构设置、职能及运行情况。
（3）熟悉发改局的工作职责、工作内容。
（4）了解发改局在组织机构中的地位和作用。
（5）根据发改局的具体情况，重点见习1～2项行政管理事务。
（6）独立撰写不少于1篇公文，力争被采用。

（二）课程思政目标

（1）引导青年学生了解发改部门的发展沿革，了解发改体系是如何构建、如何运转的。
（2）作为政府部门当中工作压力较大的单位，在其中体会工作效率，耳濡目染地感受发改局工作人员加班加点工作的敬业精神，对于青年人来说是一笔财富。
（3）增强青年学生的务实工作能力，从烦琐、重复的事务性工作中找到价值。
（4）锻炼青年学生的沟通、协调能力，并让学生通过具体事件切实感受"这么大的国家需要协调14亿人的协作是非常不容易的事情"。

（三）实习中融入的思政元素

元素1：艰苦奋斗

通过发改局的实习，让学生体会到发改局不仅是政策的制定者，而且是政策的执行者，其工作烦琐且冗杂。在发改局工作必须具有艰苦奋斗的精神，不怕苦不怕累。

元素2：奋勇争先

通过发改局的实习，让学生了解在政府部门实习必须牢记担当实干、奋勇争先的要求，始终把职责扛在肩上、把任务牢记心上，全力以赴推动各项工作落地见效。

元素3：互助精神

在发改局的日常实习工作中，学生能深刻体会到有些工作无法单独完成，需要同事间的合作互助，设立一致的目标，产生整体的归属感。学生在为团队努力的同时也能感到是在为自己实现目标，与此同时也有其他成员在一起为这个目标而努力，从而激起更强的工作动机，对于目标贡献的积极性油然而生，从而使得工作效率比个人单独时要高。

元素 4：自我管理

通过实习让学生能够正确认识与评估自我，自我管理能力和达成目标的持续行动力得到显著提升，在生活和工作之间、各项工作之间合理分配使用时间与精力，从而可以依据自身个性和潜质选择适合的发展方向。

二、实践实施过程

（一）学习阅读各级发改局相关政策与预案文件

阅读包括《中共浙江省人民政府关于开展质量提升行动的实施意见》《浙江省人民政府办公厅关于印发浙江省建设国家清洁能源示范省行动计划（2018—2020年）的通知》《浙江省人民政府办公厅关于推动工业企业智能化技术改造的意见》《关于开展党员志愿者助推"最多跑一次"改革活动的通知》《关于推进机关党工委"两学一做"学习教育常态化制度化工作安排方案》《关于印发"数字杭州"（"新型智慧杭州"一期）发展规划的通知》《关于区审计局履职不力问题的通报》《关于印发〈2017年度区直机关基层党建工作责任清单〉的通知》《关于认真组织收看电视专题片〈将改革进行到底〉的通知》《关于发布〈2018年杭州市城市国际化工作行动方案〉的通知》《杭州市下城区人民代表大会常务委员会任命国家机关工作人员法律知识考试办法》《关于深入整治不担当不作为不落实问题推动全域中央商务区建设的意见的通知》《关于印发〈2017中国（杭州）国际电子商务博览会组委会成员单位职责分工方案〉的通知》《关于开展消防安全隐患集中排查整治行动的通知》《关于组织参加党内法规知识竞赛的通知》《"三实三比"勇当排头兵活动简报》《关于实施下城区"学法用法三年轮训行动"计划的通知》《关于开展2018年全市"质量月"活动的通知》《关于成立下城区创建国家安全发展示范城市工作领导小组的通知》等多份文件与预案，感受发改部门公文行文的规范性，让学生产生直观的感受。

（二）参与撰写起草相关公文与材料

在阅读相关的政策与预案文件后，开始学习起草公文。在校外导师的指导下进行一些简单的公文撰写，完成《下城区2018年第三次投资项目推进部门联席会议》等政府公文与案例初稿的撰写，完成《人力资源市场暂行条例发布引发舆论关注》《京津冀协同发展三年计划出炉引热议》《广电总局严控偶像养成类节目引网友极大称赞》《直播行业大浪下平台呈现新态势》《视频网站刷量背后所牵重大利益及其隐形危害》等舆情报告，还根据实习期间的思考完成《服务型政府建设视角下的区级发改局职能转变研究》《深化"亩均论英雄"改革路径研究——以浙江省为例》等论文的撰写，让学生通过撰写材料，加深对实习期间感性认识的思考，克服学生对较多文字材料撰写时的恐慌心理。

（三）学习会议组织和会场布置工作

把学生安排进联席会议组织与会场布置工作当中，一是在会议之前，学生完成检查会议资料工作，需要将相关资料逐字逐句检查，重点检查错别字与格式问题，修改好之后将资料发送至文印室，打印成册。会场布置，将台签按照参会部门名单有序排列在座位左侧，然后将矿泉水以及会议资料整齐地摆在桌面中间，确定参会部门名单，打印会议签到表。二是在会议之中，学生参与会议签到工作并收集到会名单，负责会议摄影工作，同时需要应对一些突发事件。三是在会议之后，对会议上记录员记录的会议纪要，进行格式的修改、语病的修正及资料汇总存档。让学生通过政府级别的会议，了解政府会议的流程，锻炼学生的综合能力。

（四）熟悉日常公文收发与处理

在发改局的公文收发政务平台中操作公文收发工作，由于政府公文具有时效性，需要及时将紧急文件、会议通知等传送给相关与会人员。让学生通过公文的收发，了解政府公文的处理流程，锻炼学生的综合能力。

（五）完成事务性工作

从复印、打印、扫描、装订文件、编排档案、填表、公文核稿、在OA中发送通知、机要文件交换、文书整理、记录办公室座机信息等工作开始，慢慢熟悉部门日常事务，从事务性的工作中感受发改部门对于事务性工作的高标准严要求，也让学生寻找事务工作在总体工作当中的重要意义。

三、实践成果

（一）意义和价值

发改局是政府部门中的核心单位，其主要职责在于拟定并组织实施国民经济和社会发展战略、中长期规划和年度计划，统筹协调经济社会发展；提出全县国民经济发展、价格总水平调控和优化重大经济结构的目标和政策。在发改局实习的学生能够从综合素养、文字工作、待人接物等多个方面获得锻炼，不但形成了统揽全局的大局观，也培养了精益求精的细致态度，从而有助于快速成长。

（二）主要成效和特色

学生实现了四个"这样"的转化。

"原来是这样"：对于发改局工作的重要性有了初步了解，知道发改局工作的基本概念和重要性。

"真的是这样"：通过实习，对发改部门拥有初步印象，形成感性认知，并能够在一些工作中有参与感。

"原来就这样"：发改局对于政府机关来说是关键部门，但进入其中实习发现，其也是由一件一件具体而微小的工作组成的，很多事情同学们也都能够参与，其实并不复杂，浸润在时间中，自然也能够掌握。

"真的得这样"：对于发改局工作怎么做好有了进一步的认知，发改局的工作尤为忙碌，需要用强大的敬业精神去支撑，只有像部门里的老师们如此的投入，如此的精益求精，才能让发改局的工作做得更好，一个小的失误可能会带来较大的影响，发改局工作真的需要这么细致才能支撑起政府的大格局。

（三）学生感言与指导教师评价

【学生感言】公共事业管理 1501 班陈楚皓：在这短短的实习期内，除了学习到的专业知识，获得的经验和信息，对政府部门的工作也有了更清晰更真实的认识。除此之外，更多学到的，用一个字形容是"道"，即与人交流以及在处理一些问题时的思维之道。收获之余，更多的是感悟，这次实习还是能观察到很多体制内的实景。要真正进到政府系统的体制内，还是有一定难度的，部分在下城区工作的政府人员并非公务员编制，而是事业单位编制，这一部分人以偏年轻的人群为主。能够看到非常多的人兢兢业业地在岗位上奋力工作。总体来说，此次实习也让我对政府内部的工作情况有了初步的认识，对未来自己所从事的事业方向也有了更清晰的规划和打算，感谢所有在这个过程中帮助我的老师们。

校内指导教师评价：陈楚皓同学在专业实习期间，工作态度认真，主动性强，踏实肯干，勤于思考，工作成效得到所在单位肯定，并能及时提交实习周记与报告，较为圆满地完成预定实习目标，综合表现良好。

校外指导老师评价（下城区发改局）：浙江工业大学的同学们在我局工作期间态度认真，对于交办的工作理解能力强，能够在短时间内完成。除了交办的工作，还自加压力，主动要求进行文字方面的训练，其工作的主动性值得肯定。

四、案例反思

发改局是政府部门中的核心单位，此次与发改局的实习合作让学生收获颇丰，通过两个月的实习让学生得到了明显的成长，学生能够切身体会到作为一名政府工作人员的根本素质要求，以培养自己的适应潜力、组织潜力、协调潜力和分析潜力以及解决实际问题的工作潜力。在发改局实习期间，其主要责任的完成能够让学生预演和准备就业工作，对之后的职业规划方向有一个更明确的目标。

在本次发改局的实习中，主要目的是引导学生通过走进中央国家机关实习，了解体验中央国家机关运转状况，了解国家治理体系，在实际工作中坚定理想信念、了解国情民情、全面成长成才；同时促进中央国家机关在学生及社会公众中提升透明度，搭建中央国家机关公务员与学生的交流平台。

由于带着思政任务参与实习，学生的成长不仅仅体现在工作能力上，更在于政治表现上。在发改局实习工作的这段时间里，不仅锻炼了学生自己对于日常办公工作的能力，还能够让学生认识到政府和国家公职人员的担当所在，"为人民服务"五个字时刻牢记心间，在工作中求真务实，时刻把人民群众的安危冷暖幸福康健放在心上，把小事当作大事来办，切实解决群众"急难愁盼"的问题。其次，在撰写公文材料的同时，有大量的思政元素预埋，使学生在实习的过程中实现思想政治"润物细无声"的效果。

在发改局的实习工作当中，校内导师需要在实习之前与学生共同制定宏观层面的实习方案，并了解发改工作的基本情况与节奏，与此同时，校外导师需要了解校内导师对于学生实习期的基本目标。在接下来的社会实践环节，需要更多地在前期针对实习单位为学生设定目标，让他们在忙碌的日常实习中带着发掘思政元素的眼睛去审视工作。另外，指导教师需要通过学生的周志花更多时间了解不同学生的需要和特点，由此，在后期的实习工作开展中预埋相关的思政元素，增加学生主动参与思政教育的积极性，减少或避免学生对于思政元素的学习主动性不足的情况。

融数智，谋未来
——经信局实习的课程思政案例

要紧紧抓住新一轮科技革命和产业变革的机遇，推动互联网、大数据、人工智能、第五代移动通信（5G）等新兴技术与绿色低碳产业深度融合，建设绿色制造体系和服务体系，提高绿色低碳产业在经济总量中的比重。要严把新上项目的碳排放关，坚决遏制高耗能、高排放、低水平项目盲目发展。要下大气力推动钢铁、有色、石化、化工、建材等传统产业优化升级，加快工业领域低碳工艺革新和数字化转型。要加大垃圾资源化利用力度，大力发展循环经济，减少能源资源浪费。

——习近平2022年1月24日在十九届中央政治局第三十六次集体学习时的讲话

案例概述：本实践案例来自大学三年级行政管理、公共事业管理专业第一次统一实践环节，实践单位为拱墅区、下城区经信局。其任务是让参加实习的同学了解经信局的运营体系及所在科室工作事项，通过专业实习，培养运用公共管理价值理念、知识理论和方法技能分析、解决公共管理中的实际问题，进而锻炼自身运用理论解决实际问题的能力，掌握一定公文写作技能。在经信局实习能够让学生感受经信局工作水平的高要求，思考经信工作所反映出的做好小细节、服务大格局的精神，提升学生对文字工作、行政事务的规范性和标准认知，掌握经信局事务开展的传导链条与一般办事风格。

实习思政元素：服务意识、团队意识、信息意识、节约能源

一、实习目标

（一）社会实践目标

（1）了解经信局在政府机构中的定位及其主要工作。

（2）了解经信局的机构设置、职能及运行情况。

（3）熟悉经信局的工作职责、工作内容。

（4）了解经信局在组织机构中的地位和作用。

（5）根据经信局的具体情况，重点见习1~2项行政管理事务。

（6）独立撰写不少于1篇公文，力争被采用。

（二）课程思政目标

（1）引导青年学生了解经信部门的发展沿革，了解部门体系是如何构建、如何运转的。

（2）作为政府部门当中工作压力较大的单位，在其中体会工作效率，耳濡目染地感受经信局工作人员加班加点工作的敬业精神，对于青年人来说是一笔财富。

（3）增强青年学生的务实工作能力，从烦琐、重复的事务性工作中找到价值。

（4）锻炼青年学生的沟通、协调能力，并让学生通过具体事件切实感受"这么大的国家需要协调14亿人的协作是非常不容易的事情"。

（三）实习中融入的思政元素

元素1：服务意识

通过经信局组织浙江省行业云应用示范平台、上云标杆企业、大数据应用示范企业的申报，及时为企业解答申报文件和申报系统中出现的问题，学生能体会到经信局在内的政府服务意识，从而增强自身工作中的服务意识。

元素2：团队意识

学生从日常实习中体会到有些工作需要同事间的合作互助，设立一致的目标，产生整体的归属感。学生在为团队努力的同时也能感到是在为自己实现目标，与此同时也有其他成员在一起为这个目标而努力，从而激起更强的工作动机，使得工作效率比个人单独时要高。

元素3：信息意识

通过经信局的实习工作，让学生拥有自觉、有效地获取、评估、鉴别、使用信息以及数字化生存能力。基于目前"互联网＋"等社会信息化发展趋势，让学生努力提高网络伦理道德与信息安全意识等。

元素4：节约能源

学生通过指导企业每月在能源"双碳"数智平台上传用电、用水、用煤等数据，完成能源数字治理平台的填报，并对相关单位能源使用的资料上报进行审核、统计、评估等工作，提高学生节约能源、保护环境的意识，助力国家碳达峰、碳中和目标的早日实现。

二、实习过程与任务

（一）学习阅读各级经信局相关政策与预案文件

阅读包括《中共杭州市委　杭州市人民政府　关于加快建设"未来工厂"的若干意见》《奋楫笃行　蝶变跃升　谱写拱墅高质量发展新篇章　在拱墅区高质量发展大会上的讲话》《下城区发展改革和经济信息化局机构改革组织实施工作方案》《杭州市强化数字赋能推进"六新"发展行动方案》《关于促进"头雁"企业引领发展的实施意见》《关于支持"雨燕"企业跨越发展的实施意见》《关于助力"雏鹰"企业快速发展的实施意见》《关于助推"凤凰"企业飞速发展的实施意见》《关于进一步加快新制造业发展的若干政策》《关于进一步加快现代服务业发展的若干政策》《关于进一步推进科技创新创业的若干政策》《浙江省深化推进"企业上云"三年行动计划（2018—2020年）》《浙江省促进大数据发展实施计划》《浙江省农业农村厅关于全面推行浙江省农村集体经济数字管理系统的通知》《高质量建设运河沿岸名区　奋力打造共同富裕示范区拱墅样本——在区委全体（扩大）会议上的报告（2021年7月2日）》《关于召开全市"三资"管理数字化改革推进会的通知》等多份文件与预案，感受经信部门公文行文的规范性，让学生产生直观的感受。

（二）参与撰写起草相关公文与材料

在阅读相关的政策与预案文件后，开始学习起草公文。在校外导师的指导下进行一些简单的公文撰写，完成《全区国民经济和社会发展战略、年中工作总结与下半年计划》《拱墅区共同富裕十大行动的项目进展情况与下一步计划安排》《全区民生类国民经济和社会发展战略、年中工作总结与下半年计划》《拱墅区各部门高质量建设共同富裕示范区典型案例》《拱墅区"山"呼"海"应　增强何家村"造血"功能》和《拱墅区夏季用电用能高峰需要注意的问题及对策建议》等政府公文与案例初稿的撰写，完成《高校毕业生就业情况及存在的问题》《贯彻落实习近平总书记"七一"重要讲话情况》《涉东京奥运会有关突出动向——体育教育现状及未来发展之路》《新冠疫情防控面临的新情况、新问题及对策建议》《中美经贸摩擦最新动向、对我影响、相关舆情及对策建议》等舆情报告，还根据实习期间的思考完成《公共机构节能管理数字化现状及问题研究——以杭州市下城区公共机构为例》《探究杭州综合考评中的社会评价模式》《中国特色多维多功能的民意吸纳机制与地方治理——以杭州市为例》等论文的撰写，让学生通过撰写材料，加深对实习期间感性认识的思考，克服对较多文字材料撰写时的恐慌心理。

（三）组织申报云平台，助推企业上云

依据浙江省下发的《浙江省深化推进"企业上云"三年行动计划（2018—2020年）》（浙信发〔2018〕1号）文件，组织浙江省行业云应用示范平台、上云标杆企业、大数据应用示范企业的申报，对企业解答申报文件和申报系统中出现的问题。同时，召开上云会议，针对5G基建＋云制造业、互联网远程医疗、MEC直播带货等社会热点领域的当前运用和未来规划进行说明。

（四）配合开展能源"双碳"数智平台建设工作

为落实"2030年碳达峰，2060年碳中和"的目标，提高重点用能单位能源利用效率，全力配合开展能源"双碳"数智平台建设工作，不断扩大监控范围、完善监控数据、提升系统功能，将依托数智平台，对全市重点用能单位能耗"双控"和碳排放情况进行预算化、实时化、精准化管控。学生的工作就是指导企业每月上传用电、用水、用煤等数据，完成能源数字治理平台的填报工作，并对相关单位能源使用的资料上报进行审核、统计、评估等工作。

三、实习成果

（一）意义和价值

经信局是政府部门中的核心单位，其主要职责在于负责所在区域发展和改革、经济和信息化、对口支援和区域合作工作的方针政策和决策部署。安排在经信局实习的学生能够从综合素养、文字工作、待人接物等多个方面获得锻炼，不但形成了统揽全局的大局观，也培养了学生精益求精的细致态度，帮助学生快速成长。

（二）主要成效和特色

学生实现了四个"这样"的转化。

"原来是这样"：对于经信局工作的重要性有了初步了解，知道经信局工作的基本概念和重要性。

"真的是这样"：通过实习，对经信部门拥有初步印象，形成感性认知，并能够在一些工作中有参与感。

"原来就这样"：经信局对于政府机关来说是重要部门，但进入当中实习发现其也是由一件一件具体而微小的工作组成的，很多事情同学们也都能够参与，其实并不复杂，浸润在时间中，自然也能够掌握。

"真的得这样"：对于经信局工作怎么做好有了进一步的认知，经信局的工作十分忙碌，需要用强大的敬业精神去支撑，只有像部门里的老师们如此的投入，如此的精益求精，才能让经信局的工作做得更好。一个小的失误可能会带来巨大的影响，经信局工作真的需要这么细致才能支撑起政府的大格局。

（三）学生感言与指导教师评价

【学生感言】 行政管理1801班张忆宁：在政府机关的科室工作中，仅仅完成领导布置的任务是远远不够的，还要时刻注意自己的精神面貌。因为我不只是代表我个人的形象，更会影响到整个科室在全机关的风评。作为一个实习生，我必须以科室正式工的标准要求自己，遣词用句需要极为准确，行为举止也要处处得体。洪科长对我的教诲我会牢牢记在心上，这不仅适用于这两个月的实习工作，对我以后的学习和工作生活也有莫大的借鉴意义。

校内指导教师评价：集中实习，在拱墅区政府实习期间，总体表现优异，实习态度端正，按时到岗，认真完成实习单位交办的各项任务，按时完成实习周记和报告，达到实习预期目标。

校外指导老师评价（拱墅区经信局农经科）：张忆宁同学在拱墅区经信局实习期间，工作认真，勤奋好学，踏实肯干，能够积极主动地接受并完成科室下派的工作任务，体现出比较扎实的公共管理专业知识和技能基本功。从中学习业务知识，在短时间内掌握了工作要点和技巧，并将其合理运用到工作中去。遇到不懂的地方，也会主动请教科室的老师们，虚心好学，弥补自己的不足之处，善于思考，做到举一反三。同时，该学生严格遵守本单位的各项规章制度和组织纪律，实习期间，未曾出现过无故缺勤、迟到早退现象，在实习期间得到领导和同事们的一致好评。

四、案例反思

与经信局的实习合作让学生收获颇丰，通过两个月的实习，让学生得到了明显的成长，每位学生身上都有很好的潜力，而这种潜力的激发单靠课堂教学是远远不够的，务必从课堂走向社会，让学生能够切身体会到作为一名政府工作人员的根本素质要求，以培养自己的适应潜力、组织潜力、协调潜力和分析潜力以及解决实际问题的工作潜力。同时，通过实习，能够让学生预演和准备就业工作，让学生找出自身状况与社会实际需要的差距，并在以后的学习期间及时补充相关知识，为求职与正式工作做好充分的知识、潜力准备，从而缩短从校园走向社会的心理转型期。

在本次经信局的实习中，学生有机会直面政府部门的工作环境，让学生明白，信息透明、诚信负责的政府，必须是一个开放的政府，是一个"阳光"的政府。在这个部分中，对于政府信息收集、政府信息公开、个人隐私保护、信息管理质量等原则的讨论，引导学生展开对于社会信息化发展过程中如何合法合理利用数据的讨论，规范学生未来的互联网行为和信息数据应用行为，培养学生明辨是非的能力。

在经信局工作当中，校内导师与校外导师的衔接问题是需要重视的，校内、校外导师在学生进入实习阶段之前就需要进行充分沟通，校内导师需要了解经信工作的基本情况与节奏，而校外导师需要了解校内导师对于学生实习期的基本目标。因此，校内导师需要在实习之前与学生共同制定宏观层面的实习方案，具体操作层面的培养由校外导师负责。在此基础上与学生讨论实践的具体任务、目的、意义、要求等内容，根据学生的实际情况进行调整，提高实践活动的有效性。另外，周志作为实践期间师生交流的工具十分重要，导师应该认真评审，引导学生对实践过程中的体验、认知和收获进行总结，帮助学生把握实践目标，提高实践质量。

在接下来的社会实践环节，思政理念的传导有时候会因为具体事务的忙碌而无法及时实现，需要校内导师在实习学生周志当中了解相关情况，并加以反馈，让学生能通过周志的反馈结果对工作当中无处不在的思政元素加以复盘与提炼。需要更多地在前期针对实习单位为学生设定目标，让其在忙碌的日常实习之中带着发掘思政元素的眼睛去审视工作。指导教师需要及时在实习周志中将相关实习素材提炼为思政内容，对指导教师的思政敏锐度提出了更高的要求。

经济要发展,教育要先行
——教育局实习的课程思政案例

要把立德树人融入思想道德教育、文化知识教育、社会实践教育各环节,贯穿基础教育、职业教育、高等教育各领域,学科体系、教学体系、教材体系、管理体系要围绕这个目标来设计,教师要围绕这个目标来教,学生要围绕这个目标来学。凡是不利于实现这个目标的做法都要坚决改过来。

——习近平 2018 年 9 月 10 日在全国教育大会上的讲话

案例概述:本实践案例来自大学三年级行政管理、公共事业管理专业第一次统一实践环节,实践单位为下城区教育局。其任务是让参加实习的同学了解教育局的运行体系及所在部门工作事项,通过专业实习,培养运用公共管理价值理念、知识理论和方法技能分析、解决公共管理中的实际问题,进而锻炼自身运用理论解决实际问题的能力,掌握一定的公文写作技能。在教育局实习,能够让学生感受教育部门工作水平的高要求,思考教育工作所反映出的做好小细节、服务大格局的精神,提升学生对文字工作、行政事务的规范性和标准认知,掌握教育局事务开展的传导链条与一般办事风格。

实习思政元素:敬业奉献、精益求精、责任意识、全面发展

一、实习目标

（一）社会实践目标

（1）了解企业或事业单位的概况。

（2）熟悉具体部门和岗位的业务流程、处理方法。

（3）熟练掌握相应岗位的操作技能。

（4）按照用人单位的要求去做，形成职业能力和初步养成职业素养。

（二）课程思政目标

（1）引导学生了解教育管理部门的发展沿革，了解教育体系是如何构建、如何运转的。

（2）引导学生对教育管理案例进行深入研读，了解教育管理的重要性，树立敬业意识与责任意识，并能够在工作中转化为行动。

（3）提升学生看待教育工作的视角，增强青年学生的务实工作能力，从烦琐、重复的事务性工作中找到价值。

（4）锻炼青年学生的沟通、协调能力，只有建立在教育之上的发展才是长远的发展，中国梦的实现需要教育管理作为支撑。

（三）实习中融入的思政元素

元素1：敬业奉献

实习之前，学生对于公务员的工作还是不太了解，通过学生自己的观察，发现教育管理工作的高压力与高强度，加班工作比较常见，需要以敬业之心与无私奉献精神支撑很多紧急事务与重要事务的推动与开展，让学生真正感受到公务人员的敬业态度。

元素2：精益求精

通过对发文撰写细节的反复确认和推敲，让学生了解教育工作的高标准，对于模棱两可的事务必须反复核查与确认，需要通过别人的眼睛来核查自己的工作，让学生对看似平常的事务工作产生敬畏感，让学生摒弃马虎的习惯，对发文的各个环节都要有精益求精的态度。

元素3：责任意识

通过对教育管理工作的实习与体验，熟悉教育管理系统中的分工与合作，了解各个部门在具体的管理事件中的职责与权利边界。如果存在职责与权利上的重合，则会带来工作推进的低效率。让学生知晓权利边界的划分，能够让参与的各部门责任明晰，让教育管理工作的开展更为顺畅。

元素 4：全面发展

培养德、智、体、美、劳全面发展的高素质人才，是实施素质教育的目标和方向，也是时代发展的需要。在教育管理部门实习的过程中，要让学生明白，全面发展，充分发挥个性才能和个性特点，形成健康积极的认知体系和完善成熟个体思维模式，才能塑造德才兼备的新一代有用人才。

二、实习过程与任务

（一）学习阅读各级党政机关发布的文件

阅读包括《中华人民共和国教育法》《中华人民共和国教师法》《浙江信息化促进条例》《浙江未成年人保护条例》《浙江义务教育条例》《下城区教育局关于翁艳燕等同志职务任免的通知》《关于做好政府信息公开工作的通知》《关于深化教育教学改革全面提高义务教育质量的意见》《关于全面加强新时代大中小学劳动教育的意见》《关于深化新时代学校思想政治理论课改革创新的若干意见》《关于新时代推进普通高中育人方式改革的指导意见》《关于加强新时代中小学思想政治理论教师队伍建设的意见》《关于加强和改进新时代基础教育教研工作的意见》《关于加强初中学业水平考试命题工作的意见》《关于加强和改进中小学实验教学的意见》《浙江省中小学生减负工作实施方案》等多份文件，感受教育局公文行文的规范性，让学生产生直观的感受。

（二）参与撰写起草相关公文与材料

在阅读相关的政策与预案文件，熟悉文章架构后，开始学习起草公文。在校外导师的指导下进行一些简单的公文撰写，完成《中共杭州市下城区教育局委员会关于对十八名副科级干部培养对象的考察预告》《中共杭州市下城区教育局委员会关于对十八名副科级干部培养对象的任前公示通告》《杭州市下城区教育局所属事业单位 2020 年 5 月公开招聘拟聘用人员公示》《2020 年杭州市优秀校长、优秀教师、优秀教育工作者、优秀班主任推荐人选公示》《下城区教育局举行教育文化馆开馆仪式暨庆祝建党 99 周年系列活动》等政府公文初稿的撰写，经过校外导师的多次指导，消除学生对撰写政府公文的恐慌心理，完成一些日常性的政府公文起草工作。

（三）完成事务性工作

从复印、打印、扫描、装订文件、编排档案、填报表、公文核稿、在 OA 中发送通知、机要文件交换、文书整理、会议准备等工作开始，慢慢熟悉部门日常事务，从事务性的工作中感受对教育性事业工作的高标准严要求，也让学生寻找事务性工作在总体工作当中的重要意义。

三、实习成果

（一）意义和价值

教育是每个人的生活准备，是走向未来的基础，分享前人积累的知识财富，获得独立生活的前提。从一定意义上来说，教育决定国家和民族的未来，是一个国家和民族最重要的事业。教育更多是由一个人从这个社会中的收益来评价的，而不是由一个人能多大程度地拥有其能力来判断的。教育的目的就是教育人德智体全面发展，德育对智力教育就是有很大影响的，德育就是用有道德的教育去身教学生的道德观。教育是国之大计、党之大计。现代国家之间的竞争非常激烈，比拼的是综合实力，需要全方位的发展，需要大量高素质人才支撑。教育则是发展的根本，如果教育搞不好的话，就会成为无根之木，人才培养跟不上，导致创新乏力，难以支撑长久的发展。由此可见，国家竞争本质上就是教育竞争。我国教育基础薄弱，经过多年追赶，与发达国家相比仍然存在一定差距，需要坚定牢固信念，优先发展教育事业，为建设社会主义现代化强国培育合格人才。在教育管理部门安排学生实习就是呼应国家发展需求，为教育管理工作储备人才，让学生对教育管理工作产生向往的萌芽。

（二）主要成效和特色

学生实现了四个"这样"的转化。

"原来是这样"：对于教育管理部门工作有了初步了解，知道教育局所在岗位的工作是做什么的，有什么重要性。

"真的是这样"：对于教育管理工作的具体情况在感性上形成了认识，能够逐步参与到一些教育管理工作中去。

"原来就这样"：教育管理对于政府机关来说是其中一项重要的枢纽部门，但进入当中实习发现其也是由一件一件具体而琐碎的工作组成的，很多事情同学们也都能够参与，其实并不复杂，浸润在时间中，自然也能够掌握。

"真的得这样"：对于教育管理工作怎么做好有了进一步的认知，教育管理工作最为忙碌，需要用强大的敬业精神去支撑，教育管理工作永远有做得更好的地方，在平时想不通的冗余能力被调动起来，这时候学生原以为的社会冗余能力变成了必需能力，能够让学生切实体会到教育管理部门各岗位职能存在的合理性与必要性。

（三）学生感言与指导教师评价

【学生感言】行政管理 1702 班楼雨晴：2020 年 7 月 6 日至 8 月 28 日，我在杭州市下城区实习两个月。其间我学习了教育系统公文收发的程序，学习了公文填写的内容，精读了几百篇公文。下城区教育局接受的公文并不仅仅局限于教育系统，也有政府部门印发通知的公文、会议通知的公文、开设基干会的公文等。教育局日常所做的工作也并不像之前想象得那样简单，它丰富多彩，有实地考察、电话访谈、会议组织、情况核实等多项不同的工作。杭州市下城区所管辖的不只是公办学校，还有教育机构和教育组织，如教育后勤服务中心、教育教师学院、技术中心等。很难想象如此庞大的机构管辖是怎么演变得像现在这样平稳运行。在实习快结束的时候，我有幸参与了基干会的组织过程，见识到了下城区教育系统的中坚力量。教育是国之根本，看到这些坚韧的力量，仿佛看到了祖国长远的未来。

校内指导教师评价：楼雨晴同学毕业实习态度端正，几乎每天晚上都会将当天的所学所思以文字的形式记录下来。从她的日记、周记和日常的交流中可以看出，她从实习过程中确实学习到了很多，基本达到了在实践中丰富对课堂知识的感性认识的目标。她的实习报告讨论的是基层公务员的职业倦怠问题，选题具有极强的理论和实际意义，切入口小，可操作性强，可以作为毕业论文的选题，并与她毕业后的职业规划高度相关，达到毕业实习的基本要求。

校外指导老师评价（下城区教育局）：楼雨晴同学于 2020 年 7 月 6 日至 8 月 28 日在下城区教育局实习。在我局实习期间，楼雨晴同学态度端正，严格遵守我局各项规章制度，在实习期间未曾出现无故缺勤、迟到早退现象。实习期间该同学一直在办公室工作，主要从事公文收发对接工作。楼雨晴同学在工作期间一贯积极主动，认真学习业务知识，能在很短的时间内掌握工作技巧与要点，并将它们合理运用在工作中。公文收发对接的过程较为烦琐，要求一定的细心程度，楼雨晴同学能在很好地完成各项任务的同时注重理论和实践相结合，能将大学所学的课堂知识有效地运用于实际工作中，善于思考总结，勤发问，虚心好学，具有一定的开拓和创新精神，能吃苦耐劳，耐心学习，不断地努力工作，以提高自身的能力。该同学综合素质较高，工作责任心较强，法纪观念较强，服从安排听指挥，和同事关系较好。在实习工作期间，能够做到爱岗敬业、认真负责，相信在今后的工作中能取得出色的成绩。希望楼雨晴同学继续积极努力，早日成为国家的栋梁之材。

四、案例反思

在区教育局的实习中，让学生收获颇丰。通过两个月的实习，让学生培养了自己的适应潜力、组织潜力、协调潜力和分析潜力以及解决实际问题的工作潜力。国家竞争本质上就是教育竞争，我国教育基础需要坚定牢固信念，优先发展教育事业，为建设社会主义现代化强国培育合格人才。在教育管理部门安排学生实习就是呼应国家发展需求，为教育管理工作储备人才，让学生对教育管理工作产生向往的萌芽。并在以后的学习期间及时补充相关知识，为求职与正式工作做好充分的知识、潜力准备。

把加强道德修养，严守职业操守放在自我提升的首位，努力形成"价值引领、能力培养、知识传授"相融合的教育教学内容，培养学生的爱国情怀，帮助学生树立正确的职业道德和职业精神。优化教学实施过程，推动社会主义核心价值观和中华优秀传统文化进课堂，使专业课程与思政课程形成协同效应。教学过程中，教学团队特别注意结合成人学生特点，发挥学生的主体地位，在教学中有机融入思政教育元素，实现立德树人"润物细无声"。思政理念的传导有时候会因为具体事务的忙碌而无法及时实现，需要校内导师在实习学生周志当中了解相关情况，并加以反馈，让学生能通过周志的反馈结果对工作当中无处不在的思政元素加以复盘与提炼。

在教育管理工作当中，校内导师与校外导师的衔接问题是需要重视的，校内、校外导师在学生进入实习阶段之前就需要进行充分沟通。校内导师需要了解教育管理工作的基本情况与节奏，而校外导师需要了解校内导师对于学生实习期的基本目标。因此，校内导师需要在实习之前与学生共同制定宏观层面的实习方案，具体操作层面的培养由校外导师负责，让学生在实习工作过程中就能够接触到最优秀的思政元素与最深入的政治思想剖析。

在实习过程中，我们从无到有、从学习到实施、从个人实践到集体总结的过程中，不断调整工作方向、任务分工、要点侧重，围绕教育部门工作的同步提升和课程思政的线上线下同时落地，期望本次实习的思政教学通过案例讨论法，引导学生志存高远，脚踏实地，坚持"四个自信"，遵守职业行为规范，成为德智体美劳全面发展的社会主义建设者和接班人。在接下来的社会实践环节，需要更多地在前期针对实习单位为学生设定目标，让他们在忙碌的日常实习之中带着发掘思政元素的眼睛去审视工作。指导教师需要能够及时在实习周志中将相关实习素材提炼为思政内容，对指导教师的思政敏锐度提出了更高的要求。

立警为公，执法为民
——公安局实习的课程思政案例

把"枫桥经验"坚持好、发展好，把党的群众路线坚持好、贯彻好，充分发动群众、组织群众、依靠群众，推进基层社会治理创新，要处理好维稳和维权的关系，既要解决合理合法诉求维护群众利益，也要引导群众依法表达诉求、维护社会秩序，努力建设更高水平的平安中国。

——习近平 2019 年 5 月 7 日至 8 日在北京召开公安工作会议时的讲话

案例概述：本实践案例来自大学三年级公共管理专业第一次统一实践环节，实践单位为下城区公安分局派出所基层部门。其任务是让参加实习的同学通过专业实习，运用公共管理价值理念、知识理论和方法技能分析、解决公共管理中的实际问题，在实践中深化对理论知识的认识，进而锻炼运用理论解决实际问题的能力，系统培养自身的沟通能力、组织能力、协调能力、文字表达能力、分析及解决问题等能力，为今后的求职和就业做好综合素质及能力上的准备，并为毕业设计积累研究素材。

实习思政元素：执法公正、纪律严明、爱岗敬业、服务人民

一、实习目标

（一）社会实践目标

（1）了解实习单位的机构设置、职能及运行情况。
（2）熟悉实习所在部门的工作职责和工作内容。
（3）了解实习部门在组织机构中的地位和作用。
（4）了解收发文的普遍规范。

（二）课程思政目标

（1）引导学生了解公安管理部门的发展沿革，了解公安体系是如何构建、如何运转的。
（2）引导学生对公安管理案例进行深入研读，了解应急管理的重要性，树立忧患意识与责任意识，并能够在工作中转化为行动。
（3）拔高学生看待公安工作的视角，从社会治理的角度让学生了解自己之所以能处于安全稳定当中，是因为有着默默为我们负重前行的公安民警。
（4）让学生明白，只有建立在安全之上的发展才是长远的发展，中国梦的实现需要应急管理作为支撑。

（三）实习中融入的思政元素

元素1：执法公正

学生在公安局派出所实习时，通过轮岗制度体验各个职能所在，针对性解决执法突出问题，从家长里短到邻里纠纷，全方位维护社区治安稳定、多元化化解矛盾、零距离服务群众。

元素2：纪律严明

通过在公安部门的实习，熟悉公安工作的同时，能够有效地管理自身，明白纪律对个人及单位的重要性。国有国法，家有家规，没有规矩不能成方圆，使学生在未来步入社会后的工作中时刻谨记纪律的重要性，不触碰"高压线"。

元素3：爱岗敬业

实习之前，学生对于公安工作还是不太了解，通过学生自己的观察，发现公安工作的高压力与高强度，需要以敬业之心支撑很多紧急事务与重要事务的推动与开展，让学生真正感受到公安人员的敬业态度。

元素 4：服务人民

毛泽东指出：我们是以占全人口百分之九十以上的最广大群众的目前利益和将来利益的统一为出发点的。他认为，为什么人的问题是一个根本问题、原则问题。一个政治集团也好，一个人也好，在为什么人的问题上有三种选择：第一种是个人和小团体的利益；第二种是人民的敌对分子的利益；第三种是最广大人民的利益。因此，深入群众，和群众打成一片，这既是为人民服务的重要内容，也是更好地为人民服务的前提条件。关心群众生活，解决事关群众切身利益的实际问题。全心全意为人民服务就要关心群众生活，为群众谋利益。

二、实习过程与任务

（一）学习阅读应急管理相关政策与预案文件

阅读包括《下城区公安分局 2020 执法突出问题专项整治活动方案》《杭州市公安机关执法管理中心岗位工作标准》《公安内参 2020 年第 10—25 期》《关于加快推动全区中小学幼儿园安全防范建设的通知》《下城区公安分局基础管控中心建设实施方案》《打造新时代"枫桥经验"城市样板的长庆实践》《关于解决当前户口管理工作中有关问题的通知》《市社会治安综合治理委员会关于进一步加强矛盾纠纷排查调处工作的实施意见》《关于进一步加强矛盾纠纷排查调处工作的实施意见》《关于进一步加强矛盾纠纷排查调处工作的实施意见》《习近平新时代中国特色社会主义学习纲要》《全省队伍正规化建设督导检查扣分标准》等多份文件，感受公文行文的规范性，让学生产生直观的感受。

（二）参与撰写起草相关公文与材料

在阅读相关的政策与预案文件，熟悉文章架构后，开始学习起草公文。在校外导师的指导下进行一些简单的公文撰写，完成《长庆所用"三改三变"贯彻开展"三服务"工作》《长庆所进行涉黑恶应知应会知识考试》《【禁毒打击】长庆所行政拘留一名吸毒人员》《河北保定公安机关到长庆所参观学习》《长庆所开展"周一固定学习日"活动》等公文的撰写，让学生通过撰写材料，加深对实习期间感性认识的思考，克服学生对较多文字材料撰写时的恐慌心理。

（三）学习会议组织和会场布置工作

把学生安排进会议组织与会场布置工作当中，一是在会议之前，接待参会人员，完成检查会议资料工作，需要将相关资料逐字逐句检查，重点检查错别字与格式问题，修改好之后将资料发送至文印室，打印成册。会场布置，将台签按照参会部门名单有序排列在座位左侧，然后将矿泉水以及会议资料整齐地摆在桌面中间，确定参会部门名单，打印会议签到表。二是在会议之中，学生参与会议签到工作并收集到会名单，负责会议摄影工作，同时需要应对一些突发事件。三是在会议之后，对会议上记录员记录的会议纪要，进行格式的修改，在校外导师的指导下完成新闻动态的撰写和发布。让学生通过多次同类型的会议，了解会议的流程，锻炼学生的综合能力。

（四）完成事务性工作

从复印、打印、扫描、装订文件、编排档案、填报表、公文核稿、机要文件交换、文书整理、保密性单位的设备使用、记录办公室座机信息等工作开始，慢慢熟悉部门日常事务，感受事务性工作的高标准严要求，也让学生寻找事务性工作在总体工作当中的重要意义。

三、实习成果

（一）意义和价值

党的十八届三中全会提出，改进社会治理方式，要"坚持源头治理，标本兼治、重在治本，以网格化管理、社会化服务为方向，健全基层综合服务管理平台，及时反映和协调人民群众各方面、各层次利益诉求"。在警务应用方面，公安机关将社区网格化管理与警务工作相结合，作为社会治安治理的重点渠道，为社区治理提供新型管理理念和创新行为方式。但当前社区网格化管理在警务管理工作中仍存在一些问题，这些问题阻碍着社区警务网格化管理的发展进程。结合基层派出所警务管理工作，从实践角度对派出所社区警务网格化管理现状以及管理过程中面临的瓶颈问题进行分析，进而提出顺应未来发展态势的具体优化管理举措和对策建议，将对完善社区警务网格化管理，提高社区治安水平有很大作用。在公安管理部门安排学生实习就是呼应国家发展需求，为公安管理工作储备人才，让学生对公安管理工作产生向往的萌芽。

（二）主要成效和特色

学生实现了四个"这样"的转化。

"原来是这样"：对于公安基层工作有了初步了解，知道公安工作各部门的职能，以及基本概念和重要性。

"真的是这样"：通过实习，"小脑"＋"手脚"勤务机制改革、综合指挥室建设等枫桥式公安派出所创建工作，依托大数据、"互联网＋"提升办案水平和办案速度，将矛盾化解在基层，让学生理解基层派出所在改革创新中的强大作用。对部门产生初步印象，对公安工作的具体情况在感性上形成了认识，并能够在一些工作中有参与感。

"原来就这样"：随着对公安工作的熟知，对一些工作也开始上手，慢慢发现公安工作当中的大部分内容，学生经过训练也能够上手，从刚开始由于生疏而产生的不适应感渐渐散去。

"真的得这样"：当身边有治安问题事件发生时，公安工作系统状态切换，在平时想不通的冗余能力被调动起来，这时候学生原以为的社会冗余能力变成了必需能力，能够让学生切实体会到公安部门各岗位职能存在的合理性与必要性。

（三）学生感言与指导教师评价

【学生感言】公共管理1602班王芳芳：在派出所实习的整个过程中，关于队伍管理问题强调得最多的是所内的勤务状况、以及窗口接待礼仪、民警穿着规范、接处警规范性等。

这次实习让我进一步认识公安，认识社会，也认识到在公安社会中的自己。同时也了解到自己的不足。明白了学习的重要性，比如学校的文稿撰写知识，是非常有用的。我发现，在派出所里，论经验我们比不上那些资深的干警，但我们年轻人的优势在于英语电脑。当然，在实习过程中最主要的是需要较强的写作功底，文字方面的文书潜力。在实际工作中，需要学习的是一种思维，以马克思主义哲学理论为基础的人生观、价值观，很强的心理素质和应变潜力。

校内指导教师评价：王芳芳同学在实习期间积极与老师沟通协商，认真完成了实习任务，自觉运用专业理论知识去分析与解释现实问题，能够在现实中提炼出有价值的问题。总体而言，圆满达成实习目标。

校外指导老师郑以滨（下城区公安分局长庆派出所）：实习生王芳芳在长庆派出所实习期间，严格遵守派出所保密纪律、工作纪律及内务管理制度，认真完成指导老师交办的动态发布、会务接待及材料上报等工作，且态度认真，上手较快，在较短时间内就胜任了工作，较好地协助指导老师开展内勤岗位工作。经报告评价，王芳芳的实习表现评定为优。

四、案例反思

在公安部门实习的过程中，首先要强调学生贯彻社会主义核心价值观，把培养为人民服务的本领作为根本追求。通过对公安各部门的初步了解，以及公安学的前沿理论和学科范式，让学生树立马克思主义安全观，掌握完整的公安学知识体系，提升独立思考和理性分析安全问题的能力；通过案例分析引导学生密切关注公安实践，正确认识中国警务发展道路的特殊性，强化中国公共安全问题意识。让学生找出自身状况与社会实际需要的差距，并在以后的学习期间及时补充相关知识，为求职与正式工作做好充分的知识、潜力准备，从而缩短从校园走向社会的心理转型期。

在本次公安部门的实习中，学生要从多方面去了解公安部门的工作，一是重点解释公共安全现象"是什么""为什么""怎么样"的问题，详细介绍中国现代警务体系的内容、特征和历史发展，提高学生的知识水平。二是重点分析现代警务体系演化的内在机理，把握警务发展的规律和原则，引导学生认识中国特色警务道路的形成对于人类命运共同体的贡献，培养学生的安全分析能力。三是重点挖掘影响现代警务发展变化的核心因素，如经济结构、社会制度、历史影响、文化传统等，在整体和比较的视角下，提高学生的安全思维和安全素养。四是重点结合中国的历史发展和具体国情，引导学生全面准确理解中国传统安全治理理论、西方警务理论，正确认识马克思主义理论、习近平新时代中国特色社会主义思想对我国公安理论与公安实践的指导作用。

由于带着思政任务参与实习，学生要从"政治建校"的首要原则出发，弘扬"警"字特色与工匠精神双元文化，围绕绘制思政地图、凝练思政核心、映射思政内容的课程思政建设目标，将场所安全管理课程思政元素，细化为若干个课程思政映射点，分解在实习内容中，积极探索"枫桥经验"，坚持将价值观贯穿于知识传授、能力培养过程中。让学生在实习工作过程中就能够接触到最优秀的思政元素与最深入的政治思想剖析，实现"润物细无声"的效果，因此在交流过程中能够充分感受学生身上的变化。

在公安管理部门的实习工作当中，校内导师需要与学生提前沟通实习目标，需要在实习过程中搜寻工作的基本情况与节奏进行深入的研究。由于学生是第一次走出校园走向社会，所以面对很多新的信息以及工作职能，需要在实习过程中更关注一些重要但普遍性的机关事务工作，而对公安管理工作本身的思考与挖掘不够。在接下来的社会实践环节，需要带领同学们进行回顾活动时才能进行总结与提炼，对于老师的责任心是一个考验。在接下来的社会实践环节，需要更多地在前期为学生设定目标。让他们在忙碌的日常实习中带着发掘思政元素的眼睛去审视工作。

务实重行，服务为民
——民政局实习的课程思政案例

民政工作关系民生、连着民心，是社会建设的兜底性、基础性工作。各级党委和政府要坚持以人民为中心，加强对民政工作的领导，增强基层民政服务能力，推动民政事业持续健康发展。各级民政部门要加强党的建设，坚持改革创新，聚焦脱贫攻坚，聚焦特殊群体，聚焦群众关切，更好履行基本民生保障、基层社会治理、基本社会服务等职责，为全面建成小康社会、全面建设社会主义现代化国家作出新的贡献。

——习近平2019年4月2日在第十四次全国民政会议上的重要指示

案例概述：本实践案例来自大学三年级行政管理专业第一次统一实践环节，实践单位为西湖区民政局。其任务是让参加实习的同学了解民政局机构设置职能与运行情况，学习具体办公技能，运用公共管理价值理念、知识理论和方法技能分析、解决实际问题。让学生通过在民政局的日常工作，了解民政机构从业人员现状，感受民政工作中"服务为民、履责于心"的工作作风，并结合实际工作就如何提升民政事业服务水平与质量、推动新时代民政事业高质量发展、更高效地解决群众"急难愁盼"问题展开思考。

实习思政元素：务实重行、服务意识、聚焦特殊群体、民政事业标准化

一、实习目标

（一）社会实践目标

（1）了解民政局的机构设置、职能及运行情况。
（2）了解民政工作的现状。
（3）精读党政文件，学习公文书写技巧。
（4）参与组织社区活动。

（二）课程思政目标

（1）引导青年学生了解西湖区民政局的机构设置、职能及运行情况，熟悉民政局各科室的工作职责、工作内容。

（2）民政工作关系民心、牵动民心，事关社会稳定、经济发展，学生们在其中能够树立起服务社会的精神。同时能够培养大学生的服务意识，使他们树立正确的人生观、世界观以及价值观，为实现社会主义核心价值体系做贡献。

（3）培养大学生的责任感，增强同理心，同时也能进一步了解特殊群体，与特殊群体贴近沟通交流，为社会贡献爱心力量。

（4）培养学生的沟通能力、组织能力、协调能力、文字表达能力、分析及解决问题等能力，为学生的求职和就业做好综合素质及能力上的准备。

（三）实习中融入的思政元素

元素1：务实重行

通过办公室现有文件资料了解民政局的组织结构，并通过为各科室分发资料，了解各科室的组成人员。通过对同事们日常工作的观察、倾听，感受到民政局工作人员在处理琐碎事务时体现的耐心细致，在帮助群众排忧解难时体现的责任和担当。进一步强化学生的责任意识，能在今后的学习和工作中树立起实干、务实精神，做到遇事不推诿、不退避，敢于担当新时代的使命。

元素2：服务意识

在协助社区工作者进行工作时，深刻体会到民政工作的重要性。民政工作关系民生、联系民心，是社会建设的兜底性、基础性工作，党和政府对困难群众的关怀很多都是依靠民政部门来体现，和谐社会建设的基础工作也是落在民政部门。因此要把人民群众的根本利益作为思考问题和开展工作的根本出发点和落脚点，带着情感服务人民群众。

元素3：聚焦特殊群体

党的十八大以来，习近平总书记多次就民政工作作出重要指示批示。2019年习近平总书记在对民政工作作出的重要指示中指出：各级民政部门要加强党的建设，坚持改革创新，聚焦脱贫攻坚，聚焦特殊群体，聚焦群众关切，更好履行基本民生保障、基层社会治理、基本社会服务等职责，为全面建成小康社会、全面建设社会主义现代化国家作出新的贡献。在这次实践过程中，学生围绕社会救助、儿童福利、养老服务等领域，以民政救助对象、留守儿童、特殊困难老年人、残疾人、退伍老兵等人群为重点，开展了一系列扎实有效的服务和工作。让学生进一步把握民政工作的职责使命，深刻理解民政工作的着力重点和方向。

元素4：民政事业标准化

标准是经济活动和社会发展的技术支撑，是国家基础性制度的重要方面。标准化在推进国家治理体系和治理能力现代化中发挥着基础性、引领性作用。党的十八大以来，民政标准化工作快速发展，标准体系日趋完善，质量水平明显提升，应用范围持续扩大，发展基础不断夯实，在推动民政部门更好履行基本民生保障、基层社会治理、基本社会服务等职责中发挥了重要支撑保障作用。

二、实习过程与任务

（一）学习和阅读各部门文件，了解机构设置和职能运行状况

阅读包括《城乡社区工作者服务规范》《杭州市西湖区人民政府办公室关于印发西湖区进一步推进敬老爱老工作若干意见的通知》《退役士兵安置条例》《杭州市民政局关于进一步加强全市福利机构安全管理与规范化建设的实施意见》《浙江省民政局关于开展示范型居家养老服务中心建设的通知》《智慧社区建设规范》《社区公共服务设施设置规范》《全区领导干部会议方案》《基层反映信息公开制度异化现象亟待管理》《村干部队伍建设存在三方面难题成乡村振兴"绊脚石"》《银行理财产品风险问题突出值得警惕》《网络医疗存在四个问题急需解决》等多份文件，了解部门工作规范。同时，通过对文件的研读，能够直观感受到党政机关文件用语的严谨、干练。

（二）参与撰写相关公文与材料

通过阅读大量的通知、会议方案、约稿等不同种类的公文后，结合公文处理与写作课程，开始尝试独立起草公文。学生独立撰写了《关于北山街道松木场社区开展垃圾分类工作的通知》《警惕主题公园成海外文化进入中国新突破口》《西湖区民

政局"七五"普法中期工作汇报》《区民政局举行"情定军营 相爱西湖"军地"鹊桥会"》《下城区民政局关于创建健康促进机关的总结报告》《关于调整上报西湖区城乡一体化养老服务体系建设工作领导小组组成人员的通知》《西湖区智慧健康养老示范基地申报表》《留下街道积极打造"幸福养老圈"》《古荡街道金秋家园老年食堂汇报材料》等。后经指导老师修改，多篇文章得以采纳发表。在实践期间，通过精读和撰写公文，学生们的行文逻辑、语句表达等能力和水平有很大提升。

（三）完成部门日常工作

协助各科室的会议室使用安排以及会前的场地布置、台签打印等安排；协助局里各种物资的采买、分发等过程；协助草拟局里关于行政事务管理的规范性文件，以及一些资料的汇总和前期收集；协助其他科室一些较为简单的突发公务的处理；接听群众的咨询电话，并提供对应窗口的服务热线。除了完成事务性工作外，在实践过程中，学生还可以体验社区活动筹备的完整过程。比如参与组织青少年活动、组织街道进行反邪教讲座、协助举办暑假敬老院送爱心活动等等。处理这些事务能让学生感受到办公室工作不仅仅是简单而又烦琐，很多情况下是需要应对突发情况并及时妥善处理的，随机应变与解决问题的能力很重要，组织协调能力也很重要。

三、实习成果

（一）意义和价值

西湖区民政局内设5个机构，分别是办公室、社会福利与慈善事业促进科、社会事务科、基层政权和社区治理科、养老服务科。所承办的事务包括人事、财务、档案、信息、宣传、保密、法制、后勤等工作；社会福利、救灾救济、流浪乞讨人员救助管理、慈善捐助等工作；双拥优抚安置、殡葬、社会组织等工作；城乡基层政权建设和基层群众自治组织建设，推进城乡社区建设等工作；老龄办日常事务性工作。民政局的工作每天面对不同的群众，是政府服务为民的窗口，政策性很强，对从业人员的政策水平和个人素质有很高要求。学生能够通过此次实践，不断学习最新的政策，提升自己的认知能力和认知范围。同时也能注意时刻严格要求自己，培养高度的事业心、责任感。

（二）主要成效和特色

学生实现了四个"这样"的转化。

"原来是这样"：对于民政工作有了初步了解，知道民政工作是做什么的，有什么重要性。

"真的是这样"：通过实习，对民政部门产生初步印象，能够逐步参与到一些民政工作中去，对自己的工作产生新的认知。

"原来就这样"：随着对所在部门的工作职责、工作内容的熟悉，对实习部门在组织机构中的地位和作用的了解，同学们开始独立完成实习单位领导和指导老师交办的工作。

"真的得这样"：民政部门的工作管理范围大、内容复杂、情况多变，部门人员的工作并不轻松。因此对待工作要认真仔细，遇到不懂的问题要及时请教比自己有经验的同事，要多听多看多想。积极了解民意，以饱满的热情，更好地为民众提供方便、快捷、优质的服务。

（三）学生感言与指导教师评价

【学生感言】行政管理 1501 班程煜婷：有一天早上，我到办公室的时候，科长让我准备会议材料，然后去布置会场，我在会场里看到有一些前来与会的人已经到了，大都是一些已经上了年纪的退役老兵。后来开会的时候，局里的大部分领导都去了，开完会之后，我从科长和其他人的讨论中大概了解到，不是我们西湖区管辖下的地方有一名退役军人去世了，去世的原因是硅肺，但是他生前并没有因为硅肺而评过残，所以也没有办法享受相应的待遇。和他相熟的一些退役老兵为他感到不平，就联名上书想为他讨一个说法，其中牵头的那位老兵是西湖区的，所以这件事就被分配到西湖区处理。上级领导对这件事非常重视，所以局里领导在处理这件事时态度也非常谨慎，最后这件事的处理结果我没有听到局里人的讨论，所以也不太清楚。

在这个事件中，一位老兵因为硅肺去世，从各方面说法可以得知，他的硅肺应该是在当兵期间患上的，但是由于他并没有评残，所以他死后无法获得相应的优待补偿，他相熟的战友为他感到不平，于是联名上书为他争取相应的待遇。这件事情从情感上来讲是可以理解的，一位士兵为国家奉献了青春和健康，却没有得到他应得的待遇，他的家人也无法获得相应的补偿，确实令人唏嘘。但是从理智上来讲，这样做其实是不合适的，因为这位老兵无法获得相应政策补偿的根本原因是他自己并没有进行申请，按照政策规定本人自己不申请不进行评残，政府也就无法进行相应的补偿。其他老兵为他联名上书，从情感上来说是为了他和他的家人，但他们这样的行为扰乱了正常的行政秩序，在客观上是不符合法理的。即使这一次政府为了安抚老兵的情绪破例给予了补偿，但这个口子一旦打开，今后就会有这样那样的理由要求破例给予补偿，从长远来看不利于依法行政。而这位老兵为什么没有及时进行评残，我认为可能的原因是在相应政策的普及上做得可能还不够，虽然这些政策在相关网站上都能够查到，但是上了年纪的退役老兵可能不太熟悉这种方式。他们所在的社区也可以多印发一些文件，或者定期派人进行相关政策的普及宣传，来避免老兵由于不熟悉政策而带来不必要的损失。

校内指导教师评价：该同学实习期间严格遵守纪律，保质保量完成任务，获得了实习单位的一致好评。

校外指导老师评价（西湖区民政局）：该同学在我单位实习期间，遵守单位规章制度，学习认真，勤于思考，勤于实践，能灵活运用专业知识解决实际问题，给本单位留下良好的印象。在工作中能够提出自己的意见建议，展现了较强的逻辑思维和书写能力，独立完成了多篇通讯稿的书写工作，受到部门同事的认可。

四、案例反思

通过在民政局的两个月的实习生活，让学生更清晰地了解到民政部门是政府服务为民的窗口，政策性很强，对从业人员的政策水平和个人素质有很高要求。学生能够通过此次实践，不断学习最新的政策，提升自己的认知能力和认知范围。同时也能注意时刻严格要求自己，培养高度的事业心、责任感和精神状态。总之，与区民政局的实习合作让学生收获颇丰，每位学生身上都有很好的潜力等待去激发。

在本次民政局实习的过程中，首先打破学生对民政局的刻板印象的是该单位所分管的工作原来并不仅仅是婚姻登记和盖章，这两项工作原来只是他们诸多工作中的一小部分。除此之外，民政局还负责办理各项社会事务，主管城乡低保、五保，救助城市流浪、乞讨人口，并且优抚安置、双拥、社会养老敬老也属于民政局的工作范畴。这样的工作几乎涵盖了社会保障主体的所有部分，让学生觉得就目前而言中国的社会保障工作的主要承担者还是政府，社会这方面所做的工作仅是一小部分，在日后的发展中可以由政府与社会共同努力，以促进中国社会保障事业的发展。另外，周志作为实践期间师生交流的工具十分重要，导师应该认真评审，引导学生对实践过程中的体验、认知和收获进行总结，帮助学生把握实践目标，提高实践质量。

由于带着思政任务参与实习，此次实习使学生能运用公共管理价值理念、知识理论和方法技能分析、解决公共管理中的实际问题。在实践中深化对理论知识的认识，进而锻炼运用理论解决实际问题的能力，系统培养学生的沟通能力、组织能力、协调能力、文字表达能力、分析及解决问题等能力。公共管理学院深挖思政元素，推进"课程知识"与"思政教育"融合渗透，进一步落实"价值塑造、知识传授、能力培养"的"课程思政"教学目标。

在民政部门的实习工作中,校内导师要做好前期准备工作,对实习单位做深入的了解,结合实际情况制定实习计划和大纲,并传递给学生。在实习过程中,要时刻与学生保持沟通和交流,关心他们的生活和工作,监督实习进程。在接下来的社会实践环节中,指导教师要抓好实践报告的选题、写作环节,严格把关。在日常教学中组织足够的师资力量,对学生写作调查报告进行指导。同时带动学生发掘思政元素,加强学生参与感,以充分调动学生的积极性。

合理规划预算，用活财政资金
——财政局实习的课程思政案例

> 财政是国家治理的基础和重要支柱，科学的财税体制是优化资源配置、维护市场统一、促进社会公平、实现国家长治久安的制度保障。
> ——习近平2013年11月15日就《中共中央关于全面深化改革若干重大问题的决定》的说明

案例概述：本实践案例来自大学三年级行政管理专业、公共事业专业第一次统一实践环节，实践单位为下城区财政局。其任务是让参加实习的同学了解财政局的主要工作，对于政府财政体系有初步的了解，并能够参与到区政府采购办公室（区政府控股办公室）、资产管理科、企业科、会计科等办公室、科室的事务当中，体会财政局职责的必要性和重要性。在财政局实习能够让学生对财政局贯彻国家财政计划，提出财政发展战略，负责各项财政收支工作产生感性认识，掌握财政部门从政策制定到落地的一般逻辑。

实习思政元素：计划意识、共同富裕、以人为本、勤于反思

一、实习目标

（一）社会实践目标

（1）了解财政局在政府机构中的定位及其主要工作。
（2）了解实习单位的机构设置、职能及运行情况。
（3）根据财政局的具体情况，重点见习1～2项行政管理事务。
（4）独立撰写不少于1篇公文，力争被采用。

（二）课程思政目标

（1）引导青年学生了解财政部门的发展沿革，了解财政体系是如何构建、如何运转的。
（2）作为政府部门当中工作压力较大的单位，在其中体会工作效率，耳濡目染地感受财政局工作人员加班加点工作的敬业精神，对于青年人来说是一笔财富。
（3）增强青年学生的务实工作能力，从烦琐、重复的事务性工作中找到价值。
（4）锻炼青年学生的沟通、协调能力，并让学生通过具体事件切实感受"这么大的国家需要协调14亿人的协作是非常不容易的事情"。

（三）实习中融入的思政元素

元素1：计划意识

财政局的重要职责之一就是编制各部门预算，通过财政局的实习，使学生意识到计划工作的重要性，增强学生的计划意识，在今后的工作中能够有条不紊地完成提前制订的工作计划。

元素2：共同富裕

共同富裕是社会主义的本质规定和奋斗目标，也是我国社会主义的根本原则。学生能够在深入学习各项文件、公文等材料中体会到共同富裕的重要性和必要性，体会到国家完成共同富裕目标的决心和魄力。

元素3：以人为本

政府的宗旨是全心全意为人民服务，其工作中能深刻体现出以人为本的意识。学生通过财政局服务窗口的办事效率和工作态度，能够体会到工作人员以群众便捷为宗旨，以高效服务为标准，努力让服务成为一种习惯性工作追求。

元素4：勤于反思

让学生通过实习培养及时对自己的学习状态进行审视的习惯，通过总结经验，能够根据不同情境和自身实际，选择或调整学习策略和方法等。

二、实习过程与任务

（一）学习阅读相关政策与预案文件

阅读包括《中华人民共和国预算法》《中华人民共和国政府采购法》《企业财务会计报告条例》《企业国有资产交易监督管理办法》《财政部门实施会计监督办法》《国务院关于国有企业发展混合所有制经济的意见》《国务院关于改革和完善国有资产管理体制的若干意见》《杭州市下城区第十五届人民代表大会第三次会议关于下城区2018年国民经济和社会发展计划执行情况与2019年国民经济和社会发展计划的决议》《杭州市下城区财政局内部控制基本制度（试行）》《下城区财政局内部控制专项风险管理办法（试行）》《下城区政府投资项目管理办法》《下城区政府投资项目投资控制管理办法（试行）》《杭州市下城区人民政府办公室关于转发〈下城区2020年政府投资计划〉的通知》和《下城区关于促进"5＋1"产业发展的实施意见》等多份文件与预案，感受财务部门公文行文的规范性，让学生产生直观的感受。

（二）参与撰写起草相关公文与材料

在阅读相关的政策与预案文件后，开始学习起草公文。在校外导师的指导下进行一些简单的公文撰写，完成《下城区人民政府财政审批会议纪要》《关于召开资产管理系统培训及资产查清工作布置会的通知》《中美贸易战网评》《今日头条发起"如果古建筑会说话"活动"国风计划"传承中华文化》等政府公文与案例初稿的撰写，完成《网上造谣者将被列入失信主体黑名单引舆论热议》《舆论热议穿军装真帅》《只张嘴不出声干部被停职引舆论热议》《舆论关注影片〈哪吒〉爆红网络》《孙杨回应霍顿无礼行为引舆论热议》《舆论关注31省份上半年收入榜》《浙江财经大学回应学生学费突增引舆论热议》等舆情报告，还根据实习期间的思考完成《网络舆情对地方政府的影响及对策分析》《发挥机关党建作用全力助推"最多跑一次"改革》《融媒体环境下"交互式"普法的发展策略》等论文的撰写，让学生通过撰写材料，加深对实习期间感性认识的思考。克服学生对较多文字材料撰写时的恐慌心理。

（三）熟悉日常公文收发与处理

在财政局的公文收发政务平台中操作公文收发工作，由于政府公文具有时效性，需要及时将紧急文件、会议通知等传送给相关与会人员。此外，根据不同类型通知的公文采取不同的收文方法，会议通知需先回复发文单位"收到"，再将其转入内部"会议通知"公文进行流转，同时需要在会议登记表中填入收文日期、会议时间、会议地点、会议内容及与会人员，最后进行"办结"；除请示件、会议通知、征求意见类通知，其他大多为阅办文件，收发方法即是先回复发文单位"收到"，再将其转为内部"阅办通知"公文进行流转，最后在财政局公文里进行"办结"。请示件则会相对复杂，需要针对发文单位的要求进行具体回复。让学生通过公文的收发，了解政府公文的处理流程，锻炼学生的综合能力。

（四）完成事务性工作

从复印、打印、扫描、装订文件、编排档案、填报表、公文核稿、在 OA 中发送通知、机要文件交换、文书整理、记录办公室座机信息等工作开始，慢慢熟悉部门日常事务，感受财政部门对于事务性工作的高标准严要求，也让学生寻找事务工作在总体工作当中的重要意义。

三、实习成果

（一）意义和价值

财政部门是政府部门中的核心单位。区财政局的主要职责在于贯彻执行国家的财政、税收、财务、会计、行政事业单位国有资产管理等法律、法规和方针、政策及其他有关政策；根据全区国民经济和社会发展战略，编制中长期财政计划，参与制定全区有关宏观经济政策措施；负责各项财政收支管理，编制年度区级财政预算草案，审编财政决算，负责区本级部门预算调整和日常预算管理；负责全区国有资产的管理和监督、调配和处置；负责全区政府采购监督管理。安排在财政局实习的学生能够从综合素养、文字工作、待人接物等多个方面获得锻炼，不但形成了统揽全局的大局观，也培养了学生精益求精的细致态度，帮助学生快速成长。

（二）主要成效和特色

学生实现了四个"这样"的转化。

"原来是这样"：对于财政工作有了初步了解，知道财政工作的基本概念和重要性。

"真的是这样"：通过实习，对财政部门拥有初步印象，形成感性认知，并能够在一些工作中有参与感。

"原来就这样"：通过这段时间的实习，对财政局的大致工作内容从了解到熟悉，发挥自身长处，在实习中获得满足感。

"真的得这样":在繁杂的日常工作中,对于怎么做好财政工作有了进一步的认知,发现只有通过细致缜密的工作才能运转好国家机器,合理分配各部门的预算。

(三)学生感言与指导教师评价

【学生感言】行政管理1601班王嘉雯:在实习过程中收获了很多,徐主任对我的一些问题都是非常耐心地解答,在遇到公文处理流程不清楚的时候都会询问他们,他们也都会跟我细细讲解。在每次收到公文不知道转发给哪个科室的时候都会询问徐主任,她也会耐心地跟我说。有时候看我处理事情特别着急,也会让我慢慢来不要急,隔壁办公室的老师们也都非常和蔼。经过这段时间的实习,也大概了解了公务员的工作,自己也独立处理了很多阅办公文、请示件收发、发文处理和会议整理,对于具体的流程也详细地了解了很多,在处理公文的同时也看过各种文件,也接到过其他部门的来电,收获还是非常大的。

校内指导教师评价:该同学在实习期间,服从单位的相关工作安排,在纪律上,遵守实习单位的规章制度;在态度上,工作勤恳踏实、周到细致,能按时完成各项工作任务;在能力上,不断进行学习和自我总结,努力从工作中发现知识,总结经验,推动自己的成长,对待问题能够保持心态,做到多观察多思考,拥有独立思考、综合分析的能力;在环境适应上,能够表现出较好的适应力,积极与同事进行沟通求教,快速融入工作环境。希望该生在今后的学习、工作中能够再接再厉。

校外指导老师评价(下城区财政局):王嘉雯同学在实习期间完成办公室公文收发处理、资料整理归纳等具体工作。态度认真,勤奋好学,踏实肯干,在工作期间能够积极主动,认真学习业务知识,并且能在短时间内掌握工作的流程,在工作中遇到不懂的地方能够虚心请教,保质保量完成工作任务。同时,严格遵守单位的各项规章制度,未曾出现过无故缺勤、迟到早退现象。整体表现良好,综合评定优秀。

四、案例反思

通过此次的实习,让学生对政府部门的工作认识有了明显的变化,每位学生身上都有很好的潜力,安排在财政局实习的学生能够从综合素养、文字工作、待人接物等多个方面获得锻炼,不但形成了统揽全局的大局观,也培养了学生精益求精的细致态度,帮助学生快速成长。同时,通过实习能够让学生预演和准备就业工作,让学生找出自身状况与社会实际需要的差距,并在以后的学习期间及时补充相关知识,为求职与正式工作做好充分的知识、潜力准备,从而缩短从校园走向社会的心理转型期。

在本次财政局的实习中，使学生更多地掌握了一些专业方面的知识及工作经验等，在实习中也能够把学到的理论知识用在实践中，这对学生有十分大的帮助。同时能够有独立动手的机会，记忆也会更加深刻。通过实习，学生对财政工作有了一个初步的认识，去感受这一工作，理论与实际相结合。为自己将来的专业课学习打下良好的基础，同时也能够积累经验，利于以后找工作。另外，周志作为实践期间师生交流的工具十分重要，导师应该认真评审，引导学生对实践过程中的体验、认知和收获进行总结，帮助学生把握实践目标，提高实践质量。

由于带着思政任务参与实习，在工作的过程中一方面让学生自身的知识得到了深化理解和运用，提高了动手实践的意识和能力，同时也从实践中增长了书本外的知识和技能，也得到一些新的启示和收获。实际工作过程中，改变了学生重理论轻实践的态度和想法——这也是当代大学生的通病，理论知识较为丰富，实践能力明显不强。经过这次社会实践，在各方面知识和能力上都有了提高，特别在思想意识上有了提高，在工作态度上有了改观，为学生今后参加社会工作做好了必要的准备。

在实习过程中，课程思政教学改革能将多种思政元素融入到课堂教学中，从古至今挖掘出多个教学案例，从不同时代、不同角度、不同层面引发学生的思考，令其养成诚信观念，强化对学生对财政的价值引领，深化公文写作多方面的要素。但诸多思政元素如何与专业知识点的讲授较好地融合在一起，对学生的教化能够做到"润物细无声"，还值得进一步探究和改进。在接下来的社会实践环节，需要更多地在前期针对实习单位为学生设定目标，让学生在忙碌的日常实习中带着发掘思政元素的眼睛去审视工作。指导教师需要及时在实习周志中将相关实习素材提炼为思政内容，对指导教师的思政敏锐度提出了更高的要求。

围绕大目标,实现大团结
——统战部实习的课程思政案例

> 做好新形势下统战工作,必须掌握规律、坚持原则、讲究方法,最根本的是要坚持党的领导。坚持党的领导要坚定不移,但在这个过程中也要尊重、维护、照顾同盟者的利益,帮助党外人士排忧解难。这是我们党的职责,也是实现党对统一战线领导的重要条件。统一战线是一致性和多样性的统一体,只有一致性、没有多样性,或者只有多样性、没有一致性,都不能建立和发展统一战线,正所谓"非一则不能成两,非两则不能致一"。
>
> ——习近平2015年5月18日在中央统战工作会议上的讲话

案例概述: 本实践案例来自大学三年级行政管理专业、公共事业专业的第一次统一实践环节,实践单位为统战部。希望学生在了解统战部在政府工作中的角色和地位的同时,可以运用公共管理价值理念、知识理论和方法技能分析、解决统战部遇到的公共管理中的实际问题,在实践中深化对理论知识的认识,进而锻炼运用理论解决实际问题的能力,系统培养学生的沟通能力、组织能力、协调能力、文字表达能力、分析及解决问题等能力,为今后的求职和就业做好综合素质及能力上的准备,并为毕业设计积累研究素材,在实习工作中增加对部门、对社会的了解,提升学生对文字工作、行政事务的规范性和标准认知,掌握相关部门事务开展的传导链条与行政管理风格。

实习思政元素: 长期共存、互相监督、肝胆相照、荣辱与共

一、实习目标

（一）社会实践目标

（1）全面了解实习单位的机构设置、职能及运行情况。
（2）熟悉实习所在部门的工作职责、工作内容。
（3）了解实习部门在组织机构中的地位和作用。
（4）学习处理日常行政工作。
（5）增强自身的理论联系实际能力。

（二）课程思政目标

（1）引导学生了解统战部的发展沿革，了解统战部体系是如何构建、如何运转的。
（2）引导学生对统战部管理案例进行深入研读，了解统战部管理的重要性，树立忧患意识与责任意识，并能够在工作中转化为行动。
（3）提升学生看待统战工作的视角，从社会治理的角度让学生了解自己正处于一个"争取人心，凝聚力量"的社会当中。
（4）让学生明白，只有发挥统一战线优势，才能实现祖国完全统一和中华民族伟大复兴，才可以长远发展。中国梦的实现，统战部的工作不可或缺。

（三）实习中融入的思政元素

元素1：长期共存

只要阶级还没有被最后消灭，就要坚持共产党与其他民主党派合作，坚持统一战线。共产党与民主党派的"共存"，是双方"合作"的需要，也是彼此"监督"的前提。此次学生实习，不但要尽到自己的职责，也要了解更多党的历史，听党指挥，扎实肯干。

元素2：互相监督

共产党同各民主党派在法律的范围内，在遵守共同政治准则的基础上，要互相监督、互相批评、互提意见。学生在实习的过程中，也要学会在以后的生活和工作中发扬这样的优良作风。

元素3：肝胆相照

学生通过实习，可以了解到各民主党派与中国共产党在党的性质、阶级基础、政治纲领等方面虽有差异，双方在国家政治社会生活中的作用和功能也不尽相同，但没有根本的利益冲突，为着同一个目标，即坚持和发展中国特色社会主义、实现中华民族伟大复兴的中国梦而奋斗。

元素4：荣辱与共

在实习的过程中，学生要了解中国共产党同民主党派在我国社会政治生活中是命运共同体。中国共产党同民主党派在长期共存和团结合作过程中，始终坚持风雨同舟，同甘苦，共患难。

二、实习过程与任务

（一）学习阅读政府政策与预案文件

阅读包括《中国共产党统一战线工作条例（试行）》《关于印发拱墅区推进市域社会治理现代化建设问题清单、责任清单、整改落实清单的通知》《关于落实浙江省扫黑除恶斗争领导小组关于印发〈2021年全省常态化开展扫黑除恶斗争工作要点〉的意见》《杭州市大运河文化保护传承利用暨国家文化公园建设工作领导小组成员单位主要职责》《关于上报"下城区大运河文化保护传承利用暨国家文化公园建设工作"建设项目和领导小组名单的通知》《中共杭州市下城区委网络安全和信息化委员会名单》《关于下城区2019年国民经济和社会发展计划执行情况与2020年国民经济和社会发展计划草案的报告》《省社科联第八次代表大会会议纪律》等多份文件与预案，感受两办公文行文的规范性，让学生产生直观的感受。

（二）参与撰写起草相关公文与材料

在阅读相关的政策与文件，熟悉文章架构后，开始学习舆情要报撰写。在校内外导师的指导下进行一些简单的舆情要报撰写，完成《关于开展"防疫抗疫，助力前行"活动的通知》《"长三角一体化"三省一市的优劣势应实现互补》《075两栖攻击舰海试》《建设创新型浙商队伍》《共享单车或将再被"扣上"不规范？》《最新楼市政策调控评价》《浅谈当前"云招聘"存在的突出问题及对策建议》《长江岸线整治对策及建议》《综艺节目加大力度弘扬正能量获好评》《"风云"浙大》《"新冠病毒变异"引发社会各界广泛关注》《张玉环杀人案改判无罪》《2020逝者安息 生者奋进》《森马出售亏损子公司引发舆论关注》《特朗普遭52家科技巨头联名起诉引发广泛关注》《社会舆情12篇》等多份文件，通过文件的阅读熟悉行政工作的法律依据，从而更好地做好相关行政工作，形成与学校理论知识互补的政策性常识。

（三）学习会议组织协调与日常事务处理

通过会议组织，让学生学会会场的前期准备工作，具体包括核对 PPT 并检查其能否正常播放；检查音响、话筒等电子设备能否正常运行；布置会场桌椅，放置桌签、话筒以及相关会议材料，确保领导位置正确等前期准备工作。同时，学会做好与会人员引导工作，包括与会人员进场车辆停放位置，在单位大门处引导与会人员进入会场等。

日常事务主要包括办公室内的一些内勤、文秘等工作，包括复印、打印、扫描、装订文件、编排档案、填表、公文核稿、在 OA 中发送通知、机要文件交换、文书整理、记录办公室座机信息等工作，这些事务性工作的高标准严要求，也让学生体会到行政管理的细节。

（四）学习处理科室的接待工作、行政工作的办理流程

在校外指导老师的指导下参与接待各类人群或者与企业代表进行商谈，参与撰写部门与部分区域的合作意向书，让学生学会在政务工作中待人接物的礼仪。同时在办公室需要帮忙接打电话的时候，能够有效地解答咨询者的相关电话，学会从文件和办公室职责的角度思考如何与人沟通；通过熟悉业主知识，学会解答业务部门的相关工作内容，学会问题及电话的转达，解决电话沟通咨询中所涉及的问题，同时也学会电话交际礼仪。

三、实习成果

（一）意义和价值

此次安排实习的统战部为党内较为重要的职能部门，统战部主管研究统一战线，负责组织学习、宣传、贯彻执行中央和省、市、区委关于统一战线的方针、政策、指示和决议；围绕经济建设中心工作，充分发挥统一战线的优势和作用，调动各民主党派、无党派、有关人民团体和各界人士的积极性和创造性，为区域经济建设和社会发展作出贡献。

通过实习，学生将课堂所学的知识实际运用到工作当中，在实习过程中了解部门内部的运作机制、工作方式，感受中国行政管理的特色。并通过此次实习锻炼自己的人际交往能力、沟通能力，提升自己的办公能力。认真完成部门布置的任务，虚心学习，对于不懂的东西虚心求教，在实习工作中增加对部门、社会的了解，使得学生可以更好地理论联系实际，从而快速成长。

（二）主要成效和特色

学生实现了四个"这样"的转化。

"原来是这样"：对于统战部工作有了初步了解，知道统战部工作的基本概念和重要性。

"真的是这样"：通过实习，对统战部产生初步印象，对于统战部工作的具体情况在感性上形成了认识，并能够在一些工作中有参与感。

"原来就这样"：随着对统战部工作的熟知，对一些工作也开始上手，慢慢发现统战部工作当中的大部分内容，学生经过训练也能够上手，刚开始由于生疏而产生的困难感渐渐散去。

"真的得这样"：学校与单位的共建给学生搭建了实习的平台，一方面是学校硬实力的体现；另外一方面也是学生展示自我和学习的机会，学生在帮助机关单位解决实际工作问题的同时，无疑可以实现双重目的。这时候学生原以为的社会冗余能力变成了必需能力，能够让学生切实体会到统战部工作系统存在的合理性与必要性。

（三）学生感言与指导教师评价

【学生感言】公共事业管理1701班张嘉豪：做好新形势下的统战工作，需要坚持与时俱进，积极探索运用适应时代要求的科学工作方法。第一，围绕中心，强调结合。服从服务大局、广泛凝聚力量，为党和国家中心工作凝心聚力，为党和国家事业发展提供强有力支持，是统战工作的职责所在。把统战工作与党和政府的中心工作有机结合起来，积极参与党委、政府的中心工作，团结一切可以团结的力量，调动一切可以调动的积极因素，化消极因素为积极因素，努力为中心工作服务。第二，突出重点，兼顾一般。在工作中必须处理好重点工作与一般工作的关系。如果不分轻重缓急，"眉毛胡子一把抓"，就有可能"捡了芝麻丢了西瓜"，导致事倍功半甚至劳而无功。突出重点，关键是要根据自身实际选择好重点。统战对象的构成和工作重点也有所不同。比如，有的地方建有民主党派基层组织，有的地方是民族村，有的地方非公有制经济比重较大。统战部门应从实际出发，选择对全局影响最大的问题作为工作重点。当然，突出重点工作，不能忽视一般工作，甚至用重点工作代替一般工作，而应当在抓好重点工作的同时兼顾一般工作，用重点工作带动一般工作。

校内指导教师评价：张嘉豪同学综合素质较好，业务能力较强，政治表现良好，法纪观念较强，服从安排听指挥，与同事友好相处，在实习工作期间能够做到爱岗敬业，认真负责，相信在今后的工作中能取得出色的成绩，实习单位予以"优"等评价。希望该同学继续参加各种社会活动，不断总结提高，为毕业后投身祖国建设打下扎实基础。

校外指导老师评价（下城区委统战部）：张嘉豪同学，实习期间工作认真，勤奋好学，踏实肯干，善于思考，在工作中遇到不懂的地方能够虚心向富有经验的前辈请教。对于别人提出的工作建议可以虚心听取。在时间紧迫的情况下，能够按时完成工作任务。能够将在学校所学的知识灵活运用到具体工作中去，保质保量地完成工作。同时，可以严格遵守岗位要求的各项规章制度，实习期间，未曾出现过无故缺勤、迟到早退现象，并能与部门同事和睦相处，与其一同工作的同事都对该同学的表现予以肯定。

四、案例反思

通过此次实习，统战部门的工作在学生们的思想上所反映出的价值观要求，也就是对求真求实精神的追求和践行，极大丰富了学生的学习内容，拓展了统战知识空间，有力推动学习型政府机关创建行动走深走实，为更好地开展各领域工作夯实了理论基础。这些都与学生所学的社会主义核心价值观高度吻合，所以此次实习教学环节融入这些内容，更能够体现课程思政的初衷。

本次统战部的实习中，学生通过收集相关资料，独立完成公文撰写。同时，也带领学生了解国共两党第一次合作的实现、黄埔军校的创办、第一届中国人民政治协商会议的背景和意义等内容，通过对党史、统战知识的学习和思考，培养学生的综合分析能力、激发学生的爱国情怀，引导学生对实践过程中的体验、认知和收获进行总结，帮助学生把握实践目标，提高实践质量。

由于带着思政任务参与实习，过程中既加强学生职业素养的培育和养成，从而强化学生的人文情怀，营造积极向上的学习氛围，也让学生的成长不仅仅体现在工作能力上，更在于政治表现上。学生将课堂所学的知识运用到实际工作当中，在实习过程中了解机关部门内部的运作机制、工作方式，感受中国行政管理的特色。并通过此次的实习锻炼自己的人际交往能力、沟通能力，提升自己的办公能力。

在与校外导师的沟通中需要更加前置化实习目标，让校外导师对于实习计划更加明晰，在指导过程中相对比较清晰。在实习过程中的思政学习需要依靠校内导师前期的知识储备，列出可能存在的思政元素，让学生在实习过程中去寻找这些"思政密码"，而不是等着思政教育找上门来。另外，周志中的信息传导十分重要，校内导师需要认真对待，让学生能通过周志的反馈结果对工作及其背后的思政元素加以复盘与提炼。在接下来的社会实践环节，需要预设一些"思政密码"到学生的实习工作当中，实习的过程也就是"思政密码"的发掘过程，让学生从被动接受思政教育转为主动寻找这些"思政密码"，发挥学生在实践思政环节的自主性。

坚持讲好中国故事，传播好中国声音
——宣传部实习的课程思政案例

　　完成新形势下宣传思想工作的使命任务，必须以新时代中国特色社会主义思想和党的十九大精神为指导，增强"四个意识"、坚定"四个自信"，自觉承担起举旗帜、聚民心、育新人、兴文化、展形象的使命任务，坚持正确政治方向，在基础性、战略性工作上下功夫，在关键处、要害处下功夫，在工作质量和水平上下功夫，推动宣传思想工作不断强起来，促进全体人民在理想信念、价值理念、道德观念上紧紧团结在一起，为服务党和国家事业全局作出更大贡献。

——习近平 2018 年 8 月 21 日在全国宣传思想工作会议上的讲话

案例概述：本实践案例来自大学三年级行政管理专业、公共事业专业的第一次统一实践环节，实践单位为宣传部。希望学生在了解宣传部门在党委工作中的角色和地位的同时，也可以运用公共管理价值理念、知识理论和方法技能分析、解决宣传部门遇到的公共管理中的实际问题，在实践中深化对理论知识的认识，进而锻炼运用理论解决实际问题的能力，系统培养学生的沟通能力、组织能力、协调能力、文字表达能力、分析及解决问题等能力，为今后的求职和就业做好综合素质及能力上的准备，并为毕业设计积累研究素材，在实习工作中增加对部门、社会的了解，提升学生对文字工作、行政事务的规范性和标准认知，掌握相关部门事务开展的传导链条与行政管理风格。

实习思政元素：增强"四个意识"、坚定"四个自信"、育新人、展形象

一、实习目标

（一）社会实践目标

（1）全面了解实习单位的机构设置、职能及运行情况。
（2）熟悉实习所在部门的工作职责、工作内容。
（3）了解实习部门在组织机构中的地位和作用。
（4）学习处理日常行政工作。
（5）增强自身理论联系实际的能力。

（二）课程思政目标

（1）引导学生了解宣传部的发展沿革，了解宣传部体系是如何构建、如何运转的。
（2）引导学生对宣传部管理案例进行深入研读，了解宣传部管理的重要性，树立忧患意识与责任意识，并能够在工作中转化为行动。
（3）宣传部是党委部门中权力较大、压力较大、责任较大的机关单位之一，通过学生的亲身实践，让学生感受到公务员工作的重大责任和敬业精神。
（4）提升学生勤奋务实的工作能力，通过事务性工作锻炼学生的协调能力，使其在繁杂的事务性工作中找到工作的乐趣和服务为民的根本。

（三）实习中融入的思政元素

元素1：增强"四个意识"

首先，"四个意识"是指政治意识、大局意识、核心意识、看齐意识。学生在宣传部门实习的过程中，除了运用到课内所学知识，还要理解"四个意识"的重要性，并在以后的学习和生活中加以运用。

元素2：坚定"四个自信"

"四个自信"是指中国特色社会主义道路自信、理论自信、制度自信、文化自信。学生通过实习，能够学习到源远流长的中国文化并进行了解和有效宣传，高举中国特色社会主义旗帜，一步一个脚印贡献自己的力量，为实现中国梦而努力。

元素3：育新人

通过此次实习，学生要明白，坚持立德树人、以文化人，建设社会主义精神文明，培育和践行社会主义核心价值观，提高人民思想觉悟、道德水准、文明素养，培养能够担当民族复兴大任的时代新人。

元素 4：展形象

让学生懂得，要推进国际传播能力建设，讲好中国故事、传播好中国声音，向世界展现真实、立体、全面的中国，提高国家文化软实力和中华文化影响力。

二、实习过程与任务

（一）精读各级党政机关发布的文件

阅读包括《2019 年全区宣传思想文化工作要点》《中共杭州市下城区委宣传部落实区委第二巡查组反馈意见的整改方案》《中共杭州市下城区委宣传部领导制度和会议制度》《对下城区政协五届三次会议第 70 号提案的答复》《关于社区文化家园和孝心车位建设情况的通报》《下城区开展庆祝新中国成立 70 周年宣传文化系列活动方案》《关于进一步加强"学习强国"杭州学习平台供稿工作的通知》《关于推进"学习强国"学习平台供稿工作的实施意见》《"学习强国"杭州学习平台 2019 年 10 月供稿情况通报》《"学习强国"杭州学习平台 2019 年 11 月供稿情况通报》《"学习强国"学习平台 2019 年 4—7 月下城区供稿情况通报》《中共杭州市委办公厅关于组织开展党的十九届四中全会精神宣讲活动的通知》《关于举办区委理论学习中心组（扩大）学习会的通知》《"学习强国"杭州学习平台 2019 年 12 月供稿情况通报》《"学习强国"学习平台推广应用情况通报（第 12 期）》《党的十九届四中全会精神宣讲提纲》《"学习强国"学习平台推广应用情况通报（第 11 期）》《下城区抗疫纪实故事油画展方案》《区委组织部 2020 年上半年工作总结和下半年工作思路》《关于印发〈下城区新时代文明实践中心建设工作实施方案〉的通知》《"全国文明城市测评体系"督查标准》等多份文件，通过文件的阅读熟悉宣传工作的法律依据，从而更好地做好相关工作，形成与学校理论知识互补的政策性常识。

（二）撰写或者起草公文与各类文书

由于公文涉密级别不同，部门公文的撰写对于实习生有特殊要求。在宣传部实习的学生积极在实习期间撰写"通知""党委信息上报""舆情信息上报"等文件内容，部分文件经校外指导老师指导后得到部门采纳发文。参与整理、拟订《现实主义网络文学创作精品化呈三大特征 24 篇》《新时代机关基层党组织强化政治功能的研究》《杭州宣传》，参与《下城区大运河文化保护传承利用暨国家文化公园建设工作领导小组名单》《下城区大运河文化保护传承利用暨国家文化公园建设工作办公室成员名单》《下城区大运河文化保护传承利用暨国家文化公园建设工作联络员名单》等公文名单的撰写，经过校外导师的多次指导，完成一些日常性的公文、政治体裁新闻起草与撰写工作。

（三）学习会议组织和会场布置工作

实习期间学生会被安排内勤事务的轮岗实习，其中在会议组织与会场布置工作当中是极为重要的一部分。一是在会议之前，接待参观人员，完成检查会议资料工作，需要将相关资料逐字逐句检查，重点检查错别字与格式问题，修改好之后将资料发送至文印室，打印成册。会场布置。将台签按照参会部门名单有序排列在座位左侧，后将矿泉水以及会议资料整齐地摆在桌面中间，确定参会部门名单，打印会议签到表。二是在会议之中，学生参与会议签到工作并收集到会名单，负责会议摄影工作，同时需要应对一些突发事件。三是在会议之后，对会议上记录员记录的会议纪要，进行格式的修改，在校外导师的指导下完成新闻动态的撰写和发布。让学生通过多次同类型的会议，了解会议的流程，锻炼学生的综合能力。

（四）完成事务性工作

从复印、打印、扫描、装订文件、编排档案、填表、公文核稿、将重要事务通知并转发领导、机要文件交换、文书整理、撰写宣传材料等工作开始，慢慢熟悉部门日常事务，从事务性的工作中感受宣传工作对于事务性职责的高标准严要求，也让学生寻找事务工作在总体工作当中的重要意义。

三、实习成果

（一）意义和价值

此次安排的宣传部为下城区委较为重要的职能部门，宣传部机构相对比较庞大，职责包括文明管理、宣传文化、党教理论、新闻宣传等，通过各个部门间的协作，共同实现思想理论教育、文化宣传、文化服务建设、精神文明建设和社科知识普及活动，推进中国特色社会主义理论体系宣传普及。通过实习，学生将课堂所学的知识实际运用到工作当中，在实习过程中了解政府部门内部的运作机制、工作方式，感受中国行政管理的特色。通过此次实习锻炼自己的人际交往能力、沟通能力，提升自己的办公能力。认真完成部门布置的任务，虚心学习，对于不懂的东西虚心求教，在实习工作中增加对部门、对社会的了解，使得学生可以更好地理论联系实践，从而得到快速成长。

（二）主要成效和特色

学生实现了四个"这样"的转化。

"原来是这样"：对于宣传部工作有了初步了解，知道宣传部工作的基本概念和重要性。

"真的是这样"：通过实习，对部门产生初步印象，对于宣传部工作的具体情况在感性上形成了认识，并能够在一些工作中有参与感。

"原来就这样"：随着对宣传部工作的熟知，对一些工作也开始上手，慢慢发现宣传部工作当中的大部分内容，学生经过训练也能够上手，刚开始由于生疏而产生的困难感渐渐散去。

"真的得这样"：学校与单位的共建给学生搭建了实习的平台，一方面是学校硬实力的体现；另外一方面也是学生展示自我和学习的机会，学生在帮助机关单位解决实际工作问题的同时，无疑可以实现双重目的。这时候学生原以为的社会冗余能力变成了必需能力，能够让学生切实体会到宣传部工作系统存在的合理性与必要性。

（三）学生感言与指导教师评价

【学生感言】政治与公共管理专业1602班沈思矣：一是重视文字功底的训练，挑战不同类型的文本书写。从小写作文到上了大学写论文，我们在学生时代不断在文章书写上花功夫，写记叙性文章、议论性文章、书信、通知、评论等各种类型的文章。在实习期间，我写过评论性文章、说明性文章等，当真正下笔时才发现词语与词语之间的韵味不同。在不久的将来，真正踏入职场，我们可能需要写更多类型的文本，如一则通告、一份合同等，所以要抓住日常每一次写文章的机会，至少到了以后不会那么慌张。

二是不断拓宽知识面，不要局限于本专业的知识范围。写作的时候因为不知道其他专业的知识（例如超级地球的定义等）变得有些吃力，作为外行人来描写这部分内容，容易出错，让人不知所云。我所学的专业是行政管理，在人文社科上我有所了解，但是并不代表不需要科学技术层面的知识。在这几天的要情撰写过程中，每天精读一篇热点时事，拓宽了我的知识面，也提升了我的个人素养。

三是虚心受教，不懂就问。虽是老生常谈，但是对于职场"菜鸟"，这是十分重要的。也许是在学校接受惯了老师主动教授的学习环境，在职场大家各自忙各自的情况总让人觉得畏惧。这个时候多去求教，这样工作上不容易出错，也能跟大家更快地相处得来，办公室的氛围对于个人的工作热情来说十分重要。

校内指导教师评价：沈思矣同学实习期间遵守用人单位及学校、学院的各项规章制度，为人谦逊、和善，与同事和睦相处，善于学习与创新，实习态度认真负责，实习过程扎实到位，实习成果较为丰硕。较为圆满地完成了用人单位布置的工作任务和学院规定的相关要求，展现出了公共管理专业学生的专业态度和专业能力。

校外指导老师评价（下城区委宣传部）：该同学在实习期间工作认真、勤奋好学、踏实肯干，在工作中遇到不懂的地方能够虚心向有经验的同事请教。善于思考，对工作中遇到的困难能够提出解决方案并举一反三，能够将在学校学习的专业知识、理论知识灵活运用到实际工作当中。在时间紧迫的情况下，能够加班加点并保质保量完成交办的工作任务。该同学严格遵守我单位的规章制度，实习期间未出现无故缺勤情况，从不迟到早退，并能与单位同事和睦相处，交流融洽，与其一同工作的同事都对该同学的实习表现予以充分肯定。我单位对该同学的实习情况综合评定为优。

四、案例反思

此次安排的宣传部为较为重要的职能部门，通过两个月的实习，让学生了解到宣传部各个机构的职责包括文明管理、宣传文化、党教理论、新闻宣传等，通过各个部门间的协作，共同实现思想理论教育、文化宣传、文化服务建设、精神文明建设和社科知识普及活动，推进中国特色社会主义理论体系宣传普及。让学生找出自身状况与社会实际需要的差距，并在以后的学习期间及时补充相关知识，为求职与正式工作做好充分的知识、潜力准备，从而缩短从校园走向社会的心理转型期。

把理论知识与实践相结合，通过此次实习，学生不仅将大学学习的课程与实践相结合，也把课堂上学到的理论知识，尝试性地应用于实际工作当中。这样既能起到回顾知识的作用，还可以找到许多不足之处，让学生自己进行理论的消化和理解，为日后能快速进入工作状态做好准备，进一步提高学生的素质，以便能够主动适应竞争激励的社会就业环境，为未来进入工作单位做好准备。

宣传部门工作者，首先需要有较强的沟通能力，通过在实践中不断地加以锻炼和学习，使学生逐渐具备这样的能力。此外，在实习生活中，有大量的思政元素预埋，让学生在实习工作过程中就能够接触到最优秀的思政元素与最深入的政治思想剖析，在文案、会议等各工作场合均实现"润物细无声"的效果。这是学生在这次实习中最为宝贵的收获，为学生毕业之后步入社会打好了坚实基础。

在宣传部的实习中，校内导师需要与学生提前沟通实习目标，需要在实习过程中搜寻具有部门特性的信息与素材进行深入的研究。由于学生是第一次走出校园走向社会，面对很多新的信息，在实习过程中有时会更关注一些重要但普遍性的机关事务工作，而对宣传部工作本身的思考与挖掘不够。因此在接下来的社会实践环节，需要预设一些"思政密码"到学生的实习工作当中，实习的过程也就是"思政密码"的发掘过程，让学生从被动接受思政教育转为主动寻找这些"思政密码"，发挥学生在实践环节的自主性，增强学生主动参与思政教育的积极性，弱化学生在实践课程中的受支配地位。

学习创新，服务为民
——组织部实习的课程思政案例

> 组织部门作为管党治党的重要职能部门，必须带头改进作风，继承发扬组织部门优良传统和作风，树立和维护组织部门良好形象。组织部门改进作风，最核心的是坚持公道正派。要着眼于党的事业发展需要选人用人，公道对待干部，公平评价干部，公正使用干部，敢于坚持原则，让好干部真正受尊重、受重用，让那些阿谀逢迎、弄虚作假、不干实事、会跑会要的干部真正没市场、受惩戒。要严明组织人事纪律，对违反组织人事纪律的坚决不放过，对跑官要官、买官卖官的决不姑息，发现一起，查处一起。
>
> ——习近平2013年6月28日在全国组织工作会议上的讲话

案例概述：本实践案例来自大学三年级行政管理专业、公共事业专业的第一次统一实践环节，实践单位为组织部。希望学生在了解组织部在工作中的角色和地位的同时，也可以运用公共管理价值理念、知识理论和方法技能分析、解决组织部遇到的公共管理中的实际问题，在实践中深化对理论知识的认识，进而锻炼运用理论解决实际问题的能力，系统培养学生的沟通能力、组织能力、协调能力、文字表达能力、分析及解决问题等能力，为今后的求职和就业做好综合素质及能力上的准备，并为毕业设计积累研究素材，在实习工作中增加对部门、对社会的了解，提升学生对文字工作、行政事务的规范性和标准认知，掌握相关部门事务开展的传导链条与行政管理风格。

实习思政元素：服务为民、职业责任心、法制思维、创新与学习精神

一、实习目标

（一）社会实践目标

（1）全面了解实习单位的机构设置、职能及运行情况。
（2）熟悉实习部门的工作职责、工作内容。
（3）了解实习部门在组织机构中的地位和作用。
（4）学习处理日常行政工作。
（5）增强自身理论联系实际的能力。

（二）课程思政目标

（1）引导青年学生深入社会，了解社会，能够从百姓生活中体验行政工作"服务为民"，把以人为本的行政管理理念深入到每一个行政管理人员的意识中。

（2）让学生深入了解组织部这个重要机关单位的发展沿革、工作职责，了解组织部在工作开展当中的"枢纽"地位，感受干部综合素质、法治意识在工作中的重要性。

（3）组织部是权力较大、压力较大、责任较大的机关单位之一，通过学生的亲身实践，让学生感受到公务员工作的重大责任和敬业精神。

（4）提升学生勤奋务实的工作能力，通过事务性工作锻炼学生的协调能力，使其在繁杂的事务性工作中找到工作的乐趣和服务为民的根本。

（三）实习中融入的思政元素

元素1：服务为民

通过重要机关部门的锻炼，让学生了解组织部工作对于人民群众的重视和尊重以及人民群众的主体性地位，了解到即使是重要的机关部门依然坚持以人民为中心，让学生对看似平常的事务性工作产生敬畏感，更加树立"服务为民"的思想之根，坚决维护人民群众的利益和要求。

元素2：职业责任心

实习之前，学生对于公务员的工作只是停留在个体意识上，通过学生自己的观察和亲身实践，使其可以通过对组织部的工作了解，更加对职业产生敬畏之心。以敬业之心加强重要工作的推动与开展，让学生真正感受到在机关单位工作的责任之重。

元素 3：法制思维

尊法学法守法用法，在法制社会和法制国家建设的过程中，学生可以通过对公文的学习与拟定，亲身感受到组织部门务实的文风和言之有据的行文逻辑，并让学生对不同类型的文书进行横向对比，让学生了解组织部门是如何通过文字将法制思维贯彻到实际行动之中的。

元素 4：创新与学习精神

通过读书才可以跟上时代前进的步伐，不断提高自己发现问题、解决问题的能力。让学生意识到，即使步入社会，进入任何部门工作，每个人都还是要继续努力再学习。在实践中学习，才可以永立潮头、担当作为，才能让事情顺利完成，才可以实现创新精神，更好地为人民服务。特别在组织部这样的部门工作，更是要随时随地加强学习调研，才能让工作的推进更有效率。

二、实习过程与任务

（一）精读各级党政机关发布的文件

阅读包括《习近平在"不忘初心、牢记使命"主题教育工作会议上的讲话》《"不忘初心、牢记使命"主题教育如何开展——习近平总书记这样说》《关于做好不忘初心、牢记使命主题教育前期准备工作的报告》《关于加强新时代城市基层党建工作的实施意见》《关于进一步落实党费收缴使用管理工作制度的通知》《关于加强两新组织党建工作经费使用管理的通知》《下城区党费收缴、使用和管理办法》《关于加强基层党建工作经费使用管理的通知》《关于在全区领导干部中开展"三实三比"勇当排头兵活动的实施意见》《关于在全区领导干部中持续深入开展"三实三比"勇当排头兵活动的实施意见》《关于推进全区"两学一做"学习教育常态化制度化工作安排方案》《关于在全区党员中开展"学党章党规、学系列讲话，做合格党员"学习教育的实施方案》《中共下城区委组织部关于推进基层党群服务中心规范化建设的意见》《关于推进基层党建"整街推进、整区提升"的实施意见》《关于深入推进项目大党建工作机制的实施意见》《关于建立党员干部"三入"直接联系服务群众长效机制的通知》《贯彻落实习近平新时代中国特色社会主义思想在改革发展稳定中攻坚克难案例》《习近平关于"不忘初心、牢记使命"重要论述选编》《殷切的期望——习近平同志对杭州工作重要指示摘编》《"学习强国"学习平台 2019 年 4—7 月下城区供稿情况通报》《关于加强全区社区后备干部队伍建设的实施意见》《关于加强业主委员会党建工作的意见》《关于推进全区行业系统党建工作的意见》《关于加强物业服务企业党建工作的意见》《关于进一步做好不合格党员处置工作的通知》《关于全面推行党员固定活动日制度的实施办法》《关于加强基层党组织书记集中轮训工作的通知》《关于落实党员组织关系接转"六问一必查"制度工作的通知》《关于将党员固定活动日全面升级为支部固定主题党日的通知》《关于进一步落实党费收缴使用管理工作制度的通知》《关于加强两新组织党建工作经费使用管理通知》《关于进一步规范党费工作的通知》《关于加强基层党建工作经费使用管理的通知》等多份文件，通过文件的阅读熟悉组织工作的法律依据，从而更好地做好相关组织工作，形成与学校理论知识互补的政策性常识。

（二）撰写或者起草公文与各类文书

由于公文涉密级别不同，部门公文的撰写对于实习生有特殊要求。组织部的实习同学参与《浙江银泰百货有限公司第一党支部委员会"两优一先"优秀党组织推荐材料》《刘友才：为党建工作插上互联网的翅膀》《崔欣：用心用情用力的好书记》《下城区人民法院第四党支部：党建引领增动力，凝心聚力创一流》《杭州市京都小学党总支：上善京都亮品牌　党建引领促发展》《郭建法：富民强社带头人》《所巷社区第七楼道党支部："先锋支部"映红幸福路》《浙江银泰百货第一党支部：党建促发展，公益暖人心》《金盛华：脱下军装，不褪军人本色》《关于录用张章江等同志为公务员（工作人员）的请示》《关于录用吴萌等同志为公务员的请示》《下城区"双训"引导　"双树"立标着力凝聚各类人才立足岗位"爱国、奋斗"》等文稿初稿的撰写，经过校外导师的多次指导，完成一些日常性的公文、政治体裁新闻起草与撰写工作。

（三）学习会议组织协调与日常事务处理

通过会议组织，让学生学会会场的前期准备工作，具体包括核对PPT并检查其能否正常播放；检查音响、话筒等电子设备能否正常运行；布置会场桌椅，放置桌签、话筒以及相关会议材料，确保领导位置正确等前期准备工作。同时，学会如何做好与会人员引导工作，包括与会人员进场车辆停放位置，在公司大门处引导与会人员进入会场，等等。

日常事务主要包括办公室内的一些内勤、文秘等工作，包括复印、打印、扫描、装订文件、编排档案、填表、公文核稿、在OA中发送通知、机要文件交换、文书整理、记录办公室座机信息等工作，这些事务性工作的高标准严要求，让学生体会到行政管理的细节。

（四）学习处理科室的接待工作、行政工作的办理流程

在校外指导老师的指导下参与接待各类人群或者与企业代表进行商谈，参与撰

写部门与部分区域的合作意向书，让学生学会做好在政务工作中处理待人接物的礼仪。同时在办公室需要帮忙接打电话的时候，能够有效地解答咨询者的相关电话，学会从文件和办公室职责的角度思考如何与人沟通；通过熟悉业务知识，学会解答业务部门的相关工作内容，学会问题及电话的转达，解决电话沟通咨询中所涉及的问题，同时也学会电话交际礼仪。

三、实习成果

（一）意义和价值

此次安排的组织部是重要的职能部门，组织部主要负责与人有关的工作，根据党的政治路线和组织路线，调查研究全区党组织工作出现的新情况新问题，提出贯彻执行党的组织路线的规定、制度、工作方案和具体措施；贯彻执行人事工作的方针、政策、法规及人事制度改革规划、方案。通过实习，学生将课堂所学的知识运用到实际工作当中，在实习过程中了解组织部门内部的运作机制、工作方式，感受中国行政管理的特色。并通过此次的实习锻炼自己的人际交往能力、沟通能力，提升自己的办公能力。认真完成部门布置的任务，虚心学习，对于不懂的东西虚心求教，在实习工作中增加对部门、社会的了解，使得学生可以更好地理论联系实践，从而获得快速成长。

（二）主要成效和特色

学生通过实习，实现了课堂教育与社会实践相结合的探索，在学生的实践培养中，已经初见成效，呈现出了三个"显著"特征。

一是"显著"提高了学生对于行政工作的理解能力和事务处理能力。通过实践，加深了对组织部工作的初步了解和认识，了解工作属性和工作任务，树立了服务为民的思想意识。

二是"显著"受到用人单位的欢迎和好评，提升了学校声誉。学校与单位的共建给学生搭建了实习的平台，一方面是学校硬实力的体现；另外一方面也是学生展示自我和学习的机会，学生在帮助机关单位解决实际工作问题的同时，无疑可以实现双重目的。

三是"显著"丰富了学校的思政素材，提高了学校的教学针对性。

学生通过实习报告、论文的撰写，为学校、专业提供了丰富的思政素材，是学校理论教材的有益补充。

（三）学生感言与指导教师评价

【学生感言】公共事业管理 1602 班漆凤岚：斯科特·派克曾说积极而主动的态度是解决人生中大部分问题的重要准则，它主要包括四个方面：推迟满足感、承担责任、尊重事实、保持平衡。在下城区组织部公务员管理科这实习的六周里，诸多体会与感悟可用这几个方面来总结。

首先是推迟满足感。心气高是大学生们较为普遍的标签，我也不例外，时常想着在岗位上施展一番手脚，现实却用一堆琐碎、机械的事情把你束缚住。在岗位上的这些日子里，我渐渐明白事情都是从最细微、最基础做起的。就算是送资料，你也要学会怎么开口称呼；就算是打印，你也要知道怎么启动机器。只有把事情踏实认真地做了，无论大小，无论是否重要，你才能成长。而在此之前，先推迟想要通过施展手脚获得的满足感。

其次是承担责任、尊重事实。历而知之，没被挂断电话我可能永远不会知道使用传真机等办公技能是我应该提前学会的，应该提前预想的，没有帮助到别人的责任也是我应该承担的。在公务员管理科，在工作过程中，哪怕只是个日期的不一样，也要核对是不是哪里出了问题，不能马马虎虎、蒙混过关，尊重事实才能做好工作。

最后是保持平衡。"Life is a journey, not a checklist."我们不是因为要完成实习中的种种事项而去实习，而是要体验实习这个过程，不要为了完成事情而去实习，就像人生是一段旅程，而不是一张清单。所以保持一颗平常心，它会成为做好一件事情的助推剂。

校内指导教师评价：该生实习期间遵守实习单位纪律，及时到岗，认真负责地完成实习单位指导老师和领导交给的各项任务，及时与指导老师、学校进行沟通，能够将实习过程中发现的问题与学校课堂理论学习知识结合起来，联系实际，增强对社会和公共部门的认识，深化理论认识，表现优异。

校外指导老师评价（下城区委组织部）：漆凤岚同学在我部公务员管理科实习期间，工作积极主动、态度认真端正，能遵守我部的各项规章制度，未曾出现过无故缺勤，迟到早退等现象。实习中谦虚谨慎，能积极认真负责地完成指导老师所交代的事务，在日常工作中会注意观察思考，对于在工作中发现的问题能及时提出，在工作遇到问题、困难时也能够虚心向指导老师请教。希望在日后的学习生活中继续努力，做一个对社会有贡献的人。

四、案例反思

理解自身所处的组织环境，明确工作目标，调动全部感官，眼能观、耳能听、口能说、手能写、脑筋能想、腿脚能奔走，身体力行地参与，真心实意地建立自身与他人的关联。在下城区组织部的实习让学生收获颇丰，通过参与接待各类人群或者与企业代表进行商谈，参与撰写部门与部分区域的合作意向书，让学生学会做好在政务工作中处理待人接物的礼仪。同时在办公室需要帮忙接打电话的时候，能够有效地解答咨询者的相关电话，学会从文件和办公室职责的角度思考如何与人沟通；通过熟悉业主知识，学会解答业务部门的相关工作内容，学会问题及电话的转达，解决了电话沟通咨询中所涉及的问题，同时也学会电话交际礼仪。让学生对自己有了更清晰的认识，也更明确了自己肩上的使命，进一步激发了学生的学习热情。作为青年学子的我们应该理论结合实践，投入到社会的建设之中，投入到服务群众的队列之中。

在本次组织部的实习中，学生们认识到组织部无小事，件件关乎大局，事事反映形象，每件工作虽然做来不难，但做好不易。工作人员必须耐心、细心，有强烈的责任感，工作才能做好，才能更好地服务部门、服务群众。凡此种种，不一而足。充分看到组织部门的具体情况，真正体会到上传下达的运作模式，认识到组织工作是切实为人民服务的，是有重点、有调研、有温度的政府管理活动。经过组织部实习工作，学生学会了许多，成长了许多，也看到了自己的很多不足。在以后的工作和学习中，学生会针对自己的不足有方向性地加强学习、锻炼，提高自己的综合能力，在未来的成长路上，继续不忘初心、砥砺奋进，在为人民服务的事业中挥洒自己的热血。

由于带着思政任务参与实习，学生的成长不仅仅体现在工作能力上，更在于政治表现上，一是要以"小我"构筑"大我"，胸怀"国之大者"，用实际行动为工作事业发展贡献自己的力量；二是要以"小事"成就"大事"，用一件件小事、一个个细节凝结成岗位建功的宏大事业；三是要以"小成"涵养"大成"，做到聚沙成塔，积微成著，不断积累提升，涵养形成干事创业的蓬勃力量。在以后的工作中，要做到既读有字之书，又读无字之书，在实践中求真知、悟真谛，让自己的专业知识切实扎根在祖国大地之上。

在组织部的实习工作当中，校内导师需要与学生提前沟通实习目标，需要在实习过程中搜寻具有部门特性的信息与素材进行深入的研究。学生是第一次走出校园走向社会，面对很多新的信息，在实习过程中有时会更关注一些重要但普遍性的机关事务工作，而对组织部工作本身的思考与挖掘不够。在与校外导师的沟通中需要更加前置化实习目标，让校外导师对于实习计划更加明晰，在指导过程中相对比较清晰。在实习过程中的思政学习需要依靠校内导师前期的知识储备，列出可能存在的思政元素，让学生在实习过程中寻找这些"思政密码"，而不是等着思政教育找上门来。另外，周志中的信息传导十分重要，校内导师需要认真对待，让学生能通过周志的反馈结果对工作及其背后的思政元素加以复盘与提炼。

在接下来的社会实践环节，需要预设一些"思政密码"在学生的实习工作当中，实习的过程也就是"思政密码"的发掘过程，让学生从被动接受思政教育转为主动寻找这些"思政密码"，发挥学生在实践思政环节的主导地位。

平凡岗位铸就和谐
——人力资源和社会保障局实习的课程思政案例

社会保障是保障和改善民生、维护社会公平、增进人民福祉的基本制度保障，是促进经济社会发展、实现广大人民群众共享改革发展成果的重要制度安排，发挥着民生保障安全网、收入分配调节器、经济运行减震器的作用，是治国安邦的大问题。

——习近平 2021 年 2 月 26 日在十九届中央政治局第二十八次集体学习时的讲话

案例概述：本实践案例来自大学三年级公共事业管理专业的第一次统一实践环节，实践单位为拱墅区人力资源和社会保障局（简称"人社局"）。其任务是让参加实习的同学了解人社局的机构设置、在政府工作中的作用和地位，了解人社局的职责范围。学生通过在人社局日常工作中的实习，感受基层单位"严、真、细、实、快"的办事风格，提升学生对行政事务的认知能力，帮助学生获得处理实际行政管理事务中分析、解决问题所需要的品质、能力和技能。

实习思政元素：严谨、学行并重、爱岗敬业、创新意识

一、实习目标

（一）社会实践目标

（1）了解人社局在政府机构中的定位及其主要工作。

（2）了解人社体系及其在社会中的重要性。

（3）学习政府公文写作技巧，领悟文件精神。

（4）学习、参与处理日常事务。

（二）课程思政目标

（1）引导学生了解政府部门的架构和日常运作机制，有助于更加高效、有针对性地学习、研究专业课程。

（2）了解政府单位的管理模式、管理服务、规章制度；查看部门文件，并在整理归档的过程中了解机关文件、通知、合同等的特殊写法。

（3）熟悉相关业务办理流程，尝试把书本上的知识融入具体实践，迅速将其转换为自己的工作能力。

（4）让学生体会服务为民、爱岗敬业的要义，正是平凡的岗位铸就了社会和谐。敬业精神也是大学生应该具备的职业素质，也是成长和成功的基本要素。

（三）实习中融入的思政元素

元素1：严谨

参与职称审核工作，让学生体会到审核工作的严肃性和重要性，学生需要在审核前仔细阅读文件，在进行审核工作时也要时刻保持谨慎和细致。政府部门的很多工作是很枯燥的，但往往又是很重要的，一旦出现错误就会产生严重的影响，这极大地考验着学生的耐性和严谨性。

元素2：学行并重

学生在实践过程中参与了多次理论与技能培训活动，真切体会到学习和工作不是矛盾对立的，而是实践统一的。政府部门的工作不是按部就班的，公务人员在工作中也要不断学习理论知识，不断提升自身政治能力、专业能力、改革创新能力、群众工作能力等干事创业的真本领、真实力。

元素3：爱岗敬业

基层政府工作繁忙，遇到紧急事务，加班就成了常态。在繁重的工作下，学生们能从中感受到公务人员对工作的认真负责，对岗位的热爱和忠于职守的事业精神。

借此也能学会认真对待自己的岗位，对自己的岗位职责负责到底，培养强烈的事业心和责任感。

元素 4：创新意识

通过在窗口实践，学生对人社服务体系有了新的了解，不同于过去的服务模式，当前区人社局围绕"数字牵引、高效集成"，整合资源、重塑流程，打造整体协同、高效运行的"智办"服务体系，推动人社将业务经办从"能办""好办"向"智办""秒办"迭代升级。让学生切身体会传统行政部门改革创新的一面，从而树立创新意识，注重培养创新能力和知识技术，提高解决问题、开创新局面的能力。

二、实习过程与任务

（一）学习阅读各级党政机关发布的文件

阅读包括《关于服务"六大行动"打造人才生态、最优城市意见的实施细则》《杭州市高层次人才分类目录（2019年修订版）》《在杭央企引进人才居住证审核问答（工作人员应知应会 50 问）》《关于做好〈浙江省引进人才居住证〉发放和管理工作的通知》《劳务派遣行政许可实施办法》《劳务派遣暂行规定》《关于进一步明确劳务派遣行政许可事项办事程序（操作口径）的通知》《关于失业保险支持企业稳定岗位有关问题的实施意见》《关于调整城乡居民基本养老保险基础养老金标准的通知》等多份文件。学生对于公文格式，有了直观的了解；对于科室所需负责的工作内容，以及正在进行的一些工作项目，有了更加清晰深入的了解。

（二）学习窗口接待、咨询工作

参与仲裁科的窗口接待工作，给予学生直接与群众接触的机会，相较于文书工作较为困难。需要学生了解仲裁申请的流程，包括仲裁申请表的填写、工伤认定、仲裁档案的转入与转出等。在工作之余学生要抽出时间去了解法条、了解补助金计算方式等。经过一段时间，学生也能够熟悉相关流程，能够面对劳动者的提问提供相应帮助，回答基本的法律知识。窗口的工作虽难，但面对劳动者的感谢，能够激发学生内心的成就感，同时也能提高学生的服务意识，提高办事效率。

（三）参与档案整理工作

把学生安排到人才市场管理办公室，参与档案管理的工作，包括档案录入、档案寄送、个人人事档案归属等有关档案办理的事务。档案相关的工作机密性高，要求更严格，而且实习期间正值应届毕业生就业与档案入库的高峰，因此，此项工作的工作量非常庞大。在老师的初步指导之后，学生能够渐渐熟练，单独完成工作，甚至可以非常流利地向他人解说相关的政策以及需要办理的事宜。

（四）处理科室日常事务

做好部门科室的日常工作，帮助领导处理日常事务，完成领导交办的任务。完成文件归纳、数据统计、制作报告 PPT、接待部门的访客等。在这个过程中，学会了熟练运用办公软件、学到了办公接待礼仪，也向领导学习了处理事情的方法，对象不同，方法就不同，进而学会独当一面。

三、实习成果

（一）意义和价值

人力资源和社会保障局下设办公室、公务员管理科、工资福利科、人才开发科、社会保障科、政策法规科和劳动关系科，主要负责编制全区人力资源和社会保障事业发展规划；拟订机关企事业单位人事制度改革方案、劳动和社会保障制度改革方案并组织实施；编制全区机关和市属事业单位的人员计划，监督检查计划执行情况；负责全区人力资源和社会保障方面的统计工作。在人社局实习能够让学生体会党政机关工作的严谨性；学会如何在人际交往和沟通方式上进行变通；学会为自己的行为负责，为服务对象负责，为整个单位集体负责。最重要的是让学生对自己的能力有更加清晰的认识，为今后的工作生活做好充分的知识、能力储备。

（二）主要成效和特色

学生实现了四个"这样"的转化。

"原来是这样"：刚进入实习阶段，所有的环境和工作内容都是陌生的，学生只接触过课本上、论文上的"政府"，但没有实际地了解过政府。通过实习，学生对于人社局有了初步了解，明白人社局是做什么的，有什么重要性。

"真的是这样"：在慢慢地熟悉了工作环境之后，政府部门的形象在学生心目中越来越具体，了解各个科室平时处理的问题以及运行模式，实现了真正的从理论到实践。

"原来就这样"：随着实习工作的开展，学生对自己手上的工作逐渐熟悉，发现其实公务员的工作也许并没有那么复杂，很多工作也是有一定的规律的。

"真的得这样"：到实习后期，学生接触的业务越来越深入，包括在业务科室或者窗口实习，逐渐意识到，公务员为人民服务的意识是必须时时刻刻在线的，只有这样才能真正解决群众社保问题、就业问题等一系列麻烦。

（三）学生感言与指导教师评价

【学生感言】公共事业管理1801班倪诗雨：两个月的实习时间转瞬即逝，回顾两个月的实习，我深刻感受到了理论付诸实践的困难，体会到了党政机关工作的严谨性，感悟到了"纸上得来终觉浅，绝知此事要躬行"的重要性。在这一阶段的实习中，我主要负责的是劳动仲裁院的仲裁书拟写、案卷整理、接待劳动者等等。劳动仲裁院的特殊性让我接触到了很多课堂上接触不到的真实案例，也给了我很多和劳动者面对面沟通的机会。经常有农民工不到上班时间就已经成群在窗口等候，如果没有这段经历，我想我是不会了解当今劳动者的一些困境的。同时也需要具备很强的责任心，在学校里任何事情都有人帮着兜底，而出了校门，进入社会，就必须为自己的一言一行负责，为服务的对象负责，为整个单位集体负责。同时我也学会了很多为人处世的道理，比如如何快速地融入单位的环境和集体，如何更好地完成既定的任务，如何在人际交往和沟通方式上进行变通，这些都需要一个逐步从点到面的认识过程。我也由衷地感谢办公室的哥哥姐姐手把手地教我写裁决书、理案卷、窗口接待等等，不厌其烦地教我工作技能以及一些为人处世的道理，教会了我很多很多。适应工作的过程也是渐渐走向社会的过程，这一阶段的专业实习，让我对自己的能力有了清晰的认识，并对自己需要提升之处有了认知，接下来的时间里我会努力用实践去检验真知，为今后的工作生活做好充分的知识、能力储备。

校内指导教师评价：倪诗雨同学在拱墅区劳动仲裁院实习期间，认真对待实习工作，遵守实习单位和学校的实习纪律，按时完成实习总结周记等学习任务。较好地完成了各项实习任务，通过实习得到了锻炼和成长，严格要求自己，认真履行自己的职责，实习工作没有出现差错和纰漏。回访中，实习单位带教老师对倪诗雨同学的表现给予了较高的评价。

校外指导老师评价（杭州市拱墅区人力资源和社会保障局）：浙江工业大学公共事业管理专业的学生在我单位实习期间，勤奋好学，认真对待工作任务，善于细心观察，做到了将实践经验与课堂知识相结合。与此同时，严格遵守我单位各项规章制度，圆满完成工作任务，展现了浙江工业大学公共管理学院学子的精神和风采。

四、案例反思

实践的意义见于忘却知识之后的素质积淀。与人力资源和社会保障局的实习合作让学生收获颇丰，通过两个月的实习让学生发生了巨大的成长。在人力资源和社会保障局的实践工作中，从最初有电话来却不敢接听的惴惴不安，到看着屏幕上待办数字由个位向高位递减时心生的满足感，我学会了线上处理业务和政府的就业管理政策，学会了即使面对不断重复，依然以严谨认真的态度对待每一份数据的精神。所以实践的意义除了作为社会建设的一部分之外，还在于在工作中提升自己，找到工作乃至生命的真义。

在本次人力资源和社会保障局的实习中，深刻感受到了理论付诸实践的困难，体会到了党政机关工作的严谨性，感悟到了"纸上得来终觉浅，绝知此事要躬行"的重要性。在这一阶段的实习中，学生主要负责的是劳动仲裁院的仲裁书拟写、案卷整理、接待劳动者等等。劳动仲裁院的特殊性让学生接触到了很多课堂上接触不到的真实案例，也给了学生很多和劳动者面对面沟通的机会。经常有农民工不到上班时间就已经成群在窗口等候，如果没有这段经历，是不会了解当今劳动者的种种困境的。同时也需要具备很强的责任心，在学校里任何事情都有人帮着兜底，而出了校门，进入社会，就必须对自己的一言一行负责，为服务对象负责，为整个单位集体负责。同时学生也学会了很多为人处世的道理，比如如何快速地融入单位的环境和集体，如何更好地完成既定的任务，如何在人际交往和沟通方式上面进行变通，这些都需要一个逐步从点到面的认识过程。适应工作的过程也是渐渐走向社会的过程，这一阶段的专业实习，让学生对自己的能力有了清晰的认识，并对自己需要提升之处有了认知，接下来的时间里学生会努力用实践去检验真知，为今后的工作生活做好充分的知识、能力储备。

带着思政任务参与实习，学生们通过在窗口实践，对人社服务体系有了新的了解，不同于过去的服务模式，当前区社保局围绕"数字牵引、高效集成"，整合资源、重塑流程，打造整体协同、高效运行的"智办"服务体系，推动人社将业务经办从"能办""好办"向"智办""秒办"迭代升级。让学生切身体会传统行政部门改革创新的一面，从而树立创新意识，注重培养创新能力和知识技术，提高解决问题、开创新局面的能力。也学会如何在人际交往和沟通方式上进行变通；学会为自己的行为负责，为服务对象负责，为整个单位集体负责。最重要的是让学生对自己的能力有更加清晰的认识，为今后的工作生活做好充分的知识、能力储备。

开展学生社会实践的准备工作应该是一个完整的流程，需要从动员、征集方向、讨论开展模式、确定考核方法以及最后的成果展览等五大方面进行。但在实际的准备工作开展中，如果缺少了关键的环节，或者在一些环节工作不够到位，就会导致学生社会实践活动难以达到预期的效果。再者，学生对社会实践的认识程度不高，在思想上准备不充分，目的不明确，认知有偏差，也会导致实践效果不如预期。

在今后的教学中要不断增强学生的实践探索精神，让学生意识到社会实践活动就是要带着问题走向社会，带着答案回到课堂，形成"专业问题"与"实践问题"相结合的良性循环，从而发现自我学习的缺陷，增强创新意识和学习的自觉性，不断提高个人的能力和素质。

改造一座城市，构建一个未来
——住建局实习的课程思政案例

推进国家治理体系和治理能力现代化，必须抓好城市治理体系和治理能力现代化。运用大数据、云计算、区块链、人工智能等前沿技术推动城市管理手段、管理模式、管理理念创新，从数字化到智能化再到智慧化，让城市更聪明一些、更智慧一些，是推动城市治理体系和治理能力现代化的必由之路，前景广阔。

——习近平总书记2020年3月29日在浙江考察时的讲话

案例概述：本实践案例来自大学三年级公共管理专业第一次统一实践环节，实践单位为下城区住建局基层部门。其任务是让参加实习的同学通过专业实习，运用公共管理价值理念、知识理论和方法技能分析、解决住建管理中的实际问题，在实践中深化对理论知识的认识，进而锻炼运用理论解决实际问题的能力，系统培养自身的沟通能力、组织能力、协调能力、文字表达能力、分析及解决问题等能力，为今后的求职和就业做好综合素质及能力上的准备，并为毕业设计积累研究素材。

实习思政元素：统一发展、城市建设、美丽中国、爱岗敬业

一、实习目标

（一）社会实践目标

（1）了解住建局的职能。

（2）适应公务员的工作方式，拓展自身的知识面。

（3）体会政府职能部门的运行流程。

（4）了解收发文的普遍规范。

（二）课程思政目标

（1）引导学生了解住建管理部门的发展沿革，了解住建体系是如何构建、如何运转的。

（2）引导学生对住建管理案例进行深入研读，了解住建管理的重要性，树立忧患意识与责任意识，并能够在工作中转化为行动。

（3）提升学生看待住建工作的视角，从社会治理的角度让学生了解自己正处于一个"吃住不发愁"的社会当中。

（4）让学生明白，只有建立在住宿无忧、城市美好建设之上的发展才是长远的发展，中国梦的实现，住建局的工作不可或缺。

（三）实习中融入的思政元素

元素1：统一发展

学生通过实习时的文化宣贯，要明白提升人才质量的重要性。进行中国建筑全系统企业文化矩阵式培训，以提升文化管理人员综合素质，同时，将企业文化管理工作纳入各单位关键业绩指标，鼓励各单位工作人员依循文化方向积极进行业务拓展，优化人力资源配置，不断提升人才质量。

元素2：城市建设

让学生懂得基础设施很重要。从古至今，对基设施重视的城市各方面水平就高，繁荣强大兴盛。基础设施不健全，则城市发展缺乏有效保障。

元素3：美丽中国

实习中，学生会学习到在论述新时代中国特色社会主义思想的精神实质和丰富内涵时，把"坚持人与自然和谐共生"和"建设美丽中国"作为重要内容；把"生态环境根本好转，美丽中国目标基本实现"作为全面建设社会主义现代化国家新征程第一阶段的重要目标。

元素 4：爱岗敬业

实习之前，学生对于住建局的工作还是不太了解，通过学生自己的观察，发现住建局的高压力与高强度。加班工作虽少但有，需要以敬业之心支撑很多紧急事务与重要事务的推动与开展，让学生真正感受到住建工作人员的敬业态度。

二、实习过程与任务

（一）学习阅读住建工作相关政策与预案文件

阅读包括《关于印发〈东新路整治工程专家目录〉的通知》《关于重审劳工弄5号3单元103室房改购房的报告》《关于将城北体育公园浙一建周边复绿工程暂时纳入城北体育公园养护标段的请示》《关于城北体育公园南区块临时复绿工程养护招标的请示》《关于增补下城区绿地养护第三方监管项目计划资金的请示》《关于申请体育场路、朝晖路退出2019年双最评比的请示》《关于申请东园公园地下停车库项目预算审核列入计划的请示》《关于加强对安置房建设项目管理的函》《关于树园31幢应急搬迁项目中直管公房问题安置问题的请示》《关于调整下城区住房和城市建设局信访法制工作领导小组成员的通知》《关于要求对环城西路整治工程审计问题进行专题协调的请示》《关于浙江耀华建设集团有限公司工会委员会选举结果请示的批复》《下城区人才住房保障管理实施办法（试行）》《下城区创业人才及外来务工人员公寓租赁管理办法》《保障房办事攻略》等多份文件与预案，感受公文行文的规范性，让学生产生直观的感受。

（二）参与撰写起草相关公文与材料

在阅读相关的政策与预案文件，熟悉文章架构后，开始学习起草公文。在校外导师的指导下进行一些简单的公文撰写，完成《关于印发下城区创业人才及外来务工人员公寓租赁管理办法的通知》《项目党建——杭州中心》《扫清来迟的正义背后的阴影》《关于三塘中心公园绿化提升改造工程设计概算的审查意见》《关于对新天地部分代征代建绿地实施提升改造及纳入长效养护的请示》《关于报送网络安全自查情况的通知》等公文的撰写，让学生通过撰写材料，加深对实习期间感性认识的思考，克服学生对较多文字材料撰写时的恐慌心理。

（三）学习会议组织和会场布置工作

实习期间学生会被安排内勤事务的轮岗实习，其中会议组织与会场布置工作是极为重要的一部分。一是在会议之前，接待与会人员，完成检查会议资料工作，需要将相关资料逐字逐句检查，重点检查错别字与格式问题，修改好之后将资料发送至文印室，打印成册。会场布置，将台签按照参会部门名单有序排列在座位左侧，然后将矿泉水以及会议资料整齐地摆在桌面中间，确定参会部门名单，打印会议签到表。二是在会议之中，学生参与会议签到工作并收集到会名单，负责会议摄影工作，同时需要应对一些突发事件。三是在会议之后，对会议上记录员记录的会议纪要，进行格式的修改，在校外导师的指导下完成新闻动态的撰写和发布。让学生通过多次同类型的会议，了解会议的流程，锻炼学生的综合能力。

（四）完成事务性工作

从复印、打印、扫描、装订文件、编排档案、填表、公文核稿、将重要事务通知并转发领导、机要文件交换、文书整理、记录办公室座机信息等工作开始，慢慢熟悉部门日常事务，从事务性工作中感受住建工作对于事务性职责的高标准严要求，也让学生寻找事务性工作在总体工作当中的重要意义。

三、实习成果

（一）意义和价值

"十四五"规划中提出，当下是新发展阶段的开局起步期，是实施城市更新行动、推进新型城镇化建设的机遇期，也是加快建筑业转型发展的关键期。一方面，建筑市场作为我国超大规模市场的重要组成部分，是构建新发展格局的重要阵地，在与先进制造业、新一代信息技术深度融合发展方面有着巨大的潜力和发展空间。另一方面，我国城市发展由大规模增量建设转为存量提质改造和增量结构调整并重，人民群众对住房的要求从有没有转向追求好不好，将为建筑业提供难得的转型发展机遇。建筑业迫切需要树立新发展思路，将扩大内需与转变发展方式有机结合起来，同步推进，从追求高速增长转向追求高质量发展，从"量"的扩张转向"质"的提升，走出一条内涵集约式发展新路线。在住建管理部门安排学生实习就是呼应国家发展需求，为住建管理工作储备人才，让学生对住建工作产生向往的萌芽。

（二）主要成效和特色

学生实现了四个"这样"的转化。

"原来是这样"：对于住建工作有了初步了解，知道住建工作的基本概念和重要性。

"真的是这样"：通过实习，对部门产生初步印象，对于住建工作的具体情况在感性上形成了认识,并能够在一些工作中有参与感。

"原来就这样":随着对住建管理工作的熟知,对一些工作也开始上手,慢慢发现住建管理工作当中的大部分内容,学生经过训练也能够上手,刚开始由于生疏而产生的困难感渐渐散去。

"真的得这样":当身边真正有住建事件发生时,住建管理系统状态切换,在平时想不通的冗余能力被调动起来,这时候学生原以为的社会冗余能力变成了必需能力,能够让学生切实体会到住建工作系统存在的合理性与必要性。

(三)学生感言与指导教师评价

【学生感言】行管 1701 班李若涵:

(1) 工作中要时刻抱着虚心学习的态度。对于我们来说,身上还有很多不足和缺点,有很多东西等着我们去学习,需要在实践中克服。

(2) 要有扎实的文字功底。公文写作是行政工作中一项重要的内容,以其严格的行文要求和特点,在党政机关中具有不可替代的作用,能够提高工作效率,增强上下级、同级之间协调沟通。而文字功底的练就并非一日之功,要靠知识、技能和经验的长期积累。

(3) 要提高自己适应新环境的能力,使自己快速进入角色。首先,要对自己的工作环境有一个初步的了解,作为一个新手,我的工作是从简单的做起,工作繁杂、枯燥都是常态,在这样的情况下,更需要我保持细心和专注。其次,要勤于学习,这次实习让我深刻明白了必须在工作中勤于动手,不断学习,不断积累。遇到不懂的地方,要多问、多请示,而不可自作主张。当然,也需要有保密意识,不该问的坚决不问,不该说的坚决不说。最后,要与同事建立和谐的关系,和谐的人际关系是我们开展工作的助推器,凡事都要虚心,懂礼貌,学会如何待人接物。

校内指导教师评价:李若涵同学在实习期间,工作积极,踏实肯干,细心耐心,服从安排。能做到理论联系实际,善于思考,积极发挥力所能及的作用。遵守实习单位的各项规章制度,表现优秀,受到用人单位的一致好评。

校外指导老师评价(下城区住建局):李若涵同学在我单位房产科实习期间能够严格遵守各项规章制度,没有无故缺勤现象,并积极配合周边同事完成各项交办的工作。工作踏实,学习认真,尊重他人,为人谦逊,待人真诚,能服从命令,不怕苦,不怕累。实习期间较好的工作表现,得到领导和同事的认可。自该同学到岗以来,我单位本着让实习生能更多了解科室工作的原则,安排其与工作较忙的工作人员同一办公室,让其体验机关工作日常。从简单的工作着手,通过帮助梳理各类业务台账,让其接触科室历史工作;通过编录文件材料,让其有机会学习相关业务知识;通过制作讲课 PPT,展现良好工作素养;通过参与专报印发工作,让其了解专报发放相关部门、街道具体名称及专报编辑后续工作；通过参加"红船杯"党团知识决赛现场啦啦队，体验机关年轻人的朝气与睿智等。实习期虽然不长，单位给予其的工作压力也不是很大，但给予其所能参与的项目较多，接触的事物也相对丰富。李若涵同学在此期间能够积极参与，帮助完成科室对其提的所有工作要求。在空闲时，其也能充分利用时间进行学业复习，丝毫未放松对自己的要求。

四、案例反思

在住建局的实习对在校大学生来说意义重大，这对丰富在校大学生的经历来说存在其必要性与重要性，使学生牢记要心怀善念与谦虚，无论是大的还是小的步伐，都要去踏实地把足迹留在当时，把总结时刻存在心里，认真走好每一步。不忘初心，方得始终，在住建局实习的这些日子里，学生感觉到人民群众是我们力量的源泉，是我们的动力。踏踏实实为群众做事，把群众服务好，把群众照顾好，这是我们的宗旨。新时代中国青年要在奋斗中摸爬滚打，体察世间冷暖、民众忧乐、现实矛盾，从中找出人生真谛、生命价值、事业方向。以真才实学服务人民，以创新创造贡献国家！

在住建局的实习中，学生更多了解了住建局科室工作的原则。安排学生与工作较忙的工作人员同一办公室，让其体验机关工作日常。从简单的工作着手，通过帮助梳理各类型业务台账，接触科室历史工作；通过编录文件材料，有机会学习相关业务知识；通过制作讲课PPT，展现良好工作素养；通过参与专报印发工作，了解专报发放相关部门、街道具体名称及专报编辑后续工作；通过参加"红船杯"党团知识决赛现场啦啦队，体验机关年轻人的朝气与睿智等，锻炼学生的综合能力。

带着思政任务参与实习，让学生懂得从身边的小事做起，脚踏实地，扣好人生的每一颗扣子；不忘初心、牢记使命，培养多方面的能力，从而在服务群众、奉献社会中创造属于自己的人生价值。充实的实践生活除了让学生在工作经验和课外知识上有所增长外，最大的收获莫过于个人的转变，从校园思维模式到社会思维模式的转变，从"纸上谈兵"到"纸上得来终觉浅，绝知此事要躬行"的转变，为学生今后尽快适应社会、融入社会奠定了基础。

在住建局管理部门的实习工作当中，校内导师需要与学生提前沟通实习目标，需要在实习过程中搜寻具有部门特性的信息与素材进行深入的研究。学生是第一次走出校园走向社会，面对很多新的信息，在实习过程中有时会更关注一些重要但普遍性的机关事务工作，而对住建局工作本身的思考与挖掘不够。在与校外导师的沟通中需要更加前置化实习目标，让校外导师对于实习计划更加明晰，在指导过程中思路相对比较清晰。在实习过程中的思政学习需要依靠校内导师前期的知识储备，列出可能存在的思政元素,让学生在实习过程中寻找这些"思政密码",而不是等着思政教育找上门来。另外,周志中的信息传导十分重要,校内导师需要认真对待,让学生能通过周志的反馈结果对工作及其背后的思政元素加以复盘与提炼。

在接下来的社会实践环节,需要预设一些"思政密码"在学生的实习工作当中,实习的过程也就是"思政密码"的发掘过程,让学生从被动接受思政教育转为主动寻找这些"思政密码",发挥学生在实践思政环节的自主性。

以文塑旅、以旅彰文
——文广旅体局实习的课程思政案例

> 要利用独特的文化遗产和自然遗产优势,统筹旅游资源保护和开发,完善旅游设施和基础服务,放大文化旅游业综合效应。
>
> ——习近平总书记 2019 年 8 月 22 日在听取甘肃省委省政府工作汇报时的重要指示

案例概述:本实践案例来自大学三年级行政管理专业第一次统一实践环节,实践单位为下城区文广旅体局。其任务是让参加实习的同学了解区文广旅体局的主要工作,对于区文广旅体局工作运行体系有初步的了解,并能够参与到文化旅游管理宣传的事务当中,感受文化旅游工作事无巨细为群众解忧的责任感。推进文化铸魂,发挥文化赋能作用;推进旅游为民,发挥旅游带动作用;推进文旅融合,努力实现创新发展,为提高国家文化软实力、建设社会主义文化强国作出积极贡献。

实习思政元素:责任意识、文化自觉、文旅融合、文化强国

一、实习目标

(一)社会实践目标

(1)了解区文广旅体局在政府机构中的定位及其主要工作。

(2) 了解文化和旅游在社会中的重要性。
(3) 学习处置文旅相关事项的一般流程。
(4) 参加文明城市的文化建设。

（二）课程思政目标

（1）引导青年学生了解文广旅体局的发展沿革，了解其内部组织是如何构建、如何运转的。

（2）引导青年学生对文化旅游的案例进行深入研读，了解浙江省旅游景观的数量、旅游线路的规划及背后的文化意义，明白文化为魂，旅游为体，让学生坚定文化自信，增强文化自觉，推进文化铸魂，发挥文化赋能作用，并能够在工作中转化为行动。

（3）提升青年学生看待文化和旅游的视角，从国家历史进程、国际竞争的角度让学生了解自己正处于"百年未有之大变局"当中，深刻把握我国社会主要矛盾变化，立足社会主义初级阶段基本国情，准确识变、科学应变、主动求变，在危机中育先机、于变局中开新局，以创新发展催生新动能，以深化改革激发新活力，奋力开创文化和旅游发展新局面。

（三）实习中融入的思政元素

元素1：责任意识

通过对文化旅游公文的学习与撰写，熟悉区文广旅体局系统中的分工与合作，了解各个部门在具体的管理事宜中的职责与权利边界。如果存在职责与权利上的重合，会带来工作推进的低效率。让学生知晓权利边界的划分能够让参与的各部门责任明晰，让文旅工作开展更为顺畅。

元素2：文化自觉

通过对区文广旅体局已有的材料进行阅读与梳理，请教单位领导同事，了解浙江省旅游景观的数量、旅游线路的规划及背后的文化意义，让学生坚定文化自信，增强文化自觉，推进文化铸魂，发挥文化赋能作用。

元素3：文旅融合

通过对相关书籍资料的阅览，让学生了解文化和旅游的内在联系。文化为魂，旅游为体。明白没有文化的旅游就缺少了灵气。有很多仿建的"古"镇"古"街，尽管有"形"而无"神"，因为离开历史文化的积淀、物质和非物质文化的遗存，即使是模仿得惟妙惟肖，也始终缺少原真而鲜活的文化内涵和意境，依然冷冷清清"活"不起来。旅游则是文化实现教化功能与娱乐功能的重要载体，是发掘、弘扬、优化、保护和丰富文化的有效途径。以文化为内容、旅游为平台的文化旅游产业呈现出前所未有的生机与活力。

促进文化与旅游融合发展，是杭州西湖旅游业成功的经验和世界旅游业发展的大趋势。

元素4：文化强国

让学生把文化旅游放到国家历史进程、国际竞争方面进行综合考虑。在国家历史进程方面，历史反复告诉我们，人类社会每一次跃进、人类文明每一次升华，无不伴随着文化的历史性进步，文化是民族生存和发展的重要力量。在中华民族的历史上，文化的命运总是与民族的命运紧紧地联系在一起；文化的力量始终是中华民族克服艰难险阻、生生不息的精神支撑。以高度的文化自觉推动文化发展繁荣，是世界和我国发展的历史带来的启示，是我们前行必须遵循的大逻辑。在国际竞争方面，当前各国综合国力竞争更趋激烈，文化日益成为综合国力竞争的关键内容与重要场域。世界主要国家纷纷推出相应战略，从文化中借力、在文化上发力。当前，我国文化软实力虽然不断提升，但总体而言，国际文化格局仍未根本改变。习近平同志强调，我们不仅要让世界知道"舌尖上的中国"，还要让世界知道"学术中的中国""理论中的中国""哲学社会科学中的中国"。这里所要求的，就是中国文化软实力的强劲提升。

让学生通过实习经历，传播弘扬中华文化、社会主义核心价值观，推进文化铸魂，发挥文化赋能作用；推进旅游为民，发挥旅游带动作用；推进文旅融合，努力实现创新发展。为提高国家文化软实力、建设社会主义文化强国作出积极贡献。

二、实习过程与任务

（一）学习阅读文化旅游相关政策

阅读包括《杭州市贯彻落实〈浙江省城市文明程度指数测评体系〉目标任务分解表》《做实打响"诗画浙江、百县千碗"》《下城区十届八次全体会议报告》《全省文化和旅游资源开发专题培训班》（内含国家和省级全域旅游示范区管理办法、省级旅游度假区、浙东唐诗之路、海盗公园建设、浙江省全域旅游示范县、浙江省A级旅游景区品质提升、省旅游度假区考核、浙江省景区镇建设、浙江省乡村民宿提质富民、浙江省旅游风情小镇等一系列指导文件）等数十篇从国家文化和旅游部到区党委的公文。让学生直观感受政府公文行文的规范性，了解中央与地方人民政府的运转机制，明白"顶层设计"与"因地制宜"相结合是其主要原则。

（二）参与撰写起草相关公文与材料

在阅读文化旅游相关政策后，开始学习起草公文。首先学习两份问题信息类公文模板《疫情后期和结束后可能面临四大风险 需加以重视并出台相应举措》《影院短暂复工期间身陷复工"怪圈"生存困难亟待重视》后，辅助完成阅读并学习老师撰写的《关于我区文旅融合发展情况的调研报告》，帮助修改了其中的错别字。最后在校外导师的指导下进行公文撰写，完成问题信息类公文12篇（《防范化解疫情现实下中高考工作中的风险隐患 保障考试秩序平稳正常运转》《明星代言产品频频翻车问题亟待解决》《疫情时期实体书店经营困境的分析与化解》《"土地增减挂钩"政策存在的改革阻力问题分析与对策探讨》等）、事务类公文9篇（《区文广旅体局携手新天地太阳马戏（新闻稿）》《2020"遇见下城"主体摄影大赛策划案》《下城区各街道关于举办摄影大赛的通知》《城市文明程度指数测评实地考察情况报告》《下城区2020年文旅投资半年度工作总结》《下城区文旅投资项目 文旅金名片培育推进情况》等）、舆情信息类公文5篇（《贵州省安顺市西秀区公交车坠湖事件引发舆论高度关注》《小学生科研项目获全国奖项引发舆论关注》《留守女孩报考北大考古专业引发舆论关注》《华为年薪201万天才少年成为舆论焦点》《90后成外卖最大消费群体引发舆情关注》），都得到了老师们的广泛好评，都未经修改直接被采纳。学生还根据实习期间的思考完成《新冠肺炎疫情后旅游业转型升级路径研究——以杭州市为例》论文的撰写，让学生通过撰写材料，加深对实习期间感性认识的思考，帮助克服学生对较多文字材料撰写时的恐慌心理，对文化和旅游在社会中的重要性有深刻的印象。

（三）参与文明城市指数测评实地考察

为全力做好2020年全国文明城市复评和杭州市第三季度城市文明指数测评迎检各项工作，切实提升全市市民文明素养。自全市召开全国文明城市复评迎检工作部署会以来，根据《杭州市贯彻落实〈浙江省城市文明程度指数测评体系〉目标任务分解表》，周密部署，按照各自职责分工，严格对照实地考察点工作标准，查漏洞，补短板，以"文旅铁军排头兵"的姿态，迅速进入全面迎检状态，确保以亮丽整洁、文明有序的城市面貌迎接国、省、市级大考。

根据杭州市贯彻落实《"浙江省城市文明程度指数测评体系"目标任务分解表》，学生所在单位科室，具体任务为考察区内9家星级宾馆关于社会主义核心价值观、诚信经营、文明旅游、文明健康有你有我等公益广告的布置情况，公筷公勺宣传和使用是否到位，另外还有垃圾分类宣传和处理情况，电梯间、卫生间文明标识，各场所禁烟标识，宾客意见反馈箱等多项考察内容。除了初次查访和指导，之后学生每天还要随机去一到两家酒店进行暗访，拍摄店内环境，监督酒店工作的落实和有无出现其他不合规定的情况。在每次查访后，形成考察报告，交代本日行程和考察结果，指出各企业存在的问题，并联系企业加以解决。经过两周的监督，顺利完成了上级的工作部署要求，让学生明白文明城市建设离不开每一个人的努力。

（四）旅游项目资源信息系统使用

由于疫情原因，许多旅行社在 2020 年面临诸多风险和挑战，其中一些不堪业绩下降的压力宣告倒闭，这一外生冲击也使得文广旅体局在数据系统管理上的任务比以往要更加重要，结合之前统计的旅行社的各种数据，在系统上进行了增减补删等工作。打开旅游项目资源信息系统时，能看到区内所有旅行社、宾馆、酒店等企业月度上报的旅游统计数据和下城区的旅游重点项目建设情况。由此可见互联网化、数字化对政府治理的重要性。打造并完善好旅游项目资源信息系统，对于促进城市旅游管理工作电子化、信息化有着较大帮助，杭州国际化程度较高，入境游客量大，旅游管理工作的要求也相当复杂，如果以传统的方式去进行旅游管理，会导致旅游供给不足，缺口越来越大，进而造成游客和本地居民体验的下降，不利于发挥旅游刺激消费、满足人民精神所需的功能。因此，在学生实习期间，杭州市围绕"10 秒找房""20 秒入园""30 秒自助入住"的旅游工作安排，依托城市大脑对旅游资源的统筹安排，逐步实现游客在杭旅游的便捷化，减少其不必要的查询带来的时间和脑力成本，将更多精力放在享受旅游环境上。杭州市这样的做法对于其他热门旅游城市也有推广空间，其核心在于如何把数据系统和旅游资源联动起来。对于旅游项目管理，通过系统也可以直观得到各工程每月进度和难点所在。如疫情期间，新天地中央活力区的太阳马戏面临停演的危机，后来，解决这一问题的各项措施的进展都能在系统中得到反馈，有助于项目责任的落实，减少企业和部门间互相推诿、导致项目架空的情况发生。让学生体会精细化、数字化政府治理，在创新探索城市大脑与旅游管理相结合的同时，使旅游管理在供给上转型升级，达成更加精细化的管理，更好促进以需求导向带动旅游业发展。

三、实习成果

（一）意义和价值

我国文化和旅游发展仍然处于重要战略机遇期，但机遇和挑战都有新的发展变化。从国际看，当今世界正处于百年未有之大变局。人类命运共同体理念深入人心，同时国际环境日趋复杂，不稳定性不确定性明显增加。文化和旅游既要在展示国家形象、促进对外交往、增进合作共赢等方面发挥作用，也要注意防范逆全球化影响以及新冠肺炎疫情带来的风险。从国内看，发展面临着一系列新特征新要求，必须准确把握新发展阶段，深入贯彻新发展理念，加快构建新发展格局。推动高质量发展，需要加快转变文化和旅游发展方式，促进提档升级、提质增效，更好实现文化赋能、旅游带动，实现发展质量、结构、规模、速度、效益、安全相统一。构建新发展格局，文化和旅游既是拉动内需、繁荣市场、扩大就业、畅通国内大循环的重要内容，也是促进国内国际双循环的重要桥梁和纽带，需要用好国内国际两个市场、两种资源。满足人民日益增长的美好生活需要，需要顺应数字化、网络化、智能化发展趋势，提供更多优秀文艺作品、优秀文化产品和优质旅游产品，强化价值引领，改善民生福祉。战胜前进道路上各种风险挑战。文化是力量源泉，能够凝魂聚气、培根铸魂，为全体人民奋进新时代、实现中华民族伟大复兴的中国梦提供强大精神动力。同时也要清醒地认识到，文化事业、文化产业和旅游业发展不平衡不充分的矛盾还比较突出，城乡差距、区域差距依然存在，文化和旅游产品的供给和需求不完全匹配，与高质量发展要求存在一定差距，突发公共事件等也将给文化和旅游发展带来不确定性。

综合判断，我国文化和旅游发展面临重大机遇，也面临诸多挑战，需要高校培养具备优秀的思想政治品德，正确的世界观、人生观和价值观，拥有良好的专业素养、团队协作精神、时代意识和国际素养的综合性实践人才。在文广旅体局安排对口专业的学生实习就是呼应国家发展需求，为文化强国作储备人才，让学生把铸牢中华民族共同体意识的工作要求贯彻落实到全区历史文化宣传教育、旅游景观陈列等相关方面，为铸牢中华民族共同体意识夯实思想文化基础。

（二）主要成效和特色

学生实现了四个"这样"的转化。

"原来是这样"：对于文化旅游工作有了初步了解，知道文化旅游工作的基本概念和重要性。

"真的是这样"：通过实习，对部门产生初步印象，对于文化旅游工作的具体情况在感性上形成了认识，并能够在一些工作中有参与感。

"原来就这样"：随着对文化旅游工作的熟知，对一些工作也开始上手，慢慢发现文化旅游工作当中的大部分内容，学生经过训练也能够上手，刚开始由于生疏而产生的困难感渐渐散去。

"真的得这样"：对于文化旅游背后体现的精神与意义有了进一步的了解，知道了文化自信发展沿革的必然性，从文化强国的角度与平时历史文化宣传教育、旅游景观陈列、城市文明评选产生联系，其实背后涉及中华民族共同体意识，提高国家文化软实力、建设社会主义文化强国的问题，开始对有关文化旅游物件设置及场所分布带来的影响进行思考，并形成了相关的研究成果，能够让学生切实体会到文旅融合工作存在的合理性、必要性与急迫性。

（三）学生感言与指导教师评价

【学生感言】行政管理1701班洪中煌：通过在区文广旅体局实习，在写作上，我能将在学校中学到的知识，运用在工作中。得益于单位领导同事的帮助，让我的写作更加务实，公文写作更加符合政府实际；在生活上，对随处可见的景观、旅游路线的规划，会去思考背后的文化意义，会去思索文化对于景点的支撑作用。

校内指导教师评价：洪中煌同学在实习期间，能够较好地遵守实习单位的各项管理规章制度，不迟到不早退。工作态度认真积极，主动学习岗位的相关职能和工作内容，能够较快地进入工作状态。在实习中，能够及时高效完成领导交办的各项任务，具备较强的研究分析能力与文字表达能力，工作文稿等受到相关部门及领导的一致好评和高度肯定。实习过程中，洪中煌同学能够较好地结合公共管理相关理论，对文化旅游领域行政管理的相关事项进行深入思考，并撰写了多篇高质量的分析报告。实习过程中，洪中煌同学每周在周五下班时就第一时间提交周记，记录翔实，有事项有总结有反思，真实地记录了自己的思考过程和所学所获。实习报告方面，洪中煌同学能够较好地结合实习工作的主题，探讨后疫情时代旅游业的转型升级问题，思考深入，资料详细，观点明确，具有一定的参考价值。总体而言，洪中煌同学在专业实习环节中表现突出，较好地达到了既定培育目标。

校外指导老师评价（下城区文化和广电旅游体育局）：浙江工业大学的洪中煌同学在我局旅游科实习，负责各类信息文稿的撰写，协助旅游科完成科室各项工作任务。实习期间，该生认真好学，踏实肯干，在工作中遇到不懂的地方，虚心请教，善于思考，能够举一反三，在时间紧迫的情况下，经常加班加点、保质保量完成工作任务。该生负责科室问题信息类稿件的撰写，态度认真，工作细心踏实，用心观察体验思考，能创造性建设性地开展工作，理解新事物较快，涉猎面较宽。实习期间，共撰写问题信息类优秀稿件20余篇，累计文字3万余字。该生在旅游信息管理方面能力表现突出，数据、文档、材料的整理效率相当出色，能及时制作符合工作要求的表格，快速完成事务性的工作任务。该生还参与了旅游科的督查实践，协助主任工作，在旅游科材料撰写上思路清晰、文笔纯熟，可见该生能很快掌握科室最新情况和后续动态，融入到科室工作部署氛围中。同时，该生严格遵守各项规章制度，能与同事和睦相处，受到同事一致好评。

四、案例反思

文化是最富魅力、最吸引人、最具辨识度的标识，在区文广旅体局的两个月的实习，使每位学生认识到文广旅体工作的重要性，文旅融合也让下城区诞生了大量融合当地文化、民俗、旅游元素的文艺精品。努力让文化活起来、富起来，是每个公民的责任。让学生把铸牢中华民族共同体意识的工作要求贯彻落实到全区历史文化宣传教育、旅游景观陈列等相关方面，为铸牢中华民族共同体意识夯实思想文化基础。青春绚丽多彩，使命担当在肩，我们肩负着实现中华民族伟大复兴的历史重任，要牢记谆谆嘱托、不负青春韶华，要积极回应时代召唤，在"主战场上"展现"硬核作为"。要奋发学习，发掘所长，将青春年华融入国家、时代涌动的大潮中，展现学子的力量与担当。

在本次区文广旅体局的实习中，学生们根据局领导安排，首先从协助分管文物的副局长开展常规文保检查、会议准备、草拟文件开始。通过两周的跟班学习，熟悉了局机关的运行模式，了解了班子成员分工以及各科室职责和重点工作任务等。在协助领导赴各文保单位检查工作、整理资料、参加会议等工作中，让学生体会了下城区文广旅体局工作的快节奏和高效率。跟班学习期间，协助分管领导和科室同事成功督查了"浙江省城市文明程度指数测评体系"落实情况。从筹划、督查中，学到了很多组织流程和需要注意的细节。

重温红色历史，体悟青春伟力，带着思政任务参与实习。学生快速成长，知道了文化自信发展沿革的必然性，从文化强国的角度与平时历史文化宣传教育、旅游景观陈列、城市文明评选产生联系，其实背后涉及中华民族共同体意识、提高国家文化软实力、建设社会主义文化强国的问题。开始对有关文化旅游物件设置及场所分布带来的影响进行思考，并形成了相关的研究成果，能够让学生切实体会到文旅融合工作存在的合理性、必要性与急迫性。

在区文广旅体局的实习工作之前，校内导师需要预设专业实习的"社会实践与思政育人目标"，根据学生的专业、性格针对性地选择具有预设目标特性的信息与素材的单位进行实习研究。考虑到学生是第一次走出校园走向社会，面对新工作、新单位、新同事，在实习过程中有时会更关注一些重要但普遍性的机关事务工作，而对文化旅游工作本身的思考与挖掘不够。在与校外导师的沟通中需要更加前置化实习目标，让校外导师对于实习计划更加明晰，在指导过程中相对比较清晰地引导学生学习工作。

在接下来的社会实践环节，需要校内外指导老师合作，通过周志等实时了解学生的工作与思政情况，可以有引导性地向学生提问，让学生在区文广旅体局发挥主观能动性，亲身体会文旅工作背后旅游为民、文化铸魂、文化强国的重要性。

全民携手健康生活，聚力共铸幸福中国
——卫健局实习的课程思政案例

党和国家始终高度重视发展卫生和健康事业、增进人民健康福祉。全国卫生计生系统认真贯彻党中央关于卫生和健康工作的决策部署，积极推进公共卫生和基本医疗服务各项工作，为保障人民健康作出了重要贡献。

——习近平 2017 年 8 月 17 日在全国卫生计生系统表彰大会上的讲话

案例概述：本实践案例来自大学三年级公共事业管理专业第一次统一实践环节，实践单位为卫健局。其任务是让参加实习的同学了解卫健局的主要工作，对于卫健局组成与运行有初步的了解，并能够参与到卫健局工作的事务当中，在实践中深化对理论知识的认识，进而锻炼运用理论解决实际问题的能力，系统培养自身的沟通能力、组织能力、协调能力、文字表达能力、分析及解决问题等能力。

实习思政元素：爱岗敬业、心理援助、爱国卫生运动、疫情防控

一、实习目标

（一）社会实践目标

（1）了解卫健局的概况。

(2) 熟悉具体部门和岗位的业务流程、处理方法。

(3) 熟练掌握相应岗位的操作技能，初步养成职业素养。

(4) 更广泛地直接接触社会，了解社会需要，加深对社会的认识，增强对社会的适应性，将自己融合到社会中去。

（二）课程思政目标

(1) 引导学生了解卫健局部门的发展沿革，了解卫健局组织是如何构建、如何运转的。

(2) 增强青年学生的社会责任感和使命感，对参与卫健局的工作产生兴趣。

(3) 锻炼青年学生的沟通协调能力、工作仔细度、人际交往能力、文字能力等，让学生对家庭医生签约服务这一社区卫生服务创新项目有了更为清晰的认识。

(4) 全面提高学生自身素质，为就业做好准备。

（三）实习中融入的思政元素

元素 1：爱岗敬业

实习之前，学生对于卫健局的工作还是不太了解，通过学生自己的观察，发现卫健局工作的高压力与高强度，需要以爱岗敬业之心支撑卫健局工作的推动与开展，让学生学习卫健局工作人员的爱岗敬业精神。

元素 2：心理援助

通过设置心理援助热线，能够不受时间和地域限制，随时为公众提供帮助。其主要的目的是为有心理困扰的来电者提供有针对性的心理健康教育；为有情绪冲突的来电者提供情绪疏导；为处于危机状态的来电者提供心理支持，帮助高危来电者稳定情绪以降低自杀风险；为有需要的来电者提供精神卫生相关知识和精神卫生机构相关信息，引导其寻求专业治疗，维护心理健康。

元素 3：爱国卫生运动

通过卫健局的工作，让学生参加并推广爱国卫生运动，以推进城乡环境卫生整治为目标，制定卫生有害生物防治技术标准，强化病媒生物预防控制，支持病媒生物风险评估、绿色防治、美丽乡村建设等工作，急需相关技术标准。开展健康促进标准化研究，适时制定健康促进技术标准，加强健康教育，普及健康知识，引导良好行为和生活方式。

元素 4：疫情防控

完善外防输入政策措施，坚持"人物同防"，加强对进口冷链食品和物品疫情防控。强调加强重点时段、重点地区、重点人群疫情防控，有效防范境内疫情反弹。地方各级党委政府要健全疫情防控指挥体系，明确部门职责和分工。建立指挥系统启动机制、信息报告制度、督导检查制度、应急演练制度、城市支援制度等工作机制和制度。提升信息共享和整合，为疫情风险研判、防控措施制定和资源统筹调配提供支撑。根据不同疫情情景，做好专业防控人员、核酸检测能力、定点医院、集中隔离场所、防疫物资等储备。

二、实习过程与任务

（一）学习阅读各级党政机关发布的文件

阅读包括《医疗事故争议处理申请须知》《关于做好下城区第六周期医师定期考核工作的通知》《下城区医学会医师定期考核工作实施方案》《下城区全国基层中医药工作先进单位复评迎检的通知》《关于报送秋冬季疫情应对相关材料的通知》《关于下城区全科技能比赛方案（草拟稿）》《2019年下城区护理技能竞赛通知》《关于进一步完善下城区未成年人心理健康辅导站建设的通知》《浙江省基层卫生综合技能竞赛实施方案》《关于调整下城区卫生健康局新型冠状病毒感染的肺炎防控工作领导小组办公室的通知》等多份文件，感受卫健局公文行文的规范性，让学生产生直观的感受。

（二）参与撰写起草相关公文与材料

在阅读相关的政策与预案文件，熟悉文章架构后，开始学习起草公文。在校外导师的指导下进行一些简单的公文撰写，完成《关于组织参加"凝心聚力战疫情 牢记使命护健康"下城区卫健系统庆祝第三个"中国医师节"表彰大会暨文艺汇演的通知》《党建新思路：推进城市基层党建创新的基本路径》《关于2020年医疗机构校验有关事项的通知》《下城区开展家庭医生签约及基本公共卫生服务理论知识测试》等政府公文初稿的撰写，还根据实习期间的思考完成《协同治理视角下政府规制在医患纠纷中的作用研究》《新公共服务理论视角下杭州市"医养护一体化"家庭医生签约服务研究》《民营美容整形医院医疗纠纷频发成因分析及对策建议——基于下城区卫健局医疗整形纠纷信访件分析》等论文的撰写，让学生通过撰写材料，加深对实习期间感性认识的思考，克服学生对较多文字材料撰写时的恐慌心理，了解了卫健局工作的本质，胜任一些日常性的政府公文起草工作。

（三）编制下城区家庭医生签约与基本公共卫生服务理论知识试卷

试卷的理论知识测试包括家庭医生签约与基本公共卫生服务两部分的理论知识。家庭医生的规范理论文件是新发布的，缺乏题库准备，需要根据《浙江省家庭医生签约服务工作规范》《浙江省家庭医生签约服务技术规范》及参考各中心提交的试卷题目，完成家庭医生签约服务部分试卷出题。这一过程是繁复的，经过细读文件、语句斟酌和选项设置，反复筛选完善题目并核对答案，其间也经过多次题量的调整与题目的补充；基本公共卫生服务部分的理论题目则是需要对接相关系统的负责人员了解系统题库操作方法，并根据系统中此部分的题库进行筛选，完成基本公共卫生服务部分的理论测试题目。在准备题目的过程中，充分考验了耐心与细心。在接触试题出题的过程中使学生对家庭医生签约服务项目有了系统的了解，在出题过程中学生也通过一些细小知识点的考查对签约服务有了更清晰的关注视角，在政府部门、基层卫生服务部门、家庭医生团队以及签约人群等方面都有了更清晰的了解。另外，根据已有文件出题，也是很考验语言与文字能力的，在出题的语句斟酌与选项设置中也让学生的文字能力与信息捕捉能力得以锻炼。

三、实习成果

（一）意义和价值

习近平总书记曾谈到："我们党从成立起就把保障人民健康同争取民族独立、人民解放的事业紧紧联系在一起。"

十月革命一声炮响，为满目疮痍的旧中国送来了伟大的马克思主义，它不仅武装了早期中国共产党人的政治思想，也帮助我党奠定了卫生健康事业的初心，即"一切为了人民的健康"。建党初期，在炮火连天的艰难处境下，新生的苏维埃政权依旧积极探索、勇于实践，发动苏区军民共同排除万难，最终切实解决了许多就医防病方面的问题。这不仅为群众提供了健康保障，也将一颗为国为民的初心转化为强大的现实力量，并在一次次成功经验的加持下，为新中国卫生健康事业的发展打下了坚实的基础。

初心百炼，使命必达。在面对 2003 年 SARS 事件、2009 年甲型 H1N1 流感及 2020 年新冠肺炎疫情等重大突发公共卫生事件时，中国卫生人也沿袭了老一辈的优良作风，坚守初心、临危不惧，在一次次重大疫情中甘当逆行者，默默守卫人民群众的健康。物有甘苦，尝之者识；道有夷险，履之者知。让学生在卫健局实习，让其感受中国卫生人一代接一代对中国卫生健康事业的拳拳之心、殷殷之情，希望学生响应老一辈卫生人的号召，为卫健局贡献自己的一份力量。

（二）主要成效和特色

学生实现了四个"这样"的转化。

"原来是这样"：对于卫健局工作有了初步了解，知道卫健局所在部门的工作是做什么的，有什么重要性。

"真的是这样"：对于卫健局工作的具体情况在感性上形成了认识，能够逐步参与到一些工作中去。

"原来就这样"：卫健局对于政府工作来说是其中一项重要的枢纽部门，但进入当中实习发现其也是由一件一件具体而微小的工作组成的，很多事情同学们也都能够参与，其实并不复杂，浸润在时间中，自然也能够掌握。

"真的得这样"：对于卫健局工作背后体现的精神与意义有了深一步的了解，知道了卫健局的历史，对家庭医生签约服务项目有了系统的了解，明白卫健局工作的繁杂，需要用强大的爱岗敬业精神去支撑，只有像部门里的老师们如此的投入，才能让卫健局工作做得更好，支撑起这个组织的大格局。

（三）学生感言与指导教师评价

【学生感言】行政管理1503班李天昊：本次实习使我了解到了卫健局的工作形式和内容，对其所扮演的社会角色有了进一步的了解。在实习的过程中，我得到了指导老师以及办公室老师的多次帮助和关心，这些经历使我获得了成长。从处理一个简单的文件和盖章复印，一直到和各医疗机构的负责人交接文件，再到下城区四个社区卫生服务中心的最多跑一次改革实地检查，我体会到了我的实习部门工作所面临的挑战。

医政科作为较前端的业务科室，要处理各个医疗机构的审核和校验工作。同时还要解决患者和医疗机构之间的种种矛盾。不但需要丰富的医疗知识，还要有出色的沟通能力才能胜任这份工作。例如，一次有个病人在整形医院遭遇了医疗纠纷，情绪非常激动，向科室反映这个问题。老师们体现出了他们丰富的工作经验，心平气和地安抚病人，并按照流程，给予病人合适的解决途径，通过医学会医疗事故技术鉴定，让病人安心下来，解决其和医疗机构之间的矛盾。

校内指导教师评价：该同学实习期间严格遵守纪律，保质保量完成任务，获得了实习单位的一致好评。

校外指导老师评价（杭州市下城区卫健局）：在实习期间，浙江工业大学的学子工作认真，勤奋好学，踏实肯干，善于思考，表现出良好的综合素质。在实习期间严格遵守岗位要求的各项规章制度，未曾出现过无故缺勤、迟到早退现象，并能与部门同事和睦相处，在工作中遇到不懂的地方能够虚心向富有经验的前辈请教，对于老师提出的工作建议虚心听取。在时间紧迫的情况下，也能够按时完成不同类型的工作任务并能够将在学校所学的知识灵活运用到具体工作中去，不怕苦不怕累，表现出较强的求知欲，积极观察、体验和思考，保质保量地完成工作。

四、案例反思

过去短暂的两个月实习让学生对卫健局、对公务员工作有了更深入的认识,让学生感受到了学校与社会的不同之处;也让学生学会了为人处世之道,知道了要继续多学、多听、多做。熟练掌握了重点工作内容,认真完成领导安排的业务工作,规范管理各项档案资料。通过实践,让学生真切地体会到学无止境,在人生的每个阶段都要坚持学习、自我提升。在卫健局实践中,了解到医务人员在治病救人的同时还需承担相应的政治责任和社会责任,这对学生今后的职业规划有很大的启发。

在本次卫健局的实习中,让学生感受到的是来自办公室老师们的可亲——分享关于"智慧养老"与"医养结合"的相关内容,耐心教学生工作内容;感受到的是公务员们的温柔——他们称爷爷奶奶们为"银铃",会热情地帮助他们办理优待证(一般由社区统一收齐,带到卫健局办理);感受到的是来自政府机关的严谨——公文的格式有严格的要求;档案的整理需要整齐打印的标签……让学生对其有了更清晰的认识,也更明确了其肩上的使命,进一步激发了学习热情。作为青年学子的我们应该把理论结合实践,投入到社会的建设之中,投入到服务群众的队列之中。

带着思政任务参与实习,为学生提供了接触社会、锻炼自我的机会,让学生明白无论是学习中还是工作中,都要付出努力、保持热情。让学生们明白助人也是自助,帮助别人的同时自身思想能够得到升华。通过志愿活动,让学生学会了与他人沟通的技巧,学会了如何关爱他人,开阔了眼界,在认识到自身的缺点和不足的同时,也积累了宝贵的经验,坚定了发展的信心。通过这次社会实践,将学生自己所学的理论知识用于实践,更加深刻地明白了那句"纸上得来终觉浅,绝知此事要躬行"所蕴含的道理。

进入卫健局工作实习,校内导师需要提前设置好目标,并与校外导师进行联系,通过校内外导师充分沟通,让学生尽快进去工作。卫健局的工作繁忙且单调,思政理念的提炼会因为具体事务的忙碌而拖延,这就需要校内外指导老师共同引导、督促学生。

在接下来的社会实践环节,需要校内外老师通力合作,引导学生在忙碌的日常实习中带着发掘思政元素的眼睛去审视工作。这对指导老师及时引导学生并提炼出合适的思政元素提出了更高的要求。

有效应对突发事件，维护社会和谐稳定
——应急管理部门实习的课程思政案例

> 应急管理是国家治理体系和治理能力的重要组成部分，承担防范化解重大安全风险、及时应对处置各类灾害事故的重要职责，担负保护人民群众生命财产安全和维护社会稳定的重要使命。要发挥我国应急管理体系的特色和优势，借鉴国外应急管理有益做法，积极推进我国应急管理体系和能力现代化。
>
> ——习近平2019年11月29日在主持十九届中央政治局第十九次集体学习时的讲话

案例概述：本实践案例来自大学三年级行政管理专业第一次统一实践环节，实践单位为应急管理部门。其任务是让参加实习的同学了解应急管理部门的主要工作，对于政府应急管理体系有初步的了解，并能够参与到应急管理的事务当中，感受应急管理工作"千钧一发"的紧迫感和应急管理部门二十四小时随时回应的责任感。在应急管理部门实习，能够让学生对构建体系、压实责任、安全治理、灾害防治、应急救援、减灾救灾、监管执法、基层基础、数字应急、锤炼铁军等"应急十策"产生感性认识，提升面对危机时的敏感度。

实习思政元素：忧患意识、责任意识、风险社会、安全发展

一、实习目标

（一）社会实践目标

（1）了解应急管理部门在政府机构中的定位及其主要工作。
（2）了解应急管理体系及其在社会中的重要性。
（3）学习应急实践处置的一般流程。
（4）参加一次应急演练。

（二）课程思政目标

（1）引导青年学生了解应急管理部门的发展沿革，了解应急管理体系是如何构建、如何运转的。
（2）引导青年学生对应急管理案例进行深入研读，了解应急管理的重要性，树立忧患意识与责任意识，并能够在工作中转化为行动。
（3）提升青年学生看待应急管理的视角，从社会治理的角度让学生了解自己正处于一个"风险社会"当中，对于社会风险要"防患于未然"。
（4）让学生明白，只有建立在安全之上的发展才是长远的发展，中国梦的实现需要应急管理作为支撑。

（三）实习中融入的思政元素

元素 1：忧患意识

通过对应急管理部门已有的材料进行阅读与梳理，了解突发事件的数量、紧急程度与严重程度，让学生了解在政府应急管理层面已为人民群众避免了多少灾难，让学生产生忧患意识，知晓现有的安稳生活不是白白得来的，而是有人在为我们承担社会风险。

元素 2：责任意识

通过对应急预案的学习与撰写，熟悉应急管理系统中的分工与合作，了解各个部门在具体的管理事件中的职责与权利边界。如果存在职责与权利上的重合，会带来工作推进的低效率。让学生知晓权利边界的划分能够让参与的各部门责任明晰，让应急管理工作的开展更为顺畅。

元素 3：风险社会

通过对相关书籍的阅览，让学生了解灾难是人类生活的一部分，人类发展的历史既是一部灾难史，也是一部与灾难抗争的历史。特别是在经济社会不断发展的今天，工业化进程不断加快，在带来经济增长的同时，也引发了社会贫富两极分化以及资源枯竭、环境污染、生态失衡等一系列问题，给自然界和人类社会都造成了不可抗拒的威胁。"风险社会"是一个常态化的阶段，而应急管理就是在这样一个社会阶段的必要应对措施。

元素4：安全发展

让学生把应急管理放到城市治理方面进行综合考虑，在城市治理领域，国家层面十分重视应急管理，2015年12月召开的中央城市工作会议强调：要把安全放在第一位，把住安全关、质量关，并把安全工作落实到城市工作和城市发展各个环节各个领域。2018年1月，中共中央办公厅、国务院办公厅印发的《关于推进城市安全发展的意见》强调：牢固树立安全发展理念，弘扬生命至上、安全第一的思想，强化安全红线意识，推进安全生产领域改革发展，切实把安全发展作为城市现代文明的重要标志。让学生通过实习经历，把"安全是发展的基石"这一条铭记。

二、实习过程与任务

（一）学习阅读应急管理相关政策与预案文件

阅读包括《东站枢纽安全应急操作手册》《杭州市城区防汛防台应急预案操作手册》《杭州市城区抗雪防冻操作手册》《杭州市区突发燃气事故应急预案操作手册》《杭州市区供水突发事故应急预案操作手册》《杭州市城市桥梁隧道突发事件应急预案操作手册》《杭州市城市污水系统运行突发事件应急预案操作手册》《杭州市地铁工程建设突发事故应急预案》《滨江区突发环境事件应急预案》《高新区（滨江）较大以上安全生产事故应急救援预案》《杭州市滨江区失业应急预案》《滨江区突发地质灾害应急预案》《杭州市滨江区城区防汛防台应急预案》《杭州市滨江区突发公共卫生事件应急预案》《杭州市滨江区钱塘江防潮安全突发事件应急预案》《滨江区应急安全操作手册》《滨江区风险评估回执》等多份文件与预案，感受两办公文行文的规范性，让学生产生直观的感受。

（二）参与撰写起草相关公文与材料

在阅读相关的政策与预案文件后，开始学习起草公文。在校外导师的指导下进行一些简单的公文撰写，完成《四批人员群访信息抄送》《某县某桥顶倒塌事件》《某区发生一起多人死伤交通事故》《发挥机关党建作用，全力助推"最多跑一次"改革》等政府公文与案例初稿的撰写，还根据实习期间的思考完成《多中心治理趋势下的杭州市城市消防安全治理对策研究》《发挥机关党建作用全力助推"最多跑一次"改革》等论文的撰写,让学生通过撰写材料,加深对实习期间感性认识的思考。克服学生对较多文字材料撰写时的恐慌心理。

(三)参与应急演练

参加由杭州市滨江区消防救援大队举办的"防灾减灾"宣传教育应急逃生疏散演练活动。演练内容主要围绕提升养老机构排查和消除火灾隐患能力、完善消防应急救援制度预案、提高老人疏散逃生自救能力、提升消防宣传教育能力等方面进行。相关人员现场讲解了如何排查和消除养老机构消防安全隐患、灭火器使用等常识,并组织所有参训人员开展如何使用灭火设备扑灭火灾的现场演练。演练能够有效提升养老机构消防应急处置能力,使老年人掌握正确的逃生要领,能够从容应对火灾等突发事件的发生,最大限度地保护养老机构人员的人身财产安全,确保养老服务机构运营发展安全、稳定、有序。参训的学生也能够通过演练,准确掌握灭火器使用方法,也让学生了解危机出现时的具体应急措施。

三、实习成果

(一)意义和价值

有效应对突发事件,维护社会和谐稳定,是公共管理核心职能的应有之义,也是各国政府的基本职责。党的十八大以来,以习近平同志为核心的党中央,立足我国灾害事故多发频发的基本国情,就应急管理作出一系列重大战略决策,推动我国应急管理实现里程碑式发展。党的十八届三中全会提出,全面深化改革的总目标,就是完善和发展中国特色社会主义制度、推进国家治理体系和治理能力现代化。党的十九届四中全会提出,构建统一指挥、专常兼备,反应灵敏、上下联动的应急管理体制,优化国家应急管理能力体系建设。2019年11月29日,习近平总书记在主持中央政治局第十九次集体学习时强调,充分发挥我国应急管理体系特色和优势,积极推进我国应急管理体系和能力现代化应急管理工作。应急管理是一个跨学科新兴研究领域,应对复杂多变的公共安全形势,做好艰巨繁重的应急管理工作,需要大力加强人才培养和学科建设。在应急管理部门安排学生实习就是呼应国家发展需求,为应急管理工作储备人才,让学生对应急管理工作产生向往的萌芽。

(二)主要成效和特色

学生实现了四个"这样"的转化。

"原来是这样"：对于应急管理工作有了初步了解，知道应急管理工作的基本概念和重要性。

"真的是这样"：通过实习，对应急管理部门产生初步印象，对应急管理工作的具体情况在感性上形成了认识，并能够在一些工作中有参与感。

"原来就这样"：随着对应急管理工作的熟知，对一些工作也开始上手，慢慢发现应急管理工作当中的大部分内容，学生经过训练也能够上手，刚开始由于生疏而产生的困难感渐渐散去。

"真的得这样"：当真正的紧急事件发生时，应急管理系统状态切换，在平时想不通的冗余能力被调动起来，这时候学生原以为的社会冗余能力变成了必需能力，能够让学生切实体会到应急管理系统存在的合理性与必要性。

（三）学生感言与指导教师评价

【学生感言】公共事业管理 1501 班吕家瑶：在应急科实习的过程中翻阅了许多应急管理的专项预案，发现每一个预案都是需要多个部门联动合作才能实现的，且在众多部门中，有一两个部门是必须起指挥和总负责作用的。不同的预案主要负责的部门也十分不同，但在许多预案中，大部分部门的职能还是比较稳定的，不会有太大变动。这给我们今后的工作很好的启示，要学会合作，也要各司其职，要学会灵活变通，也要记住万变不离其宗。

校内指导教师评价：该同学在实习单位实习期间工作认真负责，积极参与相关科室的工作，高质量完成了布置的各项工作。能够按时完成实习周志，有记录、有分析、更有反思和改进。实习回访中，科长对于实习工作给予了高度肯定，通过短暂的实习指导发现吕家瑶同学沟通能力较好，工作认真负责，具有较强的钻研能力，能够做到举一反三。在实习论文中，能够结合实习工作和理论知识进行思考和分析，展现了扎实的研究和分析能力。

校外指导老师评价（杭州市政府应急办）：浙江工业大学的吕家瑶同学在我办实习期间，勤奋好学，工作仔细，积极主动，承担了资料整理、编辑等相关工作，对工作熟悉快，进入角色快，面对任务重、时间紧，每天第一个到岗位，最后一个离开，用她对工作的那份钻劲，高质量地完成领导交办的各项任务。在两个月的实习工作和学习过程中，该同学谦虚谨慎，责任心强，遇到问题能够虚心向他人请教，认真听取建议与指导。能够将在学校所学的知识灵活应用到具体的工作中去，保质保量完成工作任务。勤于思考，善于观察，具有较强的思维能力，在工作中能够提出自己的意见建议，在应急预案等材料的编写工作中发挥了较好的作用。

四、案例反思

通过在应急管理部门两个月的实习，让学生对整个组织框架、工作流程有了大致认知，着重了解了应急管理部门结构和工作职责。学习下发的学习材料，撰写舆情信息报告，参与了"急先锋"志愿服务进文化礼堂的活动。随着实习的深入，让学生认识到舆情信息工作看似简单，实则非常烦琐。关注互联网舆情热点，收集各类舆论信息，为上级部门的决策把好舆论关，需要敏锐的洞察力、全面的信息收集能力、严谨的语言组织能力，这对学生而言是较大的考验，也是进步的契机。每一项工作内容都与机关单位的其他工作息息相关，每一个流程都与政府部门的运作环环相扣。通过本次实习，让学生在社会身份的转变中有更清晰的自我认知，也为自我成长丰富了阅历，为今后踏入社会奠定基础、积累经验。

在本次应急管理部门的实习中，学生有机会从之前的"吃瓜"转变为关注互联网舆情热点，收集各类舆论信息，为上级部门的决策把好舆论关。让学生们收获颇丰，既解放了思想，开阔了眼界，在认识到自身的缺点和不足的同时，也积累了宝贵的经验，坚定了发展的信心，在政治水平、业务能力、思想作风上的提高都将使学生受益终生。

由于带着思政任务参与实习，学生的成长不仅仅体现在工作能力上，而且重在细节感受，思想境界得到提升。在应急管理部门，工作事无巨细，重在细节，要一直保持这样的品质去完成各项工作。让学生对自己有了更清晰的认识，也更明确了自己肩上的使命，进一步激发了学习热情。青年学子应该理论结合实践，投入到社会的建设之中，投入到服务群众的队列之中。

在应急管理部门的实习工作当中，校内导师需要与学生提前沟通实习目标，需要在实习过程中搜寻具有部门特性的信息与素材进行深入的研究。学生是第一次走出校园走向社会，面对很多新的信息，在实习过程中有时会更关注一些重要但普遍性的机关事务工作，而对应急管理工作本身的思考与挖掘不够。在与校外导师的沟通中需要更加前置化实习目标，让校外导师对于实习计划更加明晰，在指导过程中相对比较清晰。在实习过程中的思政学习需要依靠校内导师前期的知识储备，列出可能存在的思政元素，让学生在实习过程中去寻找这些"思政密码"，而不是等着思政教育找上门来。另外，周志中的信息传导十分重要，校内导师需要认真对待，让学生能通过周志的反馈结果对工作及其背后的思政元素加以复盘与提炼。

在接下来的社会实践环节，需要预设一些"思政密码"在学生的实习工作当中，实习的过程也就是"思政密码"的发掘过程，让学生从被动接受思政教育转为主动寻找这些"思政密码"，发挥学生在实践思政环节的自主性。

强市场促循环，强质量促发展
——市场监督管理局实习的课程思政案例

要建设统一开放、竞争有序的市场体系，实现市场准入畅通、市场开放有序、市场竞争充分、市场秩序规范，加快形成企业自主经营公平竞争、消费者自由选择自主消费、商品和要素自由流动平等交换的现代市场体系。

——习近平2018年1月30日在十九届中央政治局第三次集体学习时的讲话

案例概述：本实践案例来自大学三年级公共事业管理专业第一次统一实践环节，实践单位为拱墅区市场监督管理局。其任务是让参加实习的学生了解区市场监督管理局的主要工作，对于区市场监督管理局工作运行体系有初步的了解，并能够参与到市场监督管理宣传的事务当中，感受市场监督工作的重要性，落实统筹推进疫情防控和经济社会发展工作任务，在抓好常态化疫情防控措施落地见效的同时，进一步优化审批、降本减负、跟进服务，促进上下游、产供销、大中小企业协同复工达产，促进我国产业链、供应链安全稳定。

实习思政元素：责任意识、深化改革、依法守法、强化服务

一、实习目标

（一）社会实践目标

（1）了解市场监督管理局在政府机构中的定位及其主要工作。
（2）了解市场监督管理体系及其在社会中的重要性。
（3）学习处置市场商品争执事项的一般流程。
（4）参加一次市场监管综合行政执法工作。

（二）课程思政目标

（1）引导青年学生了解市场监督管理局的发展沿革，了解其内部组织是如何构建、如何运转的。
（2）增强青年学生的社会责任感和使命感，对市场监督管理产生兴趣。
（3）增加学生动手实操、沟通能力。让学生协助工作人员完成检验检测机构资质认定监督管理，处理消费者投诉，实施行政执法。
（4）全面提高学生自身素质，为就业做好准备。

（三）实习中融入的思政元素

元素1：责任意识

通过对区市场监督管理局公文的学习与撰写，熟悉区市场监督管理局系统中的分工与合作，了解各个部门在具体的管理事宜中的职责与权利边界。如果存在职责与权利上的重合，会带来工作推进的低效率。让学生知晓权利边界的划分，能够让参与的各部门责任明晰，让市场监督管理局工作的开展更为顺畅。

元素2：深化改革

通过市场监督管理局已有的材料进行阅读与梳理，请教单位领导同事，让学生明白优化营商环境实质上是一场体制改革、机制创新，是一场全面深化改革的攻坚战。要持续深化"放管服"改革，加快政务服务体系数字化建设，积极发展"互联网＋政务服务"，加快"数字政府"建设，做到让"数据多跑路、群众零跑腿"。

元素3：依法守法

市场经济是法治经济，法治是最可靠的保障。通过让学生一起处理消费者投诉，让学生明白需要自觉运用法治思维和法治手段管理市场、服务市场主体，厚植法治意识、规则意识，最大限度减少对市场主体正常生产经营活动的影响。让学生知法明法、依法守法地处理任何事物。

元素 4：强化服务

企业是市场主体，保企业就是保未来，稳企业就是稳信心。让学生与市场监督管理局一起用心用情精准服务消费者和商家，充分尊重消费者和商家，坚持"无事不扰、有呼必应、一喊就到、有事必帮"，当好金牌"店小二"、做到服务"零距离"，体会服务广大人民群众的必要性，切实激发市场主体活力，实现更大发展、发挥更大作用。

二、实习过程与任务

（一）学习阅读市场监督管理相关政策与文件

阅读包括《提升网络监管服务水平　促进网络经济高质量发展》《全国网络交易检测平台建设工作介绍》《坚定信心　取长补短　为"两个高水平"建设而努力奋斗》《统分结合　提升药品监管服务水平》《全面推进社会公用计量标准升级换代》《市场监管领域社会共治重点问题分析》《企业住所的登记与监管风险及其防控》《温州电子商务监管现状及建议》等数十份从国家市场监督管理局到兄弟地级市的公文。让学生直观感受政府公文行文的规范性，了解中央到地方市场监督管理局的运转机制，明白市场监督管理局分内的事务种类繁多，而且大都与民生息息相关。

（二）参与撰写起草相关公文与材料

在阅读市场监督管理相关政策及预案文件后，开始学习起草公文。在校外导师的指导下进行一些简单的公文撰写，完成《石桥所主动为辖区内企业提供菜单式服务》《石桥所积极开展校园周边整治行动》《石桥所开展食品安全整治活动》《石桥所开展农贸市场经营规范整治活动》《拱墅区市场监管局关于放管服改革工作成效及工作建议的调研报告》等政府公文与案例初稿的撰写，还根据实习期间的思考完成《疫情背景下中小微企业的困境及政策分析——基于对杭州的企业财政纾困政策研究》《市场监管部门处理投诉举报问题的困境与出路研究》等论文的撰写，让学生通过撰写材料，加深对实习期间感性认识的思考，克服学生对较多文字材料撰写时的恐慌心理，了解市场监督管理工作的本质。

（三）参与综合行政执法工作

2021年8月10日，学生参与了一起消费者投诉案件，起因是王某2021年6月20日在位于江苏的苹果官方销售店内购买了一台苹果12Pro Max，他当初激活该手机后发现，该手机出现了闪屏问题。因他已经进行了激活，店内表示不能退换，只能维修。由于当地没有官方维修点,他只能把手机邮寄给杭州的苹果官方维修点进行修理。6月25日,杭州的苹果官方维修点收到了王某的手机并寄往厂家维修,厂家检查后发现该手机经历了破解,按照苹果公司的政策,破解过的手机不予维修。售后将情况反馈给王某,王某表示不能理解。8月10日,在王某多次尝试与客服、售后沟通,手机仍未维修且保修时间仍无法查询后,他选择向市场监管部门投诉。

实习学生接到投诉后,与市场监管部门的调解员作为中间人,一方面向王某了解情况、倾听诉求,另一方面与售后沟通,询问真实原因、可能的解决方法等。最终根据实际情况,通过苹果官方维修点的证明,完美解决了此事,并受到了双方的好评。

通过参与帮忙处理消费者投诉,学生对于消费者权益保护法有了更深层次的理解,也增强了学生沟通和处理事情的能力。

三、实习成果

(一)意义和价值

一个地区的发展,短期靠项目、中期靠政策、长期靠环境,营商环境的好坏决定着一个地方经济发展的活力和竞争力。营商环境更是推动地方经济发展的生命线。市场监管部门肩负着维护市场竞争秩序、保护消费者合法权益的重任,牢牢把握市场监管的职责定位和使命担当,围绕大局、更新观念,抓好成果转化运用,为加快高质量发展守住安全放心底线、增添发展质量成色、营造良好市场环境。建成竞争有序、诚信守法、监管有力的现代市场体系,形成创新创业、公平竞争、安全放心的市场营商环境,形成市场导向、标准引领、质量为本的质量强区体系,形成法治保障、科技支撑、多元共治的市场治理格局。在区市场监督管理局安排对口专业的学生实习就是呼应政府发展需求,为市场监督管理体系储备人才,让学生对市场监督管理工作产生向往的萌芽。

(二)主要成效和特色

学生实现了四个"这样"的转化。

"原来是这样":对于市场监督管理工作有了初步了解,知道市场监督管理工作的基本概念和重要性。

"真的是这样":通过实习,对市场监督管理局产生初步印象,对于市场监督管理工作的具体情况在感性上形成了认识,并能够在一些工作中有参与感。

"原来就这样"：随着对市场监督管理工作的熟知，对一些工作也开始上手，慢慢发现市场监督管理工作当中的大部分内容，学生经过训练也能够上手，刚开始由于生疏而产生的困难感渐渐散去。

"真的得这样"：对于市场监督管理工作背后体现的精神与意义有了进一步的了解，知道了市场监督管理局发展沿革的必然性，开始对市场如何更有效地监督管理有了更深入的思考，切实体会到市场监督管理工作的必要性。

（三）学生感言与指导教师评价

【学生感言】行政管理1701班余昭航：市场监督管理局的职责需要牢牢守住食品、药品、特种设备、工业产业质量安全四大底线，深入推进国家食品安全示范城市创建工作，大力实施质量强市战略，扎实开展放心消费创建，严厉打击违法违规行为，全力维护公平竞争的市场环境和营造安全放心的消费环境，力争各项工作继续走在前列。通过实习，我亲身体会到了市场监督管理局的工作内容、工作规范与原则等等，不仅将在学校学习的知识付诸实践，也为自己积累了一些"实战"经验。在我们的培养计划中，有公文写作与处理这门课程，在实习期间我也参与了拱墅区市场监督管理局企业年报年度总结、济宁市市场监督管理局来拱墅区市场监督管理局学习交流的新闻稿等的撰写工作。

校内指导老师评价：该生在实习期间，态度端正，勤奋好学，工作积极，踏实肯干，与实习单位指导老师和同事友好相处，关系融洽，保质保量地完成了实习单位老师布置的各项工作和任务。在回访过程中，获得了实习单位的认可和一致好评。该生实习报告的撰写非常详细和具体，内容较为丰富，对学院的各项要求均作出了积极回应，案例剖析合理到位，心得体会较为深刻而真诚。实习论文的选题与实习内容紧密结合，贴合当下实际，有极强的现实意义。论文框架完整，思路清晰，论述充分，行文流畅，格式规范。因此，总体上，该生的实习表现为优秀。

校外指导老师评价（拱墅区市场监督管理局）：浙江工业大学的余昭航同学在实习期间，总体表现优秀，遵守单位的规章制度，服从分配，听从安排，为人谦虚、认真工作、勤奋好学。经过近两个月的学习、实践和锻炼，能将所学理论运用于实际工作，善于思考，举一反三。总的来说，经过实习期间的工作和学习，该同学基本上完成了单位给的各项任务，综合素质得到了提高。实习期间，该学生工作认真，勤奋好学，踏实肯干，在工作中遇到不懂的地方，能够虚心向富有经验的前辈请教，对于别人提出的工作建议，可以虚心听取。在时间紧迫的情况下，能够加班加点完成任务，将在学校所学的知识灵活应用到具体的工作中去，保质保量完成工作任务。比如在单位注册大厅接待前来办事的市民时，能够热心地帮助他们完成注册，在整理档案时能够一丝不苟地将案卷装订成册。实习期间，该同学未曾出现过无故缺勤、迟到早退现象,并能与同事和睦相处,与其一同工作的同事都对该学生的表现予以肯定。

四、案例反思

艰辛知人生,实践长才干。在市场监督管理局的暑期社会实践,对于学生来说起到了迈向社会的桥梁作用、过渡作用,是学生人生中的一段重要经历,也是一个重要示例。以梦为马,不负韶华。今后,不论是在学习还是工作中,认真负责,坚持不懈用习近平新时代中国特色社会主义思想武装头脑、指导实践,努力把"青春梦"融入"中国梦",让信念在实践中砥砺升华,发挥所学所长,为社会尽自己的一份绵薄之力。珍惜机遇,把社会实践作为人生历练的序曲,在服务他人、奉献社会中收获进步和成长。在"社会"这所大学中历风雨、见世面,让人生在青春历练中绽放光彩,加快成长,成为可堪大用、能担重任的栋梁之材。

在本次市场监督管理局的实习中,最先接触的是文件登记与归档工作,一周以来整理的文件已经堆成了"小山"。综合处事务繁杂,这些看似简单重复的工作,都需要耐心与细致。学生发挥计算机方面的特长,帮助做好信息化保障,使操作变得简单易懂。实习工作看似简单,实则充满挑战,大学生活让学生掌握了理论知识,但实践出真知,只有把理论和实践相结合,才能更好地用所学的专业知识服务社会。

带着思政任务参与实习,学生通过理解自身所处的组织环境,明确工作目标,调动全部感官,眼能观、耳能听、口能说、手能写、脑筋能想、腿脚能走,身体力行地参与,真心实意地建立自身与他人的关联,让学生在实习过程中就能够接触到优秀的思政元素与深入的思想政治剖析,让思政元素的传导更具系统性与连续性。新时代的大学生,更应肩负起自己的责任,步履不停,奋斗不止。

在市场监督管理局的实习工作,和学生在学校内学习所处环境、面对的人都不一样,这需要校内导师根据学生的专业、性格针对性地选择合适的单位和校外指导老师。考虑到学生是第一次在政府机构实习,可能存在恐惧心理,对工作畏首畏尾,无法将学校的专业知识施展出来,机械性地完成工作,缺少挖掘和分析。这就需要在与校外导师的沟通中前置化实习目标,让校外导师对于实习计划更加明晰,在指导过程中相对比较清晰地引导学生的学习和工作。

在接下来的社会实践环节,通过和校外指导老师多沟通、学生提交的周志等,实时了解学生的工作与思政情况,可以有引导性地提问学生,让学生在区市场监督管理局先上手较简单的工作,而后调动学生发挥主观能动性。

经济发展的"催化剂"
——金融办实习的课程思政案例

要聚焦金融服务科技创新的短板弱项，完善金融支持创新体系，推动金融体系更好适应新时代科技创新需求。

——习近平2022年4月19日在中央全面深化改革委员会第二十五次会议上的讲话

案例概述：本实践案例来自大学三年级公共管理专业第一次统一实践环节，实践单位为人民政府金融工作办公室（以下简称"金融办"）。学生本次实习，主要在负责本地区发展和利用资本市场重大事项方面，研究制定本地区资本市场的发展规划和有关政策措施，协调处理有关发展和利用资本市场的重大问题，积极协助推动企业改制上市和扶持上市公司的工作，并对资金运作进行监管。同时，在校外指导老师的教学下研究拟定本地区金融业发展总体规划。组织推进金融市场发展和拓宽融资渠道，研究分析全市金融运行和行业发展动态。在此过程中深化学生对理论知识的认知，系统培养自身的沟通能力、组织能力、协调能力、文字表达能力、分析及解决问题等能力，为今后的求职和就业做好综合素质及能力上的准备，并为毕业设计积累研究素材。

实习思政元素：保护产权、维护公平、改善金融支持、强化激励

一、实习目标

（一）社会实践目标

（1）了解实习单位的一般情况，增加对本学科专业领域的认识。

（2）熟悉公务员的工作职责和程序，对具体流程有初步的认识。

（3）实习过程中做到不懂就问，不会就学，虚心向单位前辈学习，努力提高自己的能力。

（4）坚持撰写实习周志和实习报告。

（二）课程思政目标

（1）引导青年学生了解金融办的发展沿革，了解金融办在政府部门工作开展当中的地位，感受干部综合素质在工作中的重要性。

（2）引导学生对金融办政策进行深入研读，了解金融办存在的重要性及意义，在其中体会工作效率，耳濡目染地感受金融办工作人员加班加点的敬业精神，对于青年人来说是一笔财富。

（3）增强青年学生的务实工作能力，从烦琐、重复的事务性工作中找到价值。

（4）提升学生看待金融办工作的视角，从社会治理的角度让学生了解自己正处于一个"金融自由与安全"的社会当中，是因为金融办的各个部门与各项职能的不可或缺。

（三）实习中融入的思政元素

元素1：保护产权

产权制度是社会主义市场经济的基石，保护产权是坚持社会主义基本经济制度的必然要求。学生在实习的过程中，要透彻地理解版权的意义，在学习知识的同时，能够帮助更多的人，为政府工作及社会贡献知识力量

元素2：维护公平

近年来，我国经济高速发展，金融业在作出较大贡献的同时，自身也得到快速发展。但风险与金融相伴而生，越是发展快的金融体系，风险越容易积聚。因此学生在实习中虽不在重要岗位，但每个职能职责都能够让学生看到金融某些领域、某些环节也存在垄断和不正当竞争问题，由此作出合理的判断，在步入社会后能够及时发现问题，给出解决问题的思路。

元素 3：改善金融支持

从金融对科技创新的单向支持来看，理论上，金融支持科技创新发展有多方面作用，包括能为科技创新提供规避、防范和化解风险的手段和渠道；学生在实习的过程中，能够更多地学会利用信息优势，降低信息成本，促进科技创新；能动员储蓄，为科技创新提供融资；能通过便利交换，促进科技创新等。

元素 4：强化激励

学生在实习的过程中，要明白金融中的"强化激励机制"，特别是在助农工作中，金融机构要想立足新型农业经营主体的服务需求，就要大力创新业务模式和产品服务，助力农业变强；立足农村生态环境保护的要求，发展农村绿色金融，助力农村变美；立足"生活富裕"的目标，加快发展农村普惠金融，推进"融资加融智"模式，助力农民变富。

二、实习过程与任务

（一）学习阅读金融办相关政策与预案文件

阅读包括《杭州市"三减"联动实施方案》《下城区关于开展涉非涉稳风险专项排查工作的总结》《关于进一步做强省测实地考察点自查自纠和工作日报的通知》《拱墅区金融工作办公室重大事项行政决策规则和程序规定》《拱墅区金融办领导干部"一岗双责"制度》《拱墅区金融工作办公室学习制度》《拱墅区金融工作办公室责任追究制度》《拱墅区金融工作办公室首问责任制》《拱墅区金融工作办公室突发事件应急处置预案》《拱墅区金融工作办公室财务管理规定》《拱墅区金融工作办公室专项资金管理使用办法》《拱墅区金融工作办公室分散采购管理实施办法》《拱墅区金融工作办公室工作规则》等多份文件，感受政府公文行文的规范性，让学生产生直观的感受。

（二）参与撰写起草相关公文与材料

在阅读相关的政策与预案文件，熟悉文章架构后，开始学习起草公文。在校外导师的指导下进行一些简单的公文撰写，完成《关于"美丽下城"创建督查办相关〈抄告单〉发现问题的整改落实情况汇报》《关于文明城市迎检问题的整改落实情况汇报》《拱墅区 2020 年度典当行年审工作总结》《拱墅区金融办关于杭州市拱墅区泰丰小额贷款股份有限公司 2020 年度监管评级的报告》《拱墅区金融办关于杭州市拱墅区建华小额贷款股份有限公司 2020 年度监管评级的报告》《拱墅区金融办关于杭州市拱墅区文创小额贷款股份有限公司 2020 年度监管评级的报告》等公文的撰写，让学生通过撰写材料，加深对实习期间感性认识的思考。克服学生对较多文字材料撰写时的恐慌心理。

（三）完成事务性工作

从复印、打印、扫描、装订文件、编排档案、填表、公文核稿、机要文件交换、文书整理、记录办公室座机信息、接听问询网贷相关的信访电话、梳理四类金融监管对象、跟进并汇报典当行分类评级等工作开始，慢慢熟悉部门日常事务，感受金融办对于事务性工作的高标准严要求，也让学生寻找事务性工作在总体工作当中的重要意义。

三、实习成果

（一）意义和价值

在学生实习的过程中，让学生明白"十四五"规划中对"金融"的诠释：推动国家科研平台、科技报告、科研数据进一步向企业开放，创新科技成果转化机制，鼓励将符合条件的由财政资金支持形成的科技成果许可给中小企业使用。推进创新创业机构改革，建设专业化市场化技术转移机构和技术经理人队伍。完善金融支持创新体系，鼓励金融机构发展知识产权质押融资、科技保险等科技金融产品，开展科技成果转化贷款风险补偿试点。畅通科技型企业国内上市融资渠道，增强科创板"硬科技"特色，提升创业板指服务成长型创新创业企业功能，鼓励发展天使投资、创业投资，更好发挥创业投资引导基金和私募股权基金作用。因此，在政府金融办安排学生实习就是呼应国家发展需求，为政府工作储备人才，让学生对金融办工作产生向往的萌芽。

（二）主要成效和特色

学生实现了四个"这样"的转化。

"原来是这样"：对于金融办工作有了初步了解，知道金融办工作是做什么的，有什么重要性。

"真的是这样"：对于金融办工作的具体情况在感性上形成了认识，能够逐步参与到具体工作中去。

"原来就这样"：金融办，即金融工作办公室的简称。金融办是规划地方经济发展的金融大管家、地方金融生态建设的组织者、金融产业布局的掌控人、地方金融监控的防火墙。

"真的得这样"：对于金融办工作怎么做好有了进一步的认知，金融办工作较为忙碌，需要用强大的敬业精神去支撑，金融办工作永远有做得更好的地方。只有像岗位上的老师们如此的投入，感同身受，才能把金融办工作做得更好，一个小的失误可能会带来较大的影响。

（三）学生感言与指导教师评价

【学生感言】行政管理1701班刘琦彬：金融是现代高端服务业，是劳动专业化分工的产物，也关系到国计民生。金融是现代经济的核心。随着经济全球化深入发展，随着我国经济持续快速发展及工业化、城镇化、市场化、国际化进程加快，金融日益广泛地影响着我国经济社会生活的各个方面，金融也与人民群众切身利益息息相关。在金融对经济社会发展的作用越来越重要，国内外金融市场联系和相互影响越来越密切的形势下，做好金融工作，保障金融安全，是推动经济社会又好又快发展的基本条件，是维护经济安全、促进社会和谐的重要保障，越来越成为关系全局的重大问题。

校内指导教师评价：刘琦彬同学毕业实习期间工作态度端正，善于学习，表现踏实。认真对待实习单位交办的各项任务，工作中责任心强，不怕吃苦，工作表现得到实习单位的好评。实习结束后，能较好地完成并及时提交实习报告。

校外指导老师评价（下城区人民政府金融办）：该同学工作认真，勤奋好学，踏实肯干，在工作中遇到不懂的地方，能够虚心向单位的前辈请教，善于思考，能够举一反三。他还坚持把在学校中所学的知识与本次实习工作相结合，努力做到保质保量完成工作任务，并以此作为提高自身素质和工作能力的重要途径。同时，该同学在实习期间严格遵守单位的组织纪律，未曾出现过无故缺勤、迟到早退现象，也能与单位前辈和睦相处。

四、案例反思

通过两个月的金融办实习让学生得到了明显的成长，开阔了视野，增长了才干，并且在社会实践活动中认清了自己的位置，发现了自己的不足，对自身价值进行了客观评价。这在无形中使学生对自己的未来有了一个正确的定位，增强了自身努力学习知识并将之与社会相结合的信心和毅力。实习是个人综合能力的检验，要想较好地完成工作，除了要具备专业知识之外，还需有一定的实践能力、操作能力，要能够熟练应用常用的办公软件。此外，还要有较强的表达能力，要善于思考、调节与人相处的氛围。还必须有较强的应变能力、组织管理能力和坚强的毅力。当代大学生，应该把握所有宝贵的机会，正确衡量自己，充分发挥所长，增强自己适应社会的能力。社会实践是引导我们走出校门、步入社会的良好形式。在今后的学习生活中，我们要树立远大的理想，明确自己的目标，为祖国的发展贡献一份自己的力量。

在金融办的实习中，学生学到了许多新知识，熟练运用办公软件，掌握与他人沟通及随机应变的能力，认真专注的工作态度等，都在实习中有了更多的理解和体会，提高了独立思考的能力，增强了团队协作意识。一是自觉进行在校学生和职场员工之间的角色转换，用不同方式思考问题，锻炼自己的工作能力，彰显个人的工作意志。二是要持续提升理论涵养。在信息化时代，学习是不断地汲取新知识、获得事业进步的动力。走上工作岗位后，学生要用心响应单位号召，结合实际情况不断深入学习理论和业务知识，用先进的理论武装头脑，用精良的业务知识提升个人水平。三是提高工作的能动性和主动性，有利于实习工作的平稳进行。主动承担工作责任，发扬吃苦耐劳的精神，在工作上积极进取。

在政府金融办的实习工作当中，校内导师需要与学生提前沟通实习目标，需要在实习过程中搜寻具有部门特性的信息与素材进行深入的研究。学生是第一次走出校园走向社会，面对很多新的信息，在实习过程中有时会更关注一些重要但普遍性的机关事务工作，而对政府金融办工作本身的思考与挖掘不够。在与校外导师的沟通中需要更加前置化实习目标，让校外导师对于实习计划更加明晰，在指导过程中相对比较清晰。在实习过程中的思政学习需要依靠校内导师前期的知识储备，列出可能存在的思政元素，让学生在实习过程中寻找这些"思政密码"，而不是等着思政教育找上门来。另外，周志中的信息传导十分重要，校内导师需要认真对待，让学生能通过周志的反馈结果对工作及其背后的思政元素加以复盘与提炼。

在接下来的社会实践环节，需要预设一些"思政密码"在学生的实习工作当中，实习的过程也就是"思政密码"的发掘过程，让学生从被动接受思政教育转为主动寻找这些"思政密码"，发挥学生在实践思政环节的自主性。

坚持男女平等基本国策,保障妇女儿童权益
——妇联实习的课程思政案例

男女共有一个世界,消除对妇女的歧视和偏见,将使社会更加包容和更有活力。我们要努力消除一切形式针对妇女的暴力,包括家庭暴力。我们要以男女平等为核心,打破有碍妇女发展的落后观念和陈规旧俗。

——习近平2015年9月27日在全球妇女峰会上的讲话

案例概述:本实践案例来自大学三年级公共管理专业第一次统一实践环节,实践单位为下城区妇联。其任务是让学生了解妇联工作的基础运作,了解单位职能。所谓妇女小组工作,就是指社会工作者秉持社会工作的理念,充分运用社会工作的方法和技巧,通过小组互动、小组经验、小组凝聚以及方案活动达到小组中妇女个人的问题解决、妇女个人和小组的成长与社会目标的完成的一种专业服务。在此过程中深化学生对理论知识的认知,系统培养自身的沟通能力、组织能力、协调能力、文字表达能力、分析及解决问题等能力。

实习思政元素:责任意识、爱岗敬业、"四自"精神、"四有"女性

一、实习目标

（一）社会实践目标

（1）了解实习单位的机构设置、职能及运行情况。
（2）熟悉实习所在部门的工作职责和工作内容。
（3）了解实习部门在组织机构中的地位和作用。
（4）学习政府公文写作技巧，领悟文件精神。

（二）课程思政目标

（1）引导青年学生了解妇联组织的发展沿革，了解妇联组织在政府部门工作开展当中的地位，感受干部综合素质在工作中的重要性。
（2）引导学生对妇联组织政策进行深入研读，了解妇联组织的重要性，在其中体会工作效率，耳濡目染地感受妇联组织工作人员加班加点的敬业精神，对于青年人来说是一笔财富。
（3）增强青年学生的务实工作能力，从烦琐、重复的事务性工作中找到价值。
（4）提升学生看待妇联组织工作的视角，从社会治理的角度让学生了解自己正处于男女平等的社会当中。

（三）实习中融入的思政元素

元素1：责任意识

通过在妇联组织的实习与体验，熟悉妇联组织工作中的分工与合作，了解各个部门在具体的管理事件中的职责与权利边界。如果存在职责与权利上的重合，会带来工作推进的低效率。让学生知晓权利边界的划分，能够让参与的各部门责任明晰，让妇联中的突发事件处理工作开展得更为顺畅。

元素2：爱岗敬业

实习之前，学生对于妇联组织的工作还是不太了解，通过学生自己的观察，发现妇联工作的高压力与高强度，需要以敬业之心支撑很多紧急事务与重要事务的推动与开展，让学生真正感受到妇联组织工作人员的敬业态度。

元素3："四自"精神

"自尊、自信、自立、自强"，是全国妇联在1988年9月召开的中国妇女第六次代表大会闭幕式上向全国妇女发出的号召，着重强调提高妇女的思想道德素质和科学文化素质，广大妇女要树立"四自"精神，尊重自己、相信自己、树立独立意识、顽强进取。让学生明白，只有通过提高自身素质，积极参加社会劳动，不断增强多方面实力，才能有效维护自己的合法权益，在更大程度上实现自我的人生价值。

元素 4："四有"女性

通过在妇联组织的实习，让学生知道，在当下社会发展的新时代，要倡导女性弘扬"自尊、自信、自立、自强"精神，做"有理想、有品德、有诚信、有作为"的"四有"时代新女性。进行法律知识教育，依法维护妇女儿童的合法权益。

二、实习过程与任务

（一）学习阅读妇联相关政策与预案文件

阅读包括《下城区妇联地方志》《下城区妇联 2018 年工作总结》《下城区妇联 2019 年工作思路》《关于开展 2019 年暑期青儿少校外教育工作的通知》《关于下城区妇联基层组织建设"两个覆盖"工作的实施意见》《关于开展"三八"国际妇女节 109 周年纪念活动的通知》《关于命名下城区"最美家庭"的决定》《关于开展寻找下城区"最美家庭"活动的通知》《关于命名 2018 年下城区家庭生活垃圾分类示范户的决定》《关于命名 2018 年下城区"巾帼文明岗"的决定》《关于命名 2018 年下城区"巾帼创业带头人"的决定》《关于开展"传承家庭美德 弘扬文明新风"下城区最美全家福背后的家风故事有奖征集活动的通知》等多份文件，感受妇联组织的形成以及存在的意义，让学生产生直观的感受。

（二）参与撰写起草相关公文与材料

在阅读相关的政策与预案文件，熟悉文章架构后，开始学习起草公文。在校外导师的指导下进行一些简单的公文撰写，完成《2019 年下城区女干部能力提升培训班方案》《在 2019 年度下城区女干部能力提升培训班上的讲话》等公文的撰写，让学生通过撰写材料，加深对实习期间感性认识的思考。克服学生对较多文字材料撰写时的恐慌心理。

（三）完成事务性工作

从复印、打印、扫描、装订文件、编排档案、填表、公文核稿、将重要事务通知并转发领导、机要文件交换、文书整理、记录办公室座机信息等工作开始，慢慢熟悉部门日常事务，感受妇联组织对于事务性工作的高标准严要求，也让学生寻找事务性工作在总体工作当中的重要意义。

三、实习成果

（一）意义和价值

党的十八大报告对妇女儿童事业和妇女工作作出了"坚持男女平等基本国策，保障妇女儿童合法权益""支持工会、共青团、妇联等人民团体充分发挥桥梁纽带作用，更好反映群众呼声，维护群众合法权益"等系列重要论述，为推进新时期妇女儿童事业指明了方向。

党的十八大对妇女群众和妇联工作做了一系列论述，为妇女工作提供了新的舞台。妇联作为党联系妇女群众的桥梁纽带，在社会建设中有特殊的优势，开创新时期妇联工作新局面。妇联干部要把贯彻落实党的十八大精神作为中心任务，深刻理解党的十八大提出的系列新思想、新理论、新观点及对治国理政提出的系列新部署、新任务、新要求，深刻认识党的十八大对创新发展妇女儿童事业和妇女工作的重要指导意义。从履行党联系妇女群众桥梁纽带和国家政权重要社会支柱的政治使命出发，从把妇联组织建设成为党开展妇女工作的坚强阵地和深受广大妇女信赖及热爱的温暖之家根本要求出发，结合实际，动员广大妇女振奋精神、扎实工作、奋发有为。妇联工作在社区工作中起着极其重要的作用。让学生实习，不但能够了解到妇联存在的意义，也能对妇联工作产生向往的萌芽。

（二）主要成效和特色

学生实现了四个"这样"的转化。

"原来是这样"：对于妇联工作有了初步了解，知道妇联工作是做什么的，有什么重要性。

"真的是这样"：对于妇联工作的具体情况，在感性上形成了认识，能够逐步参与到一些妇联工作中去。

"原来就这样"：妇联是非政府组织，但在中国国情下、现实生活中，妇联具有政府部门色彩，一定程度上其实作为政府部门在运作。进入当中实习发现，其也是由一件一件具体而微小的工作组成的，很多事情同学们也都能够参与，其实并不复杂，浸润在时间中，自然也能够掌握。

"真的得这样"：对于妇联工作怎么做好有了进一步的认知，妇联工作永远有做得更好的地方。只有像部门里的老师们如此的投入，感同身受，才能让妇联工作做得更好。

（三）学生感言与指导教师评价

【学生感言】人力资源管理 1604 班王爽：在已经过去的 2018 年，下城区妇联在区委区政府的正确领导下，认真学习贯彻党的十九大精神以及中央、省、市、区委全会精神，以深化"三实三比"勇当排头兵活动为契机，以组织开展"进社区访民情解民忧"活动集中蹲点调研为抓手，围绕中心，服务大局，立足基层，服务妇女和家庭，认真履行职责，加强改革创新，各项工作取得了一定成效。在工作中，区妇联聚焦中心工作，发动妇女和家庭有效参与，并且聚焦城中村改造工作。充分发挥妇联组织联系妇女作用。

成功举办多项活动，更好地促进自身工作开展，在公文阅读中，也能更深入地了解妇联，增长见识。

在实际工作中，妇联尽心尽职地做好妇女儿童的保护工作，每一份公文中都能看到区妇联与街道妇联、社会各界的协同努力。

校内指导老师评价：该生在实习期间，能够严格遵守实习单位各项规章制度，实习态度端正、工作认真努力，善于反思总结并积极弥补自身的不足。同时，能够将所学专业知识与工作实践相结合，虚心接受指导老师的教导。实习表现优异。

校外指导老师评价（下城区妇联办公室）：王爽同学在我单位实习期间，能够尊重领导，团结同事，严格遵守工作纪律，从未出现迟到早退现象；工作态度踏实认真，积极完成办公室的电话接听、文件收发、材料复印等工作，还完成保障妇女合法权益等协助工作，参与了"2019 年下城区女干部能力提升培训班"的有关筹备工作。同时，该同学谦虚好学，具有较好的学习能力和团队协作精神。

四、案例反思

在区妇联 2 个月的实习中，让学生了解到省、市至街道、社区的层级结构和公务员的职位职级，接触到实际工作中的公文写作和会务接待，更是亲身体会了政府数字化转型中的业务协同和整体服务。同时，学生也在实习中深化了对妇联工作的认识，从家庭教育到儿童友好城市建设，从婚姻家庭矛盾纠纷调解到女性创业就业培训……妇联肩负着维护妇女儿童合法权益的重任，在"有难必访，有需必应"中彰显出"能顶半边天"的"她"作为！

在本次区妇联的实习中，学生丰富了经验，提升了综合素质以及工作能力。一是主动适应，提高思想站位。面对新情况、新任务、新问题，坚持多听、多看、多学、多记、多想，做到边学习、边交流、边思考，尽快实现角色转变。二是提升自我，增强业务能力。领悟规范行文的必要性，提高自身公文写作能力和沟通交流能力，本着"不怕写、写不怕、怕不写"的精神，平时"偷偷学"各位老师平时说话语气与表达技巧，并且在工作中"逼着学"，在一次次的努力中超越自己。三是快速融入，增强岗位归属感。在妇联领导、老师的关心和帮助下，充分感受到妇联大家庭的热情和温暖，无缝衔接各个环节，不管是在工作上还是生活上都取得了很大的提升与进步。四是不断奋进，全面提升自己。在今后和工作中，也将一如既往地严格要求自己，不断加强政治理论学习，加强自身业务素质，努力提高综合素养，能说会做，争取做一名对工作认真负责、脚踏实地的新时代大学生。

在区妇联的实习工作当中，校内导师需要与学生提前沟通实习目标，需要在实习过程中搜寻工作的基本情况与节奏进行深入的研究。由于学生是第一次走出校园走向社会，所以面对很多新的信息以及工作职能，需要在实习过程中更关注一些重要但普遍性的机关事务工作，而对妇联组织工作本身的思考与挖掘不够。在保质保量完成实习单位布置的任务后大多缺少对于工作的探索，校内指导老师也无法及时获取相关反馈，只能从实习学生周志当中了解相关情况。思政的相关内容到达学生往往会有一定的滞后性，需要带领同学们进行回顾活动时才能予以总结与提炼，对于老师的责任心是一个考验。在接下来的社会实践环节，需要更多地在前期为学生设定目标。

在接下来的社会实践环节，需要更多地在前期针对实习单位为学生设定目标，让他们在忙碌的日常实习中带着发掘思政元素的眼睛去审视工作。指导教师需要能够及时在实习周志中将相关实习素材提炼为思政内容，对指导教师的思政敏锐度提出了更高的要求。

构建和谐劳动关系,推动共建共治共享社会治理
——总工会实习的课程思政案例

切实实现好、维护好、发展好劳动者合法权益。让人民群众过上更加幸福的好日子是我们党始终不渝的奋斗目标,实现共同富裕是中国共产党领导和我国社会主义制度的本质要求。要坚持以人民为中心的发展思想,维护好工人阶级和广大劳动群众合法权益,解决好就业、教育、社保、医疗、住房、养老、食品安全、生产安全、生态环境、社会治安等问题,不断提升工人阶级和广大劳动群众的获得感、幸福感、安全感。要把稳就业工作摆在更加突出的位置,不断提高劳动者收入水平,构建多层次社会保障体系,改善劳动安全卫生条件,使广大劳动者共建共享改革发展成果,以更有效的举措不断推进共同富裕。

——习近平 2020 年 11 月 24 日在全国劳动模范和先进工作者表彰大会上的讲话

案例概述:本实践案例来自大学三年级公共事业管理专业第一次统一实践环节,实践单位为区总工会。其任务是让参加实习的同学了解区总工会的主要工作,对于总工会组成与运行有初步的了解,并能够参与到工会工作的事务当中,感受工会工作对于劳动者的重要性和迫切性。在工会部门实习能够促进学生对劳动争议受理、调查、协调、调解、签约、结案、回访、归档等一体化业务标准体系的理解,明白工会在劳动争议多元化解中的积极作用。

实习思政元素:爱岗敬业、责任意识、维权意识、劳模精神

一、实习目标

（一）社会实践目标

（1）了解工会在政府机构中的定位及其主要工作。
（2）了解工会在社会中的重要性。
（3）学习工会处理劳动争议的一般流程。
（4）参加一次工会组织的活动。

（二）课程思政目标

（1）引导青年学生了解工会的发展沿革，了解工会是如何构建、如何运转的。
（2）引导青年学生对劳动者争议案例进行深入研读，了解工会组织的重要性，树立责任意识，并能够在工作中转化为行动。
（3）发挥大学生的知识和智力优势，为工会劳动关系调处标准化建设提出思考内容。
（4）让学生明白，劳动是一切幸福的源泉，中国梦的实现需要高素质技术职工作为支撑。

（三）实习中融入的思政元素

元素1：爱岗敬业

通过对工会已有的材料进行阅读与梳理，脚踏实地，勤奋务实，了解"爱岗敬业"的实质就是一步一个脚印做好本职工作，一心扑在工作上，把每一件工作中看起来很小的事情都做好、做精、做细，我们的工作才能出更多的成绩，我们自身的能力才会有所突破，个人也会拥有更加宽广的发展空间

元素2：责任意识

通过对工会公文的学习与撰写，熟悉部门的分工与合作，了解各个部门在具体的管理事件中的职责与权利边界。如果存在职责与权利上的重合，会带来工作推进的低效率。让学生知晓权利边界的划分，能够让参与的各部门责任明晰，让工作开展更为顺畅。

元素3：维权意识

高举维护职工合法权益旗帜，增强职工获得感、幸福感、安全感。让学生通过参与工会的工作，掌握基本劳动维权知识，在以后的工作中面对劳动争议，提高维权意识，敢于维权，知道如何正确地维护自己的合法权益。

元素 4：劳模精神

让学生知道社会主义是干出来的，新时代是奋斗出来的。要继续学先进赶先进，做新时代的追梦人，自觉践行社会主义核心价值观，用劳动模范和先进工作者的崇高精神和高尚品格鞭策自己，焕发劳动热情，厚植工匠文化，恪守职业道德，将辛勤劳动、诚实劳动、创造性劳动作为自觉行为，把党和国家确定的奋斗目标作为自己的人生目标，以民族复兴为己任，自觉把人生理想、家庭幸福融入国家富强、民族复兴的伟业之中，汇聚起众志成城的磅礴力量。

二、实习过程与任务

（一）学习阅读工会相关政策与预案文件

阅读包括《关于常态化开展"当一周工人、体工会初心"活动的实施意见》《关于做好夏季防暑降温和企业安全生产及职工劳动保护工作的通知》《关于开展根治欠薪夏季行动的通知》《关于做好 2020 年高温期间"结对帮扶"走访慰问活动的通知》《关于成立下城区工会志愿者总队的通知》《关于举办 2020 年度下城区"926 工匠日"杯育婴员职业技能竞赛的通知》《关于建立下城区工会志愿服务工作的实施意见（试行）》《关于举办推进新时代杭州产业工人队伍建设改革工作培训的通知》《省委宣传部、省委组织部关于认真做好〈习近平谈治国理政第三卷〉学习宣传工作的通知》《关于在全区开展第三届"下城工匠"认定工作的通知》《2020 年下城区开展职工疗休养工作暂行规定》《下城区推进新时代下城民政事业高质量发展的实施意见》《2020 年下城区开展职工疗休养工作暂行规定》等多份文件与预案，感受工会公文行文的规范性，让学生产生直观的感受。

（二）参与撰写起草相关公文与材料

在阅读相关的政策与预案文件后，开始学习起草公文。在校外导师的指导下进行一些简单的公文撰写，完成《关于持续贯彻落实"当一周工人、体工会初心"活动的通知》《拱墅区数智群团建设工作专班领导小组工作专报（2021 年第 7、9、10 期）》等政府公文与案例初稿的撰写，还根据实习期间的思考完成《群团组织改革背景下工会组织对外来职工城市融入发挥的积极作用研究——以杭州市下城区为例》《群团组织数字化改革现状及优化路径研究——以杭州市"数智群团"建设为例》等论文的撰写，让学生通过撰写材料，加深对实习期间感性认识的思考，建立了学生面对公文撰写的自信，增强了学生适应融入新环境的能力。

（三）参与"当一周工人，体工会初心"活动

为大力学习宣传贯彻习近平关于我国工运事业的讲话精神，进一步深化拓展"三服务"活动，认真落实助企纾困政策措施，锤炼践行全市工会干部初心使命，学生参加由杭州市下城区总工会举办的"当一周工人，体工会初心"宣传教育活动。这个主题教育的目的是通过亲身体验一线职工工作的辛劳，全方位了解企业的生产运营状况，从而使工会的工作更接地气，使工会干部更好地体悟工会工作的初心和使命。深入基层倾听职工心声，了解职工诉求，拉近了彼此之间的距离。倾听职工的心声，思考"能干什么，要干什么，要怎么干"等问题，在服务职工和群众的同时，为党委政府做好参谋。更深刻地理解我们来自哪里？将去往何方？从职工中来，到职工中去。做有情怀、有温度的"娘家人"和"贴心人"，让广大职工有更多的幸福感和获得感。参加的学生也能够通过亲身体会一线职工工作的辛劳，体味劳动创造的价值与收获的感动，体味幸福生活的来之不易，引导学生崇尚劳动、尊重劳动、热爱劳动，树立正确的价值观、劳动观和成才观，培养学生爱国意识。

三、实习成果

（一）意义和价值

2018年10月29日，习近平在同中华全国总工会新一届领导班子成员集体谈话时强调：我国工运事业是党的事业的重要组成部分，工会工作是党治国理政的一项经常性、基础性工作。要坚持党对工会工作的领导，团结动员亿万职工积极建功新时代，加强对职工的思想政治引领，加大对职工群众的维权服务力度，深入推进工会改革创新，勇于担当、锐意进取、积极作为、真抓实干，开创新时代我国工运事业和工会工作新局面。

工会是职工自愿结合的群众组织，是职工合法权益的代表者和维护者，是职工可以信赖的家。总工会的工作主要是围绕职工各方面的利益问题展开，代表职工权益，是联系、组织职工群众的纽带。所以其草拟和下发的文件都与职工利益脱不开关系，内容大多围绕职工利益维护和服务职工群众展开。在工会部门安排学生实习就是呼应国家发展需求，为工会部门储备人才，让学生对帮助劳动者的工作产生向往的萌芽。

（二）主要成效和特色

学生实现了四个"这样"的转化。

"原来是这样"：对于工会的工作有了初步了解，知道工会工作的基本概念和重要性。

"真的是这样"：通过实习，对部门产生初步印象，对于工会工作的具体情况在感性上形成了认识，并能够在一些工作中有参与感。

"原来就这样"：随着对工会工作的熟知，对一些工作也开始上手，慢慢发现工作当中的大部分内容，学生经过训练也能够上手，刚开始由于生疏而产生的困难感渐渐散去。

"真的得这样"：对于工会工作背后体现的精神与意义有了进一步的了解，知道了工会成立发展沿革的必然性，理解劳动争议受理、调查、协调、调解、签约、结案、回访、归档等一体化业务标准体系的重要性和合理性，明白工会在劳动争议多元化解中的积极作用，切实维护职工合法权益，努力构建和谐劳动关系，不断增强职工的获得感、幸福感、安全感。

（三）学生感言与指导教师评价

【学生感言】行政管理1702班方海丽：总工会对于失业人群，一般是依托市职工服务中心的平台，主动和区劳动和社会保障部门取得联系，进一步拓宽社会就业渠道，促进劳动力合理流动，为用人单位提供就业咨询、业务洽谈和参谋服务工作，并积极做好职业培训、指导、介绍及跟踪调查服务工作。

校内指导教师评价：方海丽同学在实习期间，严格遵守实习单位的纪律，态度十分认真，同事关系相处融洽，工作能力获得了领导同事的认可。在实习过程中，与老师沟通及时，善于利用专业知识思考实习中碰到的问题，较好地体现在周记和实习报告中，达到了专业实习的目标。

校外指导老师评价（杭州市拱墅区总工会）：浙江工业大学的同学在我办实习期间工作认真、态度端正、勤奋好学、踏实肯干，在工作中遇到不懂的地方，能够虚心向富有经验的前辈请教，善于思考，能够举一反三。对于别人提出的工作建议，可以虚心听取。在时间紧迫的情况下，加班加点完成任务。能够将在学校所学的知识灵活应用到具体的工作中去，保质保量完成工作任务。同时，该学生严格遵守我单位的各项规章制度，实习期间，未曾出现过无故缺勤、迟到早退现象，并能与同事和睦相处，与其一同工作的员工都对该学生的表现予以肯定。

四、案例反思

"天下事当于大处着眼，小处下手。"在区总工会的两个月的实习，学生通过校对文档，整理相关材料和表格，布置会场，活动拍摄，站岗执勤，跟随领导参加"青企协"等活动，从小事做起，不断充实完善自己。在区总工会的工作，不仅丰富了学生的实习经历，更提升了运用所学知识解决实际问题、与人社交的能力。实习期间领导和同事也给予了学生极大的关怀和帮助，从他们的一言一行中，让学生更加认识到了公职人员品质品行的重要性。

在本次区总工会的实习中，学生们有机会直接面对劳动者，帮助工人解决难题，不仅让学生开阔视野，较主要的是懂得了如何更好地为人处世。通过进行公务通用软件、法律的学习，让学生意识到了终身学习的重要性。新时代的劳动者，必须持续学习才能适应职业的需要，提高自己的潜力和职业发展能力。虽然学生专业知识还不够完备，但是切身投入到工作中，无论在知识还是实践方面都让学生有了新的体会和进步，学会了在面对案例时应当具备的最基础的思维和解决方式，也通过实践对书本的知识有了新的理解。

带着思政任务参与实习，让学生将平时思想政治教育作为一项经常性、基础性工作抓紧抓好、做实做细，不断丰富学生思想政治引领的内容和形式。针对学生的多样性、差异性需求，精准施策、靶向发力，引领学生听党话、跟党走、感党恩。在实习过程中，也存在需要深入思考的问题，如学生对于思政元素的学习主动性不足。因此，在后期的实习工作开展中，指导教师需要花更多时间了解不同学生的需要和特点，结合课程思政内容，因材施教地让思政元素的传导更具系统性与连续性。

与课堂教学不同，在区总工会的专业实践活动中没办法完全按照预设进行教学，实习学生还沉浸在大学象牙塔的氛围中，一般在保质保量完成实习单位布置的任务后缺少对于工作的探索，需要校内外指导老师根据实习部门的安排、每周学生提交的周志，进行实践方案的调整。

在接下来的社会实践环节，需要校内外指导老师有更高的责任心，实时根据学生的工作情况进行调整，引导学生在日常实习之余带着问题去参加社会实践。在学生回馈信息时，指导老师需要及时回复。学生在专业实习中的思政元素是隐性的，需要指导老师将学生提交的内容素材中隐藏的思政元素挖掘、整理、分析，因此在总览性、反应速度、思政提炼能力上对指导老师提出了更高的要求。

学党史、知团情、坚信仰、强信念
——团区委实习的课程思政案例

中国特色社会主义新时代,共青团积极投身伟大斗争、伟大工程、伟大事业、伟大梦想波澜壮阔的实践,坚持守正创新、踔厉奋发,全面深化自身改革,团结带领广大团员青年在脱贫攻坚战场摸爬滚打,在科技攻关岗位奋力攀登,在抢险救灾前线冲锋陷阵,在疫情防控一线披甲出征,在奥运竞技赛场奋勇争先,在保卫祖国哨位威武守护,在党和人民最需要的时刻冲得出来、顶得上去,展现出自信自强、刚健有为的精神风貌。

——习近平 2022 年 5 月 10 日在庆祝中国共产主义青年团成立 100 周年大会上的讲话

案例概述:本实践案例来自大学三年级公共管理专业第一次统一实践环节,实践单位为团区委部门。其任务是让参加实习的同学了解团区委部门的主要工作,对于团区委部门历史及运行有初步的了解,并能够参与到团区委部门的事务当中。在团区委部门实习能够让学生了解中国共产党和青年团的历史,提升学生看待团区委工作的视角,增强青年学生的务实工作能力,锻炼青年学生的沟通、协调能力,引导青年早立志、立大志,从内心深处厚植对党的信赖、对中国特色社会主义的信心、对马克思主义的信仰。

实习思政元素:敬业奉献、精益求精、青春力量、自我革命

一、实习目标

（一）社会实践目标

（1）了解企业或事业单位的概况。
（2）熟悉具体部门和岗位的业务流程、处理方法。
（3）熟练掌握相应岗位的操作技能。
（4）按照用人单位的要求去做，形成职业能力和初步养成职业素养。

（二）课程思政目标

（1）引导学生了解团区委部门的发展沿革，了解团区委组织是如何构建、如何运转的。
（2）引导学生对中国共产主义青年团成立的案例进行深入研读，了解中国共产主义青年团的历史，感受青春的力量。
（3）提升学生看待团区委工作的视角，增强青年学生的务实工作能力，从烦琐、重复的事务性工作中找到价值。
（4）锻炼青年学生的沟通、协调能力，引导青年早立志、立大志，从内心深处厚植对党的信赖、对中国特色社会主义的信心、对马克思主义的信仰。要立足党的事业后继有人这一根本大计，牢牢把握培养社会主义建设者和接班人这个根本任务，引导广大青年在思想洗礼、实践锻造中不断增强做中国人的志气、骨气、底气，让革命薪火代代相传。

（三）实习中融入的思政元素

元素1：敬业奉献

实习之前，学生对于团区委的工作还是不太了解，通过学生自己的观察，发现团区委工作的高压力与高强度，需要以敬业之心与无私奉献精神支撑很多紧急事务与重要事务的推动与开展，让学生真正感受到团区委工作人员的敬业态度。

元素2：精益求精

通过对发文撰写细节的反复确认和推敲，让学生了解团区委工作的高标准，对于模棱两可的事务必须反复核查与确认，需要通过别人的眼睛来核查自己的工作，让学生对看似平常的事务工作产生敬畏感，让学生摈弃马虎的习惯，对发文的各个环节都要有精益求精的态度。

元素 3：青春力量

通过团区委已有的材料进行阅读与梳理，请教单位领导同事，让学生明白青春的力量，知道中国共产党和青年团的历史。中国共产党一经诞生，就把关注的目光投向青年，把革命的希望寄予青年。党的一大专门研究了建立和发展青年团作为党的预备学校的问题。1922 年 5 月 5 日，在中国共产党直接关怀和领导下，中国共产主义青年团宣告成立。这在中国革命史和青年运动史上具有里程碑意义。

元素 4：自我革命

"常制不可以待变化，一途不可以应无方，刻船不可以索遗剑。"学生通过对中国共产主义青年团历史的了解，明白共青团只有勇于自我革命，才能跟上时代前进、青年发展、实践创新的步伐。要把党的全面领导落实到工作的全过程各领域，走好中国特色社会主义群团发展道路，聚焦不断保持和增强政治性、先进性、群众性的目标方向，推动共青团改革向纵深发展。要敏于把握青年脉搏，依据青年工作生活方式新变化新特点，探索团的基层组织建设新思路新模式，带动青联、学联组织高扬爱国主义、社会主义旗帜，不断巩固和扩大青年爱国统一战线。要自觉对标全面从严治党经验做法，以改革创新精神和从严从实之风加强自身建设，严于管团治团，在全方位、高标准锻造中焕发出共青团昂扬向上的时代风貌！

二、实习过程与任务

（一）学习阅读各级党政机关发布的文件

阅读包括《团区委关于报送"三定"规定草案的函》《关于申报 2019 年度全区青工技能比武项目的通知》《关于开展违规发展团员核查整改工作的通知》《"青春心向党·建功新时代"主题宣传教育实践活动暨五四青年活动》《关于同意召开共青团杭州市下城区市场监督管理局委员会团员大会的批复》《关于平安志愿者智慧管理系统经费的请示》《关于开展 2019 年度共青团禁毒宣传教育活动的通知》《关于进一步完善下城区未成年人心理健康辅导站建设的通知》《关于共青团下城区城管局第二届委员会人员调整的批复》《关于深化"春风常驻"提升困难群体生活品质的若干规定》等多份文件，感受团区委公文行文的规范性，让学生产生直观的感受。

（二）参与撰写起草相关公文与材料

在阅读相关的政策与预案文件，熟悉文章架构后，开始学习起草公文。在校外导师的指导下进行一些简单的公文撰写，完成《青春荐读吧丨永远的乡土中国》《下城青年，你们等待已久的决赛结果来啦》《红船杯党团知识竞赛决赛主持稿》等政府公文初稿的撰写，还根据实习期间的思考完成《关于政府档案管理工作中相关问题的思考》《志愿服务组织在新冠肺炎疫情期间的社区防疫志愿服务研究——以杭州市志愿服务品牌"武林大妈"为例》《电子政务背景下的档案整理工作融合发展》等论文的撰写，让学生通过撰写材料，加深对实习期间感性认识的思考，克服学生对较多文字材料撰写时的恐慌心理，了解团区委工作的本质，胜任一些日常性的政府公文起草工作。

（三）完成事务性工作

从复印、打印、扫描、装订文件、编排档案、填表、公文核稿、在 OA 中发送通知、机要文件交换、文书整理、会议准备等工作开始，慢慢熟悉部门日常事务，感受团区委对事务性工作的高标准严要求，也让学生寻找事务性工作在总体工作当中的重要意义。

（四）参加红船杯党团知识竞赛

为积极引导广大青年学生进一步学党史、知团情、坚信仰、强信念，学懂弄通做实习近平新时代中国特色社会主义思想，深入贯彻习近平总书记重要讲话精神，学生们积极参与红船杯党团知识竞赛。此次竞赛活动极大地调动了学生们学习党团基本知识的积极性，在参与竞赛的过程中，学生们对党团知识的了解得到增强，对党团的认识得到提高，进一步夯实了理论基础、提升了政治素养，展现了新时代浙工大学子的良好风貌。

三、实习成果

（一）意义和价值

志存高远方能登高望远，胸怀天下才可大展宏图。火热的青春，需要坚定的理想信念。我们党用"共产主义"为团命名，就是希望党的青年组织永远站在理想信念的高地上，用党的科学理论武装青年，用党的初心使命感召青年，用党的光辉旗帜指引青年，用党的优良作风塑造青年。新时代的中国青年，更加自信自强、富于思辨精神，同时也面临各种社会思潮的现实影响，不可避免会在理想和现实、主义和问题、利己和利他、小我和大我、民族和世界等方面遇到思想困惑，更加需要深入细致的教育和引导，用敏锐的眼光观察社会，用清醒的头脑思考人生，用智慧的力量创造未来。共青团作为广大青年在实践中学习中国特色社会主义和共产主义的学校，要从政治上着眼、从思想上入手、从青年特点出发，帮助他们早立志、立大志，从内心深处厚植对党的信赖、对中国特色社会主义的信心、对马克思主义的信仰。要立足党的事业后继有人这一根本大计，牢牢把握培养社会主义建设者和接班人这个根本任务，引导广大青年在思想洗礼、实践锻造中不断增强做中国人的志气、骨气、底气，让革命薪火代代相传。在团区委部门安排学生实习就是呼应国家发展需求，为引导青年早立志、立大志做基础，立足党的事业后继有人这一根本大计。

（二）主要成效和特色

学生实现了四个"这样"的转化。

"原来是这样"：对于团区委工作有了初步了解，知道团区委工作是做什么的，有什么重要性。

"真的是这样"：对于团区委工作的具体情况在感性上形成了认识，能够逐步参与到一些工作中去。

"原来就这样"：团区委对于政府工作来说是其中一个重要的部门，但进入当中实习发现其也是由一件一件具体而微小的工作组成的，很多事情学生也能够参与，其实并不复杂，浸润在时间中，自然也能够掌握。

"真的得这样"：对于团区委工作背后体现的精神与意义有了进一步的了解，知道了中国共产党和青年团的历史，引导青年早立志、立大志，从内心深处厚植对党的信赖、对中国特色社会主义的信心、对马克思主义的信仰。对立足党的事业后继有人这一根本大计有了更深度思考，切实体会到团区委工作的必要性和重要性。

（三）学生感言与指导教师评价

【学生感言】公共管理1504班费思佳：2018年7月10日至8月31日，我在杭州市下城区团区委实习将近两个月。其间，我学习了团区委公文收发的程序，学习了公文填写的内容，精读了几百篇公文。明白了共青团是党领导的群团组织，也是青年人自己的组织。懂得了团的最大优势在于遍布基层一线、深入青年身边。要紧扣服务青年的工作生命线，履行巩固和扩大党执政的青年群众基础这一政治责任，既把青年的温度如实告诉党，也把党的温暖充分传递给青年。要千方百计为青年办实事、解难事，主动想青年之所想、急青年之所急，充分依托党赋予的资源和渠道，为青年提供实实在在的帮助，让广大青年真切感受到党的关爱就在身边、关怀就在眼前！

校内指导教师评价：该生在整个实习期间，吃苦耐劳，非常有耐心地完成了基层很多烦琐的工作，作为一个在校生表现优异。在工作过程中有诸多思考，得到了单位同事的夸赞。

校外指导老师评价（杭州市下城区团区委）： 该同学在下城区团区委实习期间，出勤情况良好，从未出现迟到或者早退等情况。组织纪律方面，该同学严格遵守团区委的各项规章制度，恪守组织纪律。

实习期间，该同学认真学习团区委各项业务知识，并在较短时间内掌握了文件收发、档案整理等工作的要点和技能，能够独立完成一些力所能及的事务性工作。该同学完成了2019年档案整理、"红船杯"知识竞赛活动协助筹办、青春荐读文稿撰写等工作任务，工作上积极主动，服从指挥，踏实肯干，细致认真，办事高效。该同学具有较强的适应和学习能力，接受新事物较快，能快速适应新的工作环境。实习中，在应对工作中遇到的实际困难时，能够仔细观察、切身体验、独立思考、综合分析，并灵活运用自己的专业知识解决问题，努力工作以提升自己的业务水平，从多方面开拓自己的眼界。遇到自己难以解决或者需要求助的问题时，能够虚心向富有经验的前辈请教，善于思考，举一反三。与实习单位老师、同事相处融洽，积极主动地协助配合科室完成各项工作任务。

四、案例反思

与团区委的实习合作让学生收获颇丰，真正体会到基层工作的不易。上面千条线，下面一根针，基层干部在政策的传达与执行过程中就是起着这样的重要作用。在这一个月的工作实际中，并非只有繁重的文字工作，而有更多需要实地协调走访、调研设计的内容，而这些内容更考验基层干部的工作经验与智慧，也更考验基层干部为人民服务的决心。在这个过程中，学生不仅能够得到将自身所学运用于实际工作的机会，而且从许多前辈身上感受到令人鼓舞的志向与动力、更加宝贵的工作经验与人生态度。以此更盼未来能有发挥所学、实现自身价值的舞台，使社会与人民生活更加美好，是青年人持续的追求。

在本次团区委的实习中，学生有机会实地协调走访、调研设计，帮助群众解决难题。在实习期间，学生参与了政务方案撰写、招聘事宜准备、志愿者活动以及运动会志愿者面试信息统计等工作。其办公内容和办公形式的多样化不仅锻炼了学生的应变能力，更是在短时间内让学生的各项能力有了全面提升。如在给志愿者候选人打电话通知时，会羞于开口，遇到框架外的问题总是慌张。只要和人沟通就可能会有突发的事情。学生接触了不同于以往的课堂学习内容，也遇到了一些从未有过的困难。经历此次社会实践后，让学生更明白学习新思维、新方法、新理念的重要性，只有不断学习，不断思考，敢于提问，敢于尝试新思路和新方法，并在其中加入自己的思考与感悟，才能适应这个不断变化的时代，并立于潮头。

由于带着思政任务参与实习，学生的成长不仅仅体现在工作能力上，更在于政治表现上。

实习工作看似简单，实则充满挑战，大学生活让学生掌握了理论知识，但实践出真知，只有把理论和实践相结合，才能更好地用所学的专业知识服务社会。

在团区委工作当中，校内导师需要提前了解团区委工作的基本情况与节奏，并与校外导师进行联系，通过校内、校外导师充分沟通，前置化学生的目标。校外导师需要了解校内导师对于学生实习期的基本目标，进行具体操作层面的培养。而学生对于繁忙、单调的工作可能会缺少耐心，需要校内外指导老师共同引导，让学生明白团区委工作的重要性。

在接下来的社会实践环节，需要校内外老师通力合作，引导学生对团区委的工作产生兴趣，让他们在忙碌的同时能够发掘、整理、分析出更多思政元素。这对指导教师能够及时引导学生提出了更高的要求。

后记 POSTSCRIPT

大学的课程学习除了基本的知识习得之外，更为重要的是让学生在潜移默化中具备高度的社会责任感和道德素养。这项重要使命的完成除了大学校园的课堂学习之外，还需要校外实践的锤炼。通过本书所呈现的一系列案例，我们可以看到校外实践中的课程思政在大学教育中的重要性和潜力。这些案例展示了在实践和实习中，如何通过学生的亲身经历，培养他们的社会责任感和道德素养，让他们在更广阔的范围内思考人生价值、形塑自己的价值观和世界观。实践中的课程思政教育的开创性意义在于其使得大学生能够从课堂中走出来，走进社会，去面对社会现实中的各种问题，更好地理解和贯彻大学教育的精髓，认清自己在社会中的角色和责任，培养他们的创新思维和创造力，加强他们的团队合作意识。

因此，我们希望这本案例集能够引起更多的人对于实践中的课程思政教育的重视和关注，让更多的学生能够在实践中学到更多、做到更好，成为有用之才。我们相信，只有在实践中不断磨砺、不断进取，才能成为真正有社会责任感的人才，才能为社会的发展和进步作出更大的贡献。

本书在华中科技大学出版社张馨芳编辑的鼎力协助下，经过一年多的努力，终于得以付梓。在编写过程中，浙江工业大学虞晓芬副校长多次给予悉心指导。公共管理学院苗阳老师、梁美赟老师参与了大量的组织协调工作。来自浙江工业大学金华研究院的姜璇、施安康，之江学院刘召靖老师，江南大学博士生陈佳巍，公共管理学院杨乐、黄婷婷、丁枫、陆语洁、朱玫蓉等同学在文字编排工作方面付出艰辛劳动。马克思主义学院顾容书记，公共管理学院徐吉洪副书记、何铨副教授、赵玥老师、李帮彬老师等为本书的撰写提供了卓有成效的帮助并提出宝贵修改意见。感谢公共管理学院院长周亚越教授对本书出版的指导，感谢公共管理学院贾侃书记的关心和支持。另外，对支持本书案例开展的社会实践部门、校内外导师一并表示诚挚的谢意。

感谢浙江省高等学校课程思政教学研究项目的支持。

由于编者水平有限，加上时间仓促，本书难免有不妥之处，恳请各位读者批评指正。

2023 年 3 月于杭州西子湖畔